EXPERT INSIGHT

PyTorch 딥러닝 실습

CNN, RNN과 함께 현대적인 AI 기술을 적용한다,
GAN, 강화 학습 등

PyTorch Deep Learning Hands-On

Apply modern AI techniques with CNNs, RNNs,
GANs, reinforcement learning, and more

Sherin Thomas · Sudhanshu Passi 지음 | 곽정환 옮김

Packt>

도서출판 홍릉

PyTorch Deep Learning Hands-On

by Sherin Thomas
with Sudhanshu Passi

PyTorch 딥러닝 실습

인 쇄: 2023년 2월 3일 초판 1쇄
발 행: 2023년 2월 9일 초판 1쇄

역자와의 협의하에 인지생략

역 자: 곽정환
발행인: 송 준
발행처: 도서출판 홍릉
주 소: 01093 서울시 강북구 인수봉로 50길 10
등 록: 1976년 10월 21일 제5-66호

전 화: 02-999-2274~5, 903-7037
팩 스: 02-905-6729
e-mail: hongpub@hongpub.co.kr
http://www.hongpub.co.kr
ISBN: 979-11-5600-082-2(93000)

정 가: 25,000원

낙장 및 파본은 구입처나 본사에서 교환하여 드립니다.

맵트(Mapt)는 자기 계발을 도울 수 있는 5000권이 넘는 책과 비디오, 업계 최고의 툴을 제공하는 온라인 디지털 라이브러리이다. 더 많은 정보를 알고 싶다면 사이트를 방문해 보십시오.

왜 가입해야 하는가?

- 4000명의 전문가들에 의한 ebook과 비디오들을 통해 배우는 시간을 단축시킬 수 있습니다.
- 자신만을 위한 스킬 플랜을 이용할 수 있습니다.
- 매달 무료로 이용할 수 있는 ebook과 비디오를 활용할 수 있습니다.
- 다양하고 전문적인 검색이 가능합니다.
- 복사, 붙이기, 인쇄, 북마크 등의 기능을 이용할 수 있습니다.

Packt.com

Packt 출판사에서는 출판된 모든 책들을 PDF나 ePub files로 변환 가능한 ebook으로도 출간하고 있습니다. Packt.com에서는 ebook 버전으로의 업그레이드가 가능하고 종이책 구매자들의 경우 ebook의 할인을 받을 수 있습니다. 자세한 내용은 Packt.com에서 확인할 수 있습니다.

또한 Packt.com에서는 무료로 기술 관련 기사들을 읽어 볼 수 있고, 무료 뉴스레터를 신청할 수 있으며, Packt 출판사에서 출판된 책들을 할인받을 수 있습니다.

Contributors

저자들에 대하여

쉐린 토마스는 정보 보안 전문가로 활동하다가 딥러닝에 기반한 보안 시스템에 보다 집중하게 되었습니다. 그는 세계 각 국의 몇몇 회사들이 AI의 기반을 다질 수 있도록 돕고 있습니다. 또한 최근에는 벵갈루루의 빠르게 성장하는 스타트업 회사들과도 일하고 있습니다. 쉐린은 파이토치, RedisAI 등의 오픈 소스를 활용한 프로젝트들도 진행하고 있으며, TuringNetwork.ai의 개발을 주도하고 있습니다. 최근에 그는 텐서를 위한([tensor]werk, an Orobix spin-off company) 딥러닝의 인프라를 구축하고 있습니다.

나는 이 책을 쓰는 데 있어서 나의 동료이자 친구들인 몇몇 전문가들에게 빚을 지고 있습니다. 또한 기술적 자문가들과 편집 어시스턴트 분들에게 아무리 감사를 표해도 충분하지 않습니다. 그들이 없었다면 이 책을 완성할 수 없었을 것입니다. 마지막으로 나의 아내 머린에게 깊은 감사의 말을 전하고 싶습니다. 일을 하면서 동시에 책을 쓰는 작업은 굉장히 어려운 일이지만 나의 아내가 있었기에 가능했습니다.

리뷰어들에 대하여

바라쓰는 프리랜서 머신러닝 연구자이며 최근에는 머신러닝 엔지니어로서 glib. ai와 일하고 있습니다. 또한, 고는 mcg. ai에서 머신러닝 컨설턴트로서 일하고 있습니다. 그의 주요 연구 분야는 강화 학습, 자연어 처리, 인지 신경과학입니다. 최근에는 그는 의사 결정에 있어서의 알고리즘적 공평성에 대해서도 연구하고 있습니다. 개인화된 오픈 마인드 머신러닝 플랫폼의 오픈 소스 개발에 핵심 콜라보레이터로서 개인화 및 보안 분산 딥러닝 알고리즘을 담당하고 있습니다. 바라쓰는 머신러닝 라이브러리에서 parfit, NALU, pysyft와 같은 PyPI의 공동저자로도 등재되어 있습니다.

랴오 징유는 USTC(중국 과학 기술 대학)에서 석사 과정에 있습니다. 그는 Megvii.inc 와 JD AI lab에서 인턴을 하였습니다. 그는 중국에서 〈파이토치와 함께 딥러닝 배우기〉라는 제목의 파이토치 책을 펴낸 바 있습니다.

"나는 나의 가족들의 지지와 프로젝트 에디터인 톰의 도움에 감사드립니다."

목차

제 1 장 딥러닝을 위한 파이토치 소개

1.1 파이토치의 역사 2
1.2 파이토치란 무엇인가? 4
파이토치 설치 5
무엇이 파이토치를 인기 있게 만들었나? 6
1.3 계산 그래프 사용 8
정적 그래프 사용 10
동적 그래프 사용 13
1.4 딥러닝 둘러보기 16
다양한 아키텍처 알아보기 19
완전 연결 신경망 19
인코더 및 디코더 20
순환 신경망 21
재귀 신경망 22
합성곱 신경망 23
생성적 적대 신경망 24
강화 학습 25
1.5 코드를 통해 실습 26
기본적인 코드 학습 26
파이토치 내부 32
1.6 요약 36
참고문헌 36

제 2 장 기본 인공 신경망

2.1 신경망 소개 40
2.2 예제 40
2.3 데이터셋 41

2.4 기초 모델 45
Autograd 45
텐서의 Autograd 속성 48
2.5 파이토치에서의 방법 58
고수준 API 58
기능 모듈(functional module) 65
손실 함수 66
옵티마이저(Optimizers) 67
2.6 요약 69
참고문헌 69

제 3 장 딥러닝 워크플로우

3.1 아이디어와 계획 73
3.2 설계 및 실험 74
Dataset과 DataLoader 클래스 74
유틸리티 패키지 77
torchvision 77
torchtext 81
torchaudio 88
3.3 모델 구현 89
Bottleneck과 프로파일링 90
3.4 학습과 검증 93
Ignite 93
Engine 93
이벤트(Events) 95
메트릭(Metrics) 98
체크포인트 저장 100
3.5 요약 101
참고문헌 101

제 4 장 컴퓨터 비전

4.1 CNN 소개 104
4.2 파이토치를 사용한 컴퓨터 비전 107
간단한 CNN 107
모델 109
의미론적 분할 117

LinkNet 118
모델 122
4.3 요약 132
참고문헌 132

제 5 장 순차 데이터 처리

5.1 순환 신경망 소개 136
5.2 문제 정의 138
5.3 접근법 139
간단한 RNN 139
워드 임베딩(Word Embedding) 141
RNN 셀 143
유틸리티 146
Pack Sequence 147
인코더 149
분류기 150
학습 153
고급 RNN 154
LSTM 154
GRU 155
아키텍처 156
LSTM와 GRU 157
분류기(Classifier) 160
재귀적 신경망(Recursive Neural Networks) 161
Reduce 163
트래커(Tracker) 164
SPINN 164
5.4 요약 166
참고문헌 167

제 6 장 생성 네트워크

6.1 접근법 정의 170
6.2 자기 회귀 모델 172
PixelCNN 173
마스크 합성곱 177
Gated PixelCNN 180
웨이브넷 180

6.3 생성적 적대 신경망(GAN) 190
간단한 GAN 190
CycleGAN 198
6.4 요약 204
참고문헌 204

제7장 강화 학습

7.1 문제 설정 210
7.2 에피소드적 과제 vs 연속적 과제 211
7.3 누적 감가 보상 212
7.4 마르코브 의사결정 프로세스 213
7.5 해결책 215
정책과 가치 함수(Policies and value functions) 215
벨만 방정식(Bellman Equation) 217
최적의 Q-함수 찾기 217
딥 Q-러닝(Deep Q-learning) 217
경험 리플레이(Experience replay) 220
Gym 221
7.6 요약 229
참고문헌 230

제8장 파이토치의 활용

8.1 Flask로 제공하기 233
Flask 소개 233
Flask로 모델 제공하기 236
제품 개발 적합(Production-ready) 서버 239
8.2 ONNX 240
MXNet 모델 서버 245
MXNet 모델 아카이버 246
불러오기 테스트 253
8.3 TorchScript의 효율성 255
8.4 RedisAI 둘러보기 258
8.5 요약 262
참고문헌 263

찾아보기 264

서론

이 책 **퍼펙트 파이토치 심층학습**은 독자들이 딥러닝을 빠르게 배울 수 있도록 한다. 이 책 파이토치 딥러닝 실습은 독자들이 딥러닝을 빠르게 배울 수 있도록 한다. 지난 몇 해에 걸쳐 우리는 딥러닝이 새로운 장을 펼치는 것을 보았습니다. 딥러닝은 학문적 영역에서 시작하여 산업의 영역에 이르기까지 딥러닝의 도움 없이는 도저히 풀 수 없는 수많은 수수께끼의 답이 드러날 수 있는 실마리를 제공하고 있습니다. 메인스트림에서의 딥러닝의 채택은 효율적인 복합 알고리즘에 의한 프레임워크를 통해 이루어졌습니다. 이 책에서는 딥러닝 모델을 프로토타이핑하고, 딥러닝 워크플로우(workflow)를 구축하며, 제품 개발을 위한 프로토타입화된 모델을 만들어 낼 수 있는 파이토치의 장점을 소개하고 있습니다. 이 책은 파이토치의 수학적 기반보다는 파이토치의 실질적인 구현에 집중하되 근본 개념에 대해서도 연관 지어 알 수 있도록 구성되어 있습니다.

어떤 이들을 위한 책인가?

이 책에서는 알고리즘에 대한 설명을 최소화하기 위해 노력하였으며, 대신에 파이토치의 실질적인 적용에 더 중심을 두었습니다. 때때로 알고리즘들을 소개하기도 하였는데, 이는 실제 상황에서 쓰일 수 있는 경우를 주로 다루고 있습니다. 이 책은 파이썬으로 프로그래밍이 가능하고 딥러닝의 기초를 이해하는 사람들에게 이상적입니다. 또한 이 책은 전통적인 머신 러닝 개념들을 이미 활용하고 있거나 개발하는 이들로서 딥러닝을 실용적으로 탐구해 보려 하고 이를 통해 일정한 결과물을 도출하고자 하는 이들에게 적합하다고 할 수 있습니다.

이 책이 소개하는 내용

제1장 딥러닝을 위한 파이토치 소개

1장에서는 파이토치가 딥러닝을 수행하는 방식과 파이토치의 기본적인 API가 소개됩니다. 또한 파이토치의 역사와 왜 파이토치가 딥러닝 개발에 있어서 필수 프레임워크가 되어야 하는지도 서술됩니다. 그리고 향후 챕터에서 다룰 서로 다른 딥러닝 기법들에 대한 간략한 소개도 이루어집니다.

제2장 기본 인공 신경망

2장은 여러분이 간단한 신경망을 구축할 수 있도록 도와줄 것이며, 딥러닝 모델을 구축하기 위해 신경망, 옵티마이저, 파라미터와 같은 요소들을 어떤 식으로 사용해야 할지 보여줍니다. 또한 모든 최신 딥러닝 모델의 핵심이 되는 역전파 알고리즘을 파이토치에서는 어떤 식으로 구현할 수 있는지 소개됩니다.

제3장 딥러닝 워크플로우

3장은 딥러닝 워크플로우의 구현과 워크플로우를 구축하는 파이토치 에코시스템에 대해서 소개됩니다. 이 챕터는 딥러닝을 실무에서 이용해야 하는 이들에게는 가장 중요한 내용이 될 것입니다. 이 장에서 딥러닝 파이프라인의 서로 다른 단계들을 살펴보고 적합한 툴을 개발하면서 파이토치 커뮤니티가 워크플로우의 각 단계에서 어떻게 발전했는지 보여줍니다.

제4장 컴퓨터 비전

4장에서는 딥러닝에 있어서 가장 성공적인 결과를 보여주는 컴퓨터 비전 분야에서 핵심 아이디어와 가장 널리 쓰이는 비전 알고리즘인 합성곱 신경망(CNN)에 대해 다룹니다. CNN을 차례차례 구현하면서 작동 원리에 대해 알아볼 것이며, 그 이후는 파이 토치의 nn패키지에서 사전 정의된 CNN을 바로 사용할 것입니다. 이 장은 여러분이 간단한 CNN과 의미론적 분할이라고 불리는 고급 CNN 기반의 비전 알고리즘을 구현할 수 있도록 도울 것입니다.

제5장 순차 데이터 처리

5장에서는 현재 가장 성공적인 순차 데이터 처리 알고리즘인 순차 신경망(RNN)에 대해 다룹니다. 이를 위해서 LSTM이나 GRU와 같은 주요한 RNN 요소들이 소개 할 것입니다. 그런 다음 양방향성 RNN 및 레이어의 수 증가와 같은 RNN 구현에 있어서의 알고리즘적 변화들을 살펴보고, 재귀 신경망에 대해서도 탐구해 볼 것입니다. 순환 신경망을 이해하기 위해서, 우리는 스탠포드 NLP 그룹에서 개발한 신경망인 SPINN이라는 널리 알려진 예시를 이용할 것이며 이를 파이토치를 사용해 구현할 것입니다.

제6장 생성 네트워크

6장에서는 생성적 신경망의 대략적인 역사와 다양한 생성적 신경망의 종류에 대해서 알아볼 것 입니다. 그 중에서 자기 회귀 모델과 GAN에 대해 알아본다. 자기 회귀 모델에 해당하는 PixelCNN과 WaveNet의 구현의 세부 사항들에 대해 알아보고 그 이후 GAN에 대해 구체적으로 알아볼 것입니다.

제7장 강화 학습

7장에서는 강화학습의 개념에 대해 소개됩니다. 우리는 일단 해결할 문제들을 구체적으로 정의 내려 보고, 누적 보상(cumulative rewards)에 대해 탐구할 것입니다. 마르코브 의사 결정 과정(Markov decision processes)과 벨만 방정식을 먼저 탐구한 다음 딥 Q-러닝에 대해 알아볼 것입니다. 또한 우리는 강화학습 알고리즘을 개발하고 실험하기 위해 OpenAI에서 개발된 툴킷인 Gym에 대해 소개할 것입니다.

제8장 파이토치의 활용

8장에서는 딥러닝 모델들을 통한 제품 개발의 과정에서 사람들이 겪는 어려움을 해결할 방법에 대해 알아볼 것입니다. 파이토치의 플라스크 래퍼와 RedisAI는 멀티 클러스터 환경에서 모델들을 실행할 수 있는 고도로 최적화된 방식이며, 초당 수만 가지의 요청을 처리할 수 있게 합니다.

이 책을 최대한 활용하는 방법

책에서 활용된 코드는 파이썬으로 작성되었으며, GitHub에서 이용 가능합니다. 압축되어 진 형태로 코드 레포지토리(repository)를 직접 내려받을 수 있으며, 온라인 GitHub 레포지토리를 통해 버그 수정 및 업데이트 사항에 대해 알 수 있습니다. 파이썬을 잘 알기 위해서는 GitHub에 대한 기본적인 이해가 선행되는 것이 좋습니다.

- 반드시 필요로 하는 것은 아니지만, CUDA 드라이버를 사용하면 학습 과정을 좀 더 빠르게 마칠 수 있도록 도와줍니다.
- 코드 예제들은 우분투 18.10 운영체제 아래에 개발된 것들이지만 대부분 운영체제에서 작동하며, 만약 문제점이 발견되면 GitHub 사이트에 들어가서 해결책에 대해 문의를 하십시오.

- 이 책에 실린 예제들 가운데에는 래디스 서버(redis-server)나 플라스크 프레임워크(Flask framework)와 같은 다른 서비스나 패키지를 이용해야 할 수도 있습니다. 이용 방법은 각 해당 챕터에서 소개되어 있습니다.

예제 코드 파일 다운로드

http://www.packt.com

http://www.packt.com/support

1. http://www.packt.com에서 로그인이나 사용자 등록을 한다.
2. **SUPPORT** 탭을 선택한다.
3. **Code Downloads & Errata**를 클릭한다.
4. 검색창에 이 책 이름을 기입하고 스크린에 나타나는 지시를 따른다.

Github : https://github.com/hhsecond/HandsOnDeepLearningWithPytorch

제 1 장

딥러닝을 위한 파이토치 소개

현재, GPU를 활용하여 다양한 문제를 해결할 수 있는 딥러닝 프레임워크가 수십 개나 있는데, 왜 더 많은 프레임워크가 필요한가? 이 책은 수백 달러의 가치를 지닌 이 질문에 대한 답이다. 파이토치는 GPU에서의 Numpy와 같은 존재가 되기 위한 딥러닝 솔루션으로 탄생했으며 그동안 수많은 개선과 노력을 다해왔다. 공식 문서에 따르면, 파이토치는 GPU 및 CPU 기반 딥러닝 연산에 최적화된 텐서 라이브러리로 소개되어 있다. 대부분의 알려진 프레임워크들이 비슷한 것들을 제공하고 있지만, 파이토치는 다른 모든 프레임워크에게는 찾을 수 없는 몇 가지 장점들을 제공한다.

이 책은 여러 챕터에 걸쳐 파이토치를 통해서 더욱 심도 있게 데이터를 해석하고 다루려고 하는 개발자들을 위한 단계별 가이드를 제공한다. 딥러닝 워크플로우의 다양한 단계를 살펴보기 전에 간단한 신경망을 구현하는 방법을 배울 것이다. 기본적인 합성곱 신경망(Convolutional Neural Network, CNN)과 생성적 적대 신경망(Generative Adversarial Networks, GAN)을 자세히 알아보고 OpenAI의 Gym 라이브러리를 사용해서 어떻게 모델을 학습하는지에 대한 실습 튜토리얼을 진행할 것이다. 마지막 챕터에 다다르는 순간 여러분은 파이토치 모델을 개발할 준비가 될 것이다.

이번 첫 번째 챕터에서는 파이토치 이면에 존재하는 이론에 대해 살펴보고 왜 파이토치가 특정 사용 사례에 있어 다른 프레임워크와 달리 우위를 점하고 있는지 설명한다. 그 전에 잠깐 파이토치의 역사에 대해 살펴보고, 왜 파이토치가 옵션이라기보다는 필수에 가까운지 배워본다. 또한, 마지막 섹션에서 Numpy와 파이토치의 호환성과 파이토치의 내부 구조에 대해 알아본다. 이번 챕터는 향후의 코드 집약적인 챕터를 위한 좋은 첫걸음이 될 것이다.

1.1 파이토치의 역사

점점 더 많은 사람이 흥미로운 기계 학습의 세계로 옮겨오고 있다. 여러 대학과 단체에서도 연구를 위해 자신들만의 프레임워크를 제작하고 있다. Torch는 그러한 초기 프레임워크들 중 하나였다. Ronan Collobert, Koray Kavukcuoglu 및 Clement Farabet은 Torch를 2012년에 출시하였고 그 이후 Facebook AI 연구팀을 비롯하여 몇몇 대학과 연구 그룹의 많은 사람들이 Torch를 사용하기 시작하였다. 많은 스타트업과 연구자들도 Torch를 사용하였고 Twitter, Facebook, DeepMind 등 몇몇 기업은 몇 백만 사용자들에게 서비스를 제공하기 위해 Torch 모델을 사용해서 제품 개발을 시작하였다. 코어 팀(core team)에 의해 발표된 Torch7 공식 논문[1]에 따르면 Torch는 세 가지 핵심 특징을 기반으로 설계되었다고 한다.

1. 산술적 알고리즘을 개발하기 쉬워야 한다.
2. 확장하기 쉬워야 한다.
3. 빨라야 한다.

Torch를 통해 유연성을 주고, Lua와 C언어의 조합은 앞의 모든 요구를 충족시켰지만, 새로운 언어 Lua에 대한 학습이 필요하였다. Lua는 파악하기 어렵지 않았고 고도의 효율적인 제품 개발을 위해 업계에서 사용되었지만, 다른 몇몇 유명한 언어들처럼 널리 사용되지는 않았다.

파이썬이 딥러닝 커뮤니티에서 널리 사용되면서 연구자들과 개발자들이 파이선보다는 Lua을 선택한 핵심 설계자들의 결정에 관해 다시 생각해 보게 했다. 단지 언어만의 이유를 넘어 쉬운 디버깅 기능을 갖춘 명령형(imperative) 프레임워크의 부재 또한 파이토치의 사상을 촉발하였다.

딥러닝의 프론트엔드 개발자는 심볼릭 그래프(symbolic graph)의 아이디어가 어렵다고 생각했다. 하지만 불행하게도, 거의 모든 딥러닝 프레임워크는 이것을 기반으로 만들어졌다. 사실, 몇몇의 개발자들은 이것을 동적 그래프(dynamic graph)를 사용한 방식으로 바꾸기를 시도하였다. Harvard Intelligent Probabilistic Systems 그룹에서 개발한 Autograd는 이러한 변경을 처음으로 도입한 인기 있는 프레임워크이다. 그 후 Twitter의 Torch 커뮤니티는 이 아이디어를 응용하여 torch-autograd를 구현하였다. 그다음으로, Carnegie Mellon 대학의 연구자들은 DyNet을 고안하였고, 동적 그래프의 장점을 살려 해석이 가능한 개발 환경을 갖춘 Chainer가 고안되었다.

이 모든 일련의 과정은 파이토치가 탄생하는 데 큰 영감을 주었다. 사실 파이토치는 Chainer의 구현된 일부 코드로부터 시작되었다. Torch의 핵심 개발자인 Soumith Chintala 밑에서 일하던 Adam Paszke의 인턴 과제를 통해 처음 개발이 진행되었고, 그 후 두 명의 핵심 개발자가 파이토치 개발에 합류하였고 약 100명의 다른 회사들과 대학들로부터의 알파 테스터들을 모집하였다.

팀 전체가 합심하여 6개월만인 2017년 1월에 베타 버전을 일반인들에게 공개하였다. 비록 제품 개발자들은 이를 초기부터 많이 사용하지는 않았지만, 연구원 및 커뮤니티의 많은 사람이 파이토치를 사용하였다. 또한 뉴욕대(NYU), 옥스퍼드대, 기타 유럽 대학 등 여러 곳에서 파이토치 강좌를 개설하였다.

1.2 파이토치란 무엇인가?

앞서 언급했듯이 파이토치는 GPU로 구동할 수 있는 텐서 연산 라이브러리다. 파이토치는 다른 모든 딥러닝 프레임워크와 차별화되는 어떤 특정한 목표를 이루기 위해 만들어졌다. 이 책을 읽는 동안 여러분은 서로 다른 어플리케이션을 통해 이러한 목표를 다시 생각하게 될 것이고, 이 책의 마지막 부분에 다다르면 여러분은 자신의 아이디어를 프로토타입으로 만들 계획인지 아니면 제품 개발을 위한 규모가 큰 모델을 만들 것인지 상관없이 여러분이 염두에 두고 있는 어떤 종류의 사용 사례(use case)에 대해서도 파이토치로 구현할 수 있을 것이다.

파이썬 중심의 **프레임워크**인 파이토치는 단일 C++ 또는 C 엔진에 파이썬 래퍼를 구현한 다른 프레임워크보다 크게 발전하였다. 파이토치에서는 파이토치 클래스를 상속하여 여러분이 원하는 대로 사용자 정의할 수 있다. 파이토치의 코어로부터 구축된 명령형의 코딩 방식은 오직 파이썬 중심의 접근 방식을 사용했기에 가능해졌다. 텐서플로우, MXNet, CNTK와 같은 심볼릭 그래프를 사용한 몇몇 프레임워크도 마찬가지로 명령형 접근 방식을 사용하였지만 파이토치는 커뮤니티의 지원과 유연성 때문에 간신히 정상의 자리를 지켰다.

테이프(Tape) 기반 autograd 시스템을 통해 파이토치는 동적 그래프 기능을 가질 수 있게 되었다. 이것은 파이토치와 다른 인기 있는 심볼릭 그래프 프레임워크 사이의 주요한 차이점 중 하나다. 테이프 기반 autograd는 Chainer, autograd 및 torch-autograd의 역전파 알고리즘에도 힘을 보탰다. 동적 그래프 기능을 통해 파이썬 인터프리터가 해당 라인에 도달하는 순간 그래프가 자동으로 생성된다. 이런 방식을 define by run이라고 하며 반면 텐서플로우가 사용하는 방식은 define and run이다.

테이프 기반 autograd는 역방향 자동 미분을 사용하며, 이는 연산이 진행된 다음 역전파를 위해 테이프를 통해 뒤로 이동하는 동안 각 작업을 테이프에 저장한다. 테이프를 통해 역전파를 진행하는 동안, 그래프는 각각의 연산을 테이프에 저장하게 된다. 동적 그래프와 파이썬 중심 접근 방식을 통해 Pdb 또는 편집기 기반 디버거와 같은 일반적인 파이썬 디버거를 사용할 수 있어서 쉬운 디버깅을 할 수 있다.

파이토치는 Torch의 C 바이너리 위에 파이썬 래퍼를 만들었을 뿐 아니라, 코어를 최적화 및 개선하였다. 파이토치는 입력 데이터를 기반으로 정의한 각 연산에 대해 실행할 알고리즘을 지능적으로 선택한다.

파이토치 설치

CUDA와 cuDNN이 설치되어 있으면 파이토치 설치는 간단하다. GPU 없이도 파이토치를 실행할 수 있다. 파이토치 홈페이지에 접속하여 파이토치를 설치할 시, 아래 그림(그림 1.1)처럼 자신의 컴퓨터 사양에 맞는 OS 및 패키지 관리를 선택할 수 있다.

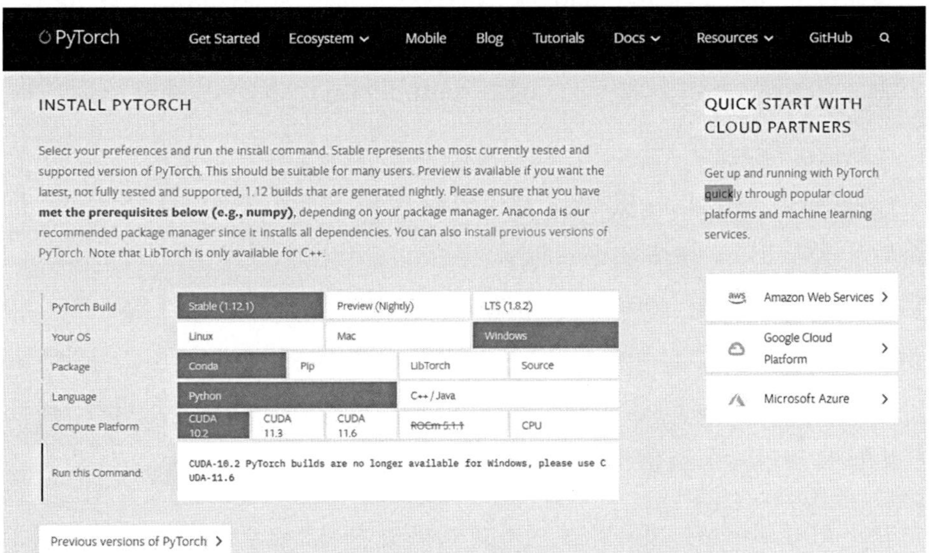

그림 1.1 파이토치 웹사이트에서 대화형 UI을 통한 설치과정

처음에는 리눅스 및 맥 운영체제만 지원했지만, 파이토치 0.4 버전부터는 윈도우 또한 지원한다. 파이토치는 PyPI와 Conda의 패키지 관리 도구로부터 제공된다. PyPI는 패키지를 위한 공식 파이썬 레포지토리이며 패키지 관리자 명령어인 `pip`를 통해 Torch라는 이름으로 파이토치를 찾은 후 설치가 가능하다.

하지만 여러분이 가장 최신 버전의 코드를 얻고 싶다면 GitHub README 페이지의 지침에 따라 소스에서부터 직접 파이토치를 설치하면 된다. 파이토치는 PyPI와 Conda를 통해서도 최신 버전(nightly build)의 설치가 가능하며 편리하게 최신 코드를 바로 얻고 싶다면 유용하다.

무엇이 파이토치를 인기 있게 만들었나?

신뢰할 수 있는 다수의 딥러닝 프레임워크 중에서, 정적 그래프나 심볼릭 그래프 기반 접근법은 속도와 효율성 때문에 거의 모든 사람이 사용하고 있었다. 동적 네트워크는 내부적으로는 성능 문제와 같은 것들이 존재하지만 개발자들이 구현하는 데 있어 많은 시간을 소비하지 않아도 된다는 장점이 있다. 하지만 정적 그래프의 문제점은 사고과정이 정적 계산 그래프라는 틀에 갇히는 바람에 연구자들이 문제를 해결하는 수많은 다른 방법들을 찾지 못하게 막았다는 점이다.

앞서 언급했듯이, 하버드의 autograd 패키지는 이 문제에 대한 해결책으로 시작되었고, 그 후 Torch는 파이썬으로부터 이 아이디어를 받아들여 Torch-autograd를 고안하였다. Chainer와 CMU의 DyNet은 아마도 엄청난 지원을 받은 두 개의 동적 그래프를 기반으로 한 프레임워크일 것이다. 이러한 모든 프레임워크는 정적 그래프로부터 야기되는 문제들을 해결할 수 있지만, 인기 있는 정적 그래프 프레임워크와는 달리 널리 사용되지 못하였다. 파이토치는 이것에 대한 절대적인 해결책이었다. 파이토치 팀은 백엔드로서 신뢰할만한 Torch 프레임워크를 사용하였고, Chainer의 앞부분과 병합하여 최고의 조합을 얻었다. 파이토치 팀은 코어를 최적화하고, 파이썬 스타일의 API를 더 추가하고, 추상화 과정을 올바르게 설정하여, Keras와 같은 추상 라이브러리가 없이도 손쉽게 파이토치 사용이 가능해졌다.

많은 사람이 이미 Torch를 사용하고 있었고 아마도 텐서플로우와 같은 프레임워크가 그다지 융통성을 주지 않고 발전하는 방식에 좌절했기 때문에 파이토치는 연구 커뮤니티에서 폭넓은 인정을 받았다. 파이토치의 동적인 성질은 많은 사람에게 있어 장점으로 다가왔고 그들이 일찌감치 파이토치를 사용하도록 만들었다.

파이토치는 순전파(Forward Pass) 내에 파이썬에서 사용 가능한 어떠한 연산이든 사용자가 정의할 수 있게 했다. 역전파(Backward pass)는 루트 노드까지 그래프를 통해 자동으로 길을 찾으며 또한 거슬러 올라가는 동안 기울기를 계산한다. 혁명적인 아이디어였지만, 비슷한 구현을 가지는 다른 프레임워크를 받아들일 수 없었던 것처럼 제품 개발 커뮤니티는 파이토치를 받아들이지 않았다. 그러나 날이 갈수록 점점 더 많은 사람이 파이토치로 이주하기 시작했다. Kaggle의 경진대회에서 모든 상위 랭커들이 파이토치를 사용하였고 앞서 언급했듯이 많은 대학들이 파이토치를 강의하기 시작하였다. 이것은 학생들로 하여금 심볼릭 그래프 기반 프레임워크를 사용할 때 새로운 그래프 언어를 배워야 한다는 부담을 피할 수 있도록 도와주었다.

Caffe2가 등장한 이후, 심지어 제품 개발자들조차 파이토치를 사용하기 시작하였다. Caffe2는 휴대전화에서도 모델을 실행할 수 있는 정적 그래프 프레임워크여서 제품 개발에서도 파이토치의 사용이 가능해졌다. 이제 네트워크를 구축하는 데 있어서 파이토치의 융통성을 활용할 수 있을 뿐만 아니라 구축한 모델을 Caffe2로 전송하여 어떤 제품 개발 환경에서도 사용할 수 있게 되었다. 파이토치 1.0 버전 이후에는 두 개의 서로 다른 프레임워크(제품 개발용과 연구용)를 별도로 배울 필요 없이 프로토타이핑 단계에서는 동적 그래프 기능을 갖추고 속도와 효율성이 요구될 때는 정적인 최적화된 그래프로 전환이 가능한 단일 프레임워크만 배워도 되는 단계까지 크게 발전하였다. 파이토치 팀은 Caffe2의 백엔드를 파이토치의 Aten 백엔드와 결합했는데, 이 결합된 백엔드는 사용자가 코드를 재작성하지 않고도 그래프의 최적화 또는 유연성 중에 어느 하나를 더욱 강조할 수 있도록 결정할 수 있게 해주었다.

다음으로 AI 커뮤니티는 ONNX와 DLPack를 주목했다. 마이크로소프트와 Facebook은 개발자들은 어떤 한 프레임워크에서 개발된 모델을 다른 프레임워크에서도 사용할 수 있도록 도와주는 **ONNX(Open Neural Network Exchange)** 프로토콜을 함께 발표하였다. ONNX는 파이토치, Caffe2, 텐서플로우, MXNet 및 CNTK와 호환되며 거의 모든 인기 있는 프레임워크에 대한 지원을 구축 및 개선하고 있다.

ONNX는 파이토치의 코어(core)에 내장되어 있으므로 모델을 ONNX 형식으로 변환 시에 별도로 사용자가 다른 패키지 또는 도구를 설치할 필요가 없다. 한편, DLPack은 다른 모든 프레임워크가 따라야 하는 표준 데이터 구조를 정의하여 동일한 프로그램에서 텐서를 한 프레임워크에서 다른 프레임워크로 이식하는 데 있어 사용자가 데이터를 직렬화하거나 다른 해결 방법을 따를 필요가 없도록 함으로써 상호운용성을 한 단계 끌어올리고 있다. 예를 들어, 컴퓨터 비전 작업에 있어 잘 학습된 텐서플로우 모델과 순차 데이터 처리에 효율적인 파이토치 모델을 가지고 있다면, 먼저 텐서플로우 모델을 사용해서 영상의 각 3차원 프레임을 처리하고 처리한 결과값을 파이토치 모델로 넘겨서 영상에서의 다음 동작을 예측하는 단일의 프로그램의 개발이 가능해진다. 한 걸음 물러서서 딥러닝 커뮤니티를 살펴보면, 모든 것이 다른 모든 것과 상호 운용되고 유사한 방법으로 문제에 접근하려고 하는 단일 지점으로 전 세계가 수렴하는 것을 알 수 있다. 그것은 우리가 모두가 살고 싶어하는 세상이다.

1.3 계산 그래프 사용

진화를 통해 사람들은 신경망을 그래프로 나타내면 복잡성을 최소한으로 줄일 수 있다는 것을 발견했다. 계산 그래프는 연산을 통해 네트워크의 데이터 흐름을 나타낸다.

노드와 노드들을 연결해주는 선에 의해 만들어진 그래프는 수십 년된 데이터 구조로서, 여전히 여러 가지 다른 구현에서 많이 사용되고 있으며 아마도 인간이 존재하지 않을 때까지 유효할 데이터 구조일 것이다. 계산 그래프에서 노드는 텐서를 나타내고 선들은 그것들 사이의 관계를 나타낸다.

계산 그래프는 우리가 수학적 문제들을 해결하고 큰 네트워크를 직관적으로 만들도록 도와준다. 신경망은 아무리 복잡하거나 크더라도 결국 수학적 연산의 집합체이다. 방정식을 푸는 명백한 방법은 방정식을 더 작은 단위로 나누고 하나의 출력을 다른 단위로 전달하는 것이다. 그래프 기반의 아이디어 또한 앞서 언급한 것과 같다. 네트워크 내부의 연산을 노드로 정의하여 하나의 연산에서 다른 연산으로의 전환을 나타내는 노드 간의 관계를 보여주는 그래프를 그릴 수 있다.

계산 그래프는 현재 인공지능의 발전에서 핵심이며 딥러닝 프레임워크의 기초를 만든다. 현재 사용되는 모든 딥러닝 프레임워크는 그래프 방식을 사용하여 계산을 수행한다. 이것은 프레임워크가 독립적인 노드를 찾도록 돕고 별도의 스레드나 프로세스를 가지고 계산한다. 계산 그래프는 하위 노드에서 이전 노드로 이동하는 것만큼 쉽게 역전파를 수행하여 기울기(gradient)를 계산할 수 있도록 돕는다. 이 연산은 40년된 아이디어로서 자동 미분(automatic differentiation)이라고 불린다. 자동 미분은 지난 세기 10대 숫자 알고리즘 중 하나로 꼽힌다. 구체적으로는 후진 모드 자동 미분(reverse-mode automatic differentiation)은 역전파를 하기 위해 계산 그래프의 배후에 사용되는 핵심 개념이다. 파이토치는 후진 모드 자동 미분을 기반으로 구축되므로 모든 노드는 컨트롤이 말단 노드(leaf node)에 도달할 때까지 작동 정보를 함께 저장한다. 그 후 역전파는 말단 노드에서 시작하여 뒤쪽으로 진행한다. 뒤로 이동하는 동안 흐름은 기울기를 따라가고 각 노드에 해당하는 편미분을 하게 된다. 1970년에 핀란드 수학자 겸 컴퓨터 과학자인 세포 린넨마아는 알고리즘 검증에 있어서 자동 미분을 사용할 수 있다는 점을 발견했다. 그 외 병행된 수많은 노력들이 동시에 같은 개념을 증명하고 있다.

딥러닝에서 신경망은 수학 방정식을 풀기 위해 있다. 작업이 얼마나 복잡한지에 상관없이 모든 것은 거대한 수학적 방정식으로 귀결되는데, 이 방정식은 신경망의 파라미터를 최적화함으로써 해결할 수 있다. 그것을 해결할 명백한 방법은 손으로 직접 계산하는 것이다. 약 150개의 신경망 레이어로 구성된 ResNet에 대해 수학 방정식을 푸는 것을 고려해 보자. 인간이 그러한 그래프의 계산을 수천 번 반복하는 것은 불가능하며, 파라미터를 최적화하기 위해 매번 수동으로 동일한 작업을 해야 한다. 계산 그래프는 모든 연산을 그래프로 나타내어 단계별로, 한 번에 하나씩 노드를 해결함으로써 이 문제를 해결한다. 그림 1.2는 3가지의 연산을 사용하는 간단한 연산 그래프를 보여준다.

양쪽의 행렬 곱셈 연산자는 출력으로서 2개의 행렬을 반환하며, 반환된 행렬은 다시 덧셈 연산자를 거친 후 다시 시그모이드(sigmoid) 연산자를 거친다. 결국 전체 그래프는 아래 그림에서 알 수 있듯이 수식을 풀기 위한 것이다.

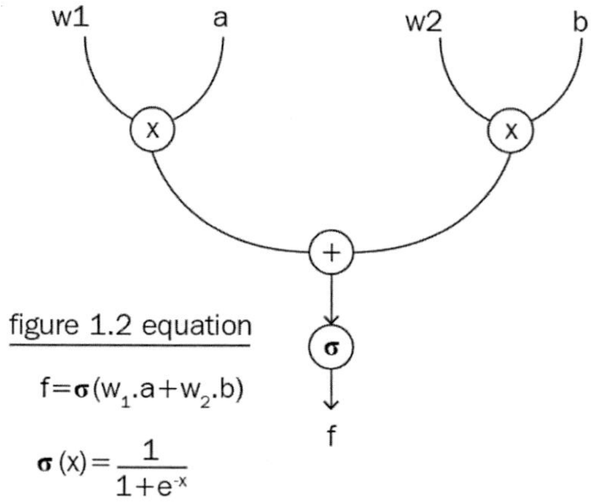

그림 1.2 수식에 대한 그래프 표현

그러나 그래프로 표현되는 순간 모든 것이 결정적으로 명확해진다. 여러분은 무엇이 일어나고 있는지 이해할 수 있고 흐름을 알 수 있으므로 쉽게 그것을 코드화할 수 있다.

모든 딥러닝 프레임워크는 자동 미분과 계산 그래프를 기반으로 구축되지만, 구현에 있어서는 기본적으로 다른 두 가지 접근 방법이 존재하며 정적 그래프와 동적 그래프가 그것이다.

정적 그래프 사용

신경망 구조에 접근하는 전통적인 방법은 정적인 그래프를 사용하는 것이다. 데이터를 사용하여 작업을 수행하기 전에 프로그램은 그래프의 순방향 패스(forward pass) 및 역방향 패스(backward pass)를 구축한다. 다른 개발 그룹들은 다른 방법을 시도하였다. 그중 일부는 순방향 패스를 먼저 구축하고 같은 그래프 인스턴스를 사용해서 순방향 및 역방향 패스에 대해 처리한다. 또 다른 방법은 먼저 순방향 정적 그래프를 구축한 뒤에 역방향 그래프를 만들어 순방향 그래프의 하단 쪽에 연결하여 노드를 시간 순서대로 실행하면서 전체 순방향 및 역방향 패스가 단일 그래프로서 실행될 수 있도록 하는 것이다.

정적 그래프는 다른 접근 방식과 비교해 특정 내재적 장점이 있다. 프로그램이 동적으로 변경되는 것을 제한하기 때문에, 프로그램은 그래프를 실행하는 동안 메모리 최적

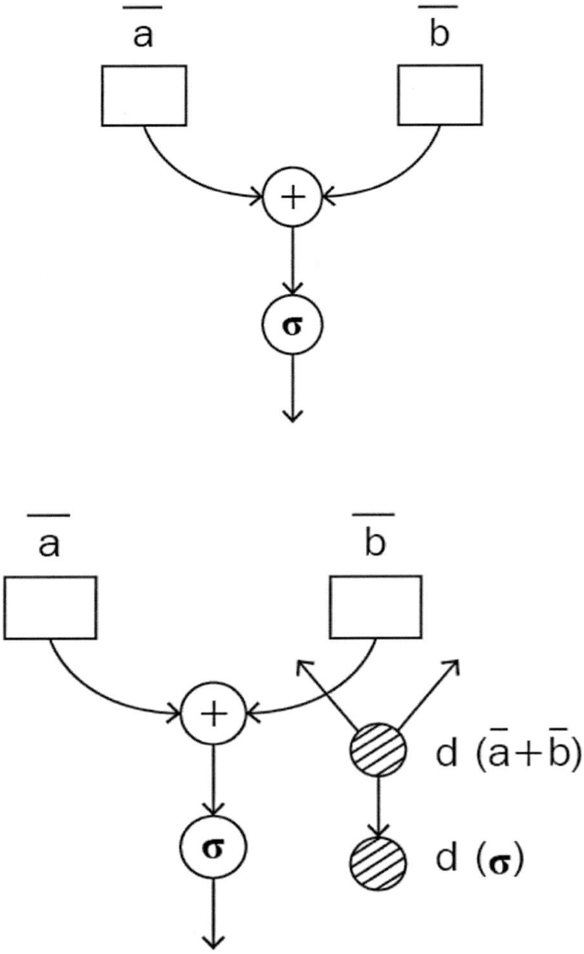

그림 1.3과 1.4　순방향 및 역방향 패스에 사용되는 동일한 정적 그래프

화 및 병렬 실행과 관련된 가정을 할 수 있다. 메모리 최적화는 프레임워크 개발자들이 그들의 개발 시간 대부분을 할애하여 걱정하는 핵심이 되는 요소이며, 그 이유는 엄청난 범위에서 이루어지는 메모리를 최적화 과정과 이에 따라오는 불명료성 때문이다. Apache MXNet 개발자들은 이것에 대해 자세히 설명하는 글을 블로그[3]에 기재하였다.

텐서플로우의 정적 그래프 API를 사용해서 XOR 출력을 예측하기 위해 구현한 신경망은 아래와 같다. 이것은 정적 그래프가 어떻게 실행되는지 보여주는 전형적인 예이다. 우선 모든 입력 placeholder를 선언한 뒤 그래프를 작성한다. 자세히 들여다보면, 그래프 정의의 어느 곳에도 우리가 데이터를 그 안에 전달하는 부분이 존재하지 않는

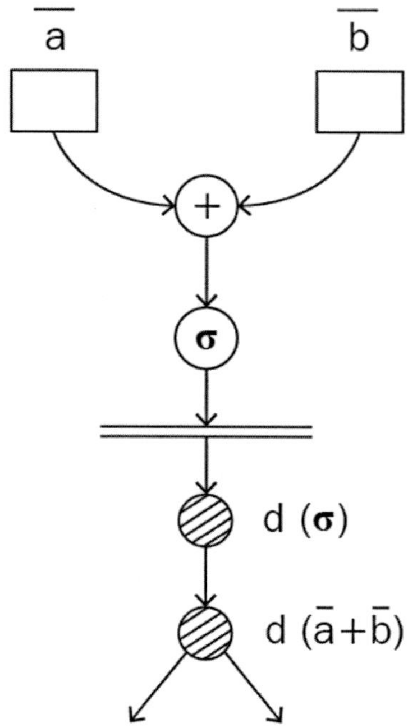

그림 1.5 정적 그래프: 순방향 및 역방향 패스를 위한 서로 다른 그래프

다. 입력 변수는 실제로 미래의 언젠가 데이터를 받아들일 예상을 하는 placeholder 이다. 그래프 정의는 우리가 데이터에 대해 수학적 연산을 수행하는 것처럼 보이지만, 실제로 프로세스를 정의하고 있으며, 이때 텐서플로우가 내부 엔진을 사용하여 최적화된 그래프 구현을 구축한다.

```
import tensorflow.compat.v1 as tf
tf.disable_v2_behavior()
x = tf.placeholder(tf.float32, shape=[None, 2], name='x-input')
y = tf.placeholder(tf.float32, shape=[None, 2], name='y-input')
w1 = tf.Variable(tf.random_uniform([2, 5], -1, 1), name="w1")
w2 = tf.Variable(tf.random_uniform([5, 2], -1, 1), name="w2")
b1 = tf.Variable(tf.zeros([5]), name="b1")
b2 = tf.Variable(tf.zeros([2]), name="b2")
a2 = tf.sigmoid(tf.matmul(x, w1) + b1)
hyp = tf.matmul(a2, w2) + b2
cost = tf.reduce_mean(tf.losses.mean_squared_error(y, hyp))
train_step = tf.train.GradientDescentOptimizer(lr).minimize(cost)
prediction = tf.argmax(tf.nn.softmax(hyp), 1)
```

인터프리터가 그래프 정의를 마치면, 아래와 같이 데이터를 통해 반복 처리한다.

```
with tf.Session() as sess:
    sess.run(init)
    for i in range(epoch):
        sess.run(train_step, feed_dict={x_: XOR_X, y_: XOR_Y})
```

다음 과정으로 우리는 텐서플로우 세션을 시작한다. 그래야만 미리 작성한 그래프와 상호작용을 할 수 있다. 세션 내에서 데이터를 돌며 session.run 메소드를 사용해 그래프로 데이터를 전달해야 한다. 따라서, 입력값은 그래프에서 정의한 것과 같은 크기여야 한다.

XOR가 무엇인지 잊어버렸다면, 아래 표를 참고하기를 바란다.

Multicolumn	OUTPUT	
A	B	A XOR B
0	0	0
0	1	1
1	0	1
1	1	0

동적 그래프 사용

프로그램 흐름은 개발자에게 직관적이기 때문에, 명령형 프로그래밍 스타일은 항상 더 많은 사용자 기반을 갖추고 있었다. 동적 능력은 명령형 그래프 구축의 좋은 예이다. 정적 그래프와는 달리 동적 그래프 아키텍처는 데이터가 통과하기 전에 그래프를 작성하지 않는다. 프로그램은 데이터가 오기를 기다렸다가 데이터를 반복하면서 그래프를 만들 것이다. 그 결과, 데이터를 통한 각 반복은 새로운 그래프 인스턴스를 구축하며, 역방향 패스가 완료되면 이를 파기한다. 그래프는 각 반복에 대해 구축되기 때문에 데이터 크기나 길이 또는 구조에 영향을 받지 않는다. 자연어 처리는 이러한 접근 방식이 필요한 분야 중 하나이다.

예를 들어, 만약 여러분이 정적 그래프로 수천 개의 문장에 대한 감정 분석을 하려고 한다면, 여러분은 그래프를 쪼개서 해결책을 모색해야 한다. 기본 **순환 신경망**(Recurrent Neural Network, RNN) 모델에서 각 단어는 출력 및 중간 상태를 생성하는 하나의 RNN 단위를 통과한다. 이 중간 상태는 다음 RNN에 주어질 것이며, 이 RNN은 문장에서 다음 단어를 처리한다. 정적 그래프를 만들면서 고정된 길이의 슬롯을 만들었기 때문에 짧은 문장을 늘리고 긴 문장을 줄여야 한다.

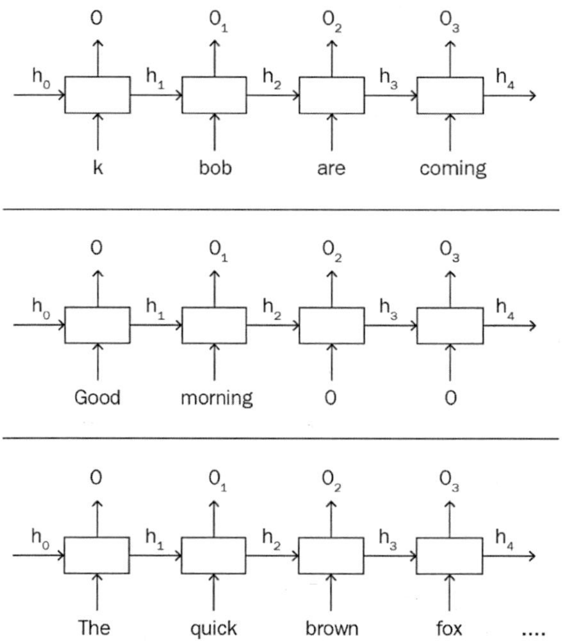

그림 1.6 다양한 길이의 문장을 가지는 각 RNN 단위에 대한 정적 그래프

위 예시의 정적 그래프는 미리 작성된 그래프가 손실되지 않도록 각 반복에 대해 데이터를 표현하는 방식을 보여준다. 그러나 동적 그래프에서는 데이터를 통과할 때마다 그래프가 생성되므로 매우 유연하다.

동적인 능력에는 비용이 따른다. 동적 그래프는 가정을 기반으로 하여 미리 최적화할 수 없으며, 각 반복에서 그래프 생성에 따르는 추가 시간이 소요된다. 그러나, 파이토치는 가능한 한 비용을 줄이기 위해 만들어졌다. 동적 그래프는 사전에 최적화할 수 없으므로, 파이토치 개발자들은 인스턴트 그래프 생성 비용을 무시해도 될 정도의 양으로 낮추었다. 동적 기능을 사용하지만 모든 최적화 기법이 파이토치의 코어에 포함되어서 특정 사용 사례(use case)에 대해 여러 다른 프레임워크보다 빠르다는 것이 입증되었다.

다음은 앞서 텐서플로우를 사용해서 개발한 것과 동일한 XOR 연산에 대해 파이토치를 사용해서 작성된 코드이다.

```
import torch

XOR_X=np.array([[0.0,0.0],[0.0,1.0],[1.0,0.0],[1.0,1.0]])
XOR_Y=np.array([[0.0],[1.0],[1.0],[0.0]])

epochs = 5

x = torch.FloatTensor(XOR_X)
y = torch.FloatTensor(XOR_Y)
w1 = torch.randn(2, 5, requires_grad=True)
w2 = torch.randn(5, 2, requires_grad=True)
b1 = torch.zeros(5, requires_grad=True)
b2 = torch.zeros(2, requires_grad=True)


for epoch in range(epochs):
    h1 = x @ w1 + b1
    a1 = torch.sigmoid(h1)
    h2 = h1 @ w2 + b2
    hyp = torch.sigmoid(h2)
    cost = (hyp - y).pow(2).sum()
    cost.backward()
```

파이토치 코드에서는 placeholder를 생성하지 않고 대신 변수 객체를 입력에 직접 전달해주는 방식으로 입력 변수를 정의할 수 있다. 그래프는 한 번에 정의되지 않는다. 그 대신 루프 내에서 정의가 되고 루프를 반복하는 동안 그래프의 생성이 매번 이루어진다. 각 생성된 그래프 인스턴스 간에 공유하는 유일한 정보는 우리가 최적화하기를 원하는 가중치의 행렬이다.

이러한 접근 방식은 데이터를 반복 처리하는 동안 데이터의 크기나 형태가 바뀌어도 반복마다 새로 생성되는 그래프를 통해 처리할 수 있는 장점이 존재한다. 그래프의 동작을 동적으로 바꾸고 싶다면 그것도 할 수 있다. "챕터 5 순차 데이터 처리"에서 다룰 순환 신경망에서의 예시가 이러한 아이디어에 기초한다.

1.4 딥러닝 둘러보기

인간이 컴퓨터를 발명했기 때문에 우리는 그것을 지능적인 시스템이라고 불러왔고, 항상 그들의 지능을 향상하려고 노력해왔다. 이전에는 인간이 할 수 없지만, 컴퓨터가 할 수 있는 것들은 모두 인공지능으로 여겨졌다. 엄청난 양의 데이터를 기억하고, 수백만, 수십억의 숫자에 대해 수학적인 작업을 하는 것을 인공지능으로 간주했다. 우리는 체스의 거장 Carry Kasparov를 이긴 한 인공지능 기계를 Deep Blue라고 불렀다.

결국 인간이 할 수 없는 일들과 컴퓨터가 할 수 있는 일들이 컴퓨터 프로그램이 되었다. 우리는 인간이 쉽게 할 수 있는 일 중 일부는 컴퓨터 프로그램으로 코드 작성이 불가능하다는 점을 깨달았다. 이 전개는 모든 것을 변화시켰다. 컴퓨터를 인간처럼 만들기 위해 우리가 나열해야 할 규칙들이 매우 많았다. 기계 학습은 이러한 문제의 해결책으로 등장하였다. 사람들이 코드를 명시적으로 일일이 짜는 것 대신 컴퓨터가 직접 학습하게끔 하였고 그것을 우리는 기계 학습이라고 불렀다. 그림 1.7은 고객의 과거 쇼핑 기록에 대한 데이터셋을 보여주고 이를 통해 고객이 제품을 구매할 것인지 아닌지를 어느 정도 예측할 수 있다.

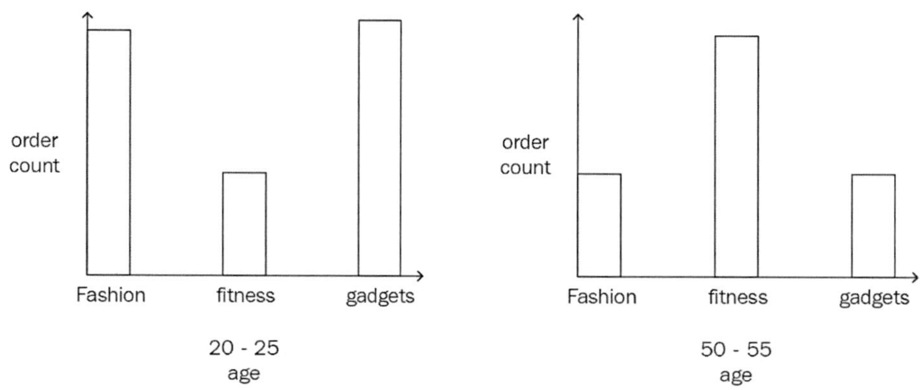

그림 1.7 제품을 구매한 고객에 관한 데이터셋

하지만 우리가 예측을 위해서 사용해야 할 데이터 속성의 수가 많고 그것을 뇌로 처리할 수 없다면 어떻게 될까? 컴퓨터는 그 데이터를 전부 훑어볼 수 있고 아마도 이전

데이터에 기반해서 예측할 것이다. 이 데이터 기반 접근은 우리에게 많은 도움을 줄 수 있는데 우리가 해야 할 것은 연관성 있는 특징들을 가정하는 것이고, 그 특징들로부터 규칙이나 패턴을 학습하기 위해 다양한 알고리즘으로 구성된 블랙박스에 특징들을 제공하는 것이다.

하지만 문제가 있다. 우리가 해야 할 일을 알고 있음에도 불구하고, 데이터를 정리하고 특징을 추출하는 것은 흥미로운 일이 아니다. 그러나 가장 큰 문제는 이것이 아니다. 우리는 고차원적 데이터의 특징과 다른 유형의 데이터를 효율적으로 예측할 수 없다. 예를 들어, 얼굴 인식에서, 우리는 처음에 규칙 기반 프로그램을 사용하여 얼굴에서 특정 영역의 길이를 찾아 신경망에 입력값으로 주었다. 왜냐하면 우리는 그것이 인간이 얼굴을 인식하기 위해 사용하는 특징들의 집합이라고 생각했기 때문이다.

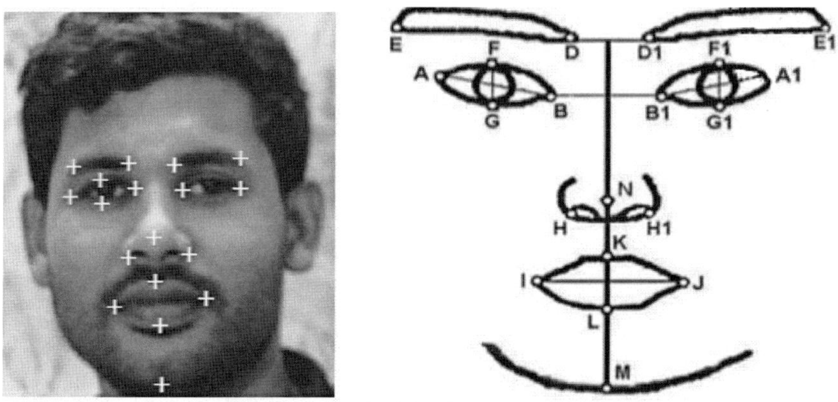

그림 1.8 Human–selected facial features

인간에게는 너무나 분명한 특징들이 컴퓨터에는 그렇게 명백하지 않고 그 반대의 경우도 마찬가지라는 점이 결국 드러났다. 이러한 특징을 선별하는 문제에 대한 자각은 우리를 딥러닝의 시대로 이끌었다. 딥러닝은 기계 학습의 한 부분이며 기계 학습과 같은 데이터 기반 접근법이지만, 특징들을 우리가 명시적으로 선택하는 대신, 컴퓨터가 직접 무엇을 특징으로 삼아야 하는지 결정하게 한다.

얼굴 인식의 예를 다시 한번 생각해 보자. 구글의 2014년 논문인 FaceNet은 딥러닝의 도움을 받아 이 문제를 다루었다. FaceNet은 두 개의 심층 네트워크를 사용하여 전체 애플리케이션을 구현하였다. 첫 번째 네트워크는 얼굴에서 특징들을 식별하는 것이었고, 두 번째 네트워크는 이 특징들을 사용하여 얼굴을 인식하는 것이었다. 첫 번째 네트워크는 우리가 이전에 했던 것을 하고 있었고 두 번째 네트워크는 단순하고 전통적인 기계 학습 알고리즘이었다.

심층 네트워크는 수많은 라벨을 가지는 데이터셋을 가지고 있다면 데이터셋에서 특징을 식별할 수 있다. FaceNet의 첫 번째 네트워크는 수많은 얼굴 데이터셋과 해당 라벨을 가지고 학습이 되었다. 첫 번째 네트워크는 모든 얼굴에서 128개의 특징(예를 들어, 왼쪽 눈과 오른쪽 눈 사이의 거리처럼 얼굴에서 추출 가능한 128개의 특징)을 예측하도록 훈련되었고 두 번째 네트워크는 사람을 인식하기 위해 이 128개의 특징을 사용하였다.

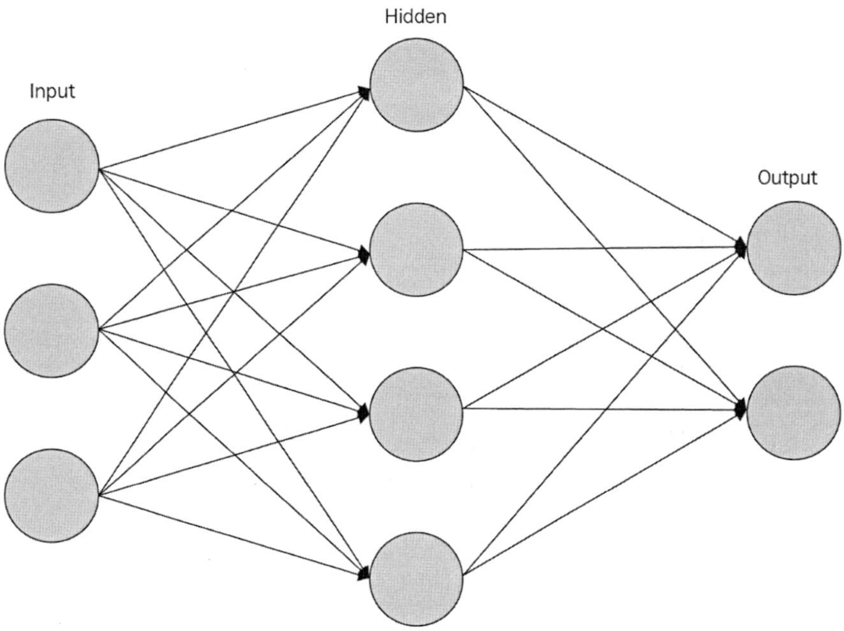

그림 1.9 간단한 신경망

위의 그림과 같이 간단한 신경망은 하나의 입력층(input layer), 은닉층(hidden layer), 출력층(output layer)을 가지고 있다. 이론적으로, 하나의 은닉층은 어떠한 복잡한 수학 방정식에 대한 근삿값을 구할 수 있기에 하나의 레이어만 사용해도 괜찮아야 한다. 하지만, 이러한 이론이 그렇게 실용적이지 않다는 것이 밝혀진다. 심층 네트워크에서는 각각의 레이어가 몇몇 특징을 찾는 일을 담당한다. 초기 레이어는 보다 상세한 특징을 찾고, 최종 레이어는 이러한 상세 특징을 추상화하여 높은 수준의 특징을 찾는다.

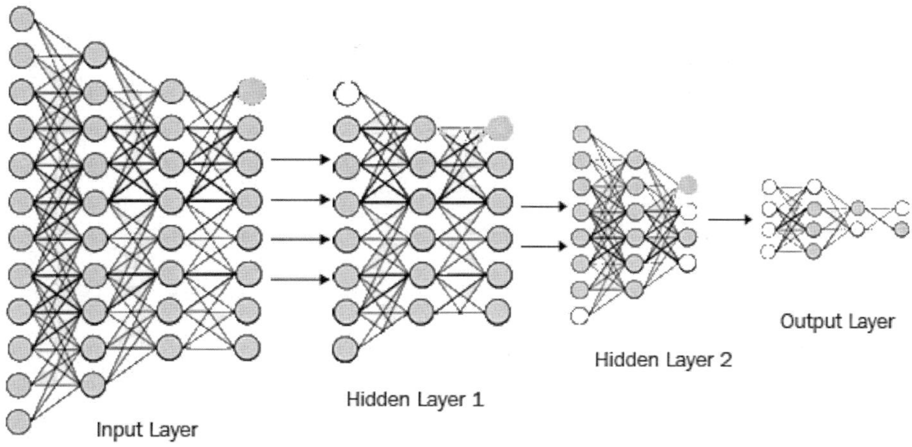

그림 1.10 심층 신경망

다양한 아키텍처 알아보기

딥러닝은 수십 년 동안 존재해 왔으며, 다양한 사용 사례에 대해 서로 다른 구조와 아키텍처들로 진화해왔다. 그것 중 몇몇은 우리가 우리의 뇌에 대해 가지고 있던 아이디어에 기초했고 다른 것들은 실제 뇌의 작용에 기초했다. 앞으로 다뤄질 모든 챕터는 현재 업계에서 사용하고 있는 최첨단 아키텍처에 기초하고 있다. 각 아키텍처에 따라 하나 이상의 애플리케이션을 다룰 것이며, 각 챕터마다 파이토치 코드로 개념, 설계 및 기술 세부 사항을 다룰 것이다.

완전 연결 신경망

완전 연결 신경망(Fully connected network)은 가장 기본적이지만 강력한 아키텍처이다. 이것은 하나의 은닉층을 가진 신경망을 사용하는 기존 기계학습의 기법을 직접적으로 확장한 것이다. 완전 연결 신경망은 각 범주에 대한 확률 분포를 찾아 최종 예측값을 구할 수 있기에 모든 아키텍처의 끝부분에 위치한다. 이름이 암시하는 것처럼 완전 연결 신경망은 이전과 다음 레이어 사이의 모든 뉴런이 서로 연결되어 있다. 완전 연결 신경망은 가중치를 설정하여 일부 뉴런을 제외할 수 있지만, 이상적인 상황에선 처음에는 모든 뉴런을 전부 사용한다.

인코더 및 디코더

아마도 딥러닝에서 다음으로 가장 기본적인 아키텍처는 인코더와 디코더일 것이다. 모든 신경망에는 하나 이상의 인코더-디코더 레이어가 있다. 완전 연결 레이어(Fully connected layer)의 은닉층은 인코더에서 오는 인코딩된 형태로 간주할 수 있고, 출력 레이어는 은닉 레이어를 출력으로 디코딩하는 디코더로 간주할 수 있다. 일반적으로, 인코더는 입력을 중간 상태로 인코딩하는데, 여기서 입력이 벡터로 표현되며 디코더 네트워크는 이것을 우리가 원하는 출력 형태로 디코딩한다.

인코더-디코더 네트워크의 전형적인 예는 기계 번역에 주로 사용되는 **seq2seq(sequence-to-sequence)** 네트워크이다. 예를 들자면 영어 문장은 중간 벡터 표현으로 인코딩되며, 여기서 전체 문장은 일부 부동 소수 형태로 분할되며, 디코더는 중간 벡터로부터 다른 언어의 출력 문장을 디코딩한다.

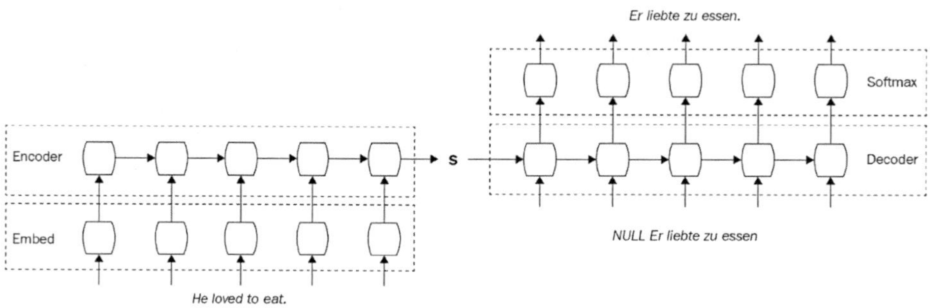

그림 1.11 Seq2seq 네트워크

오토인코더는 특별한 유형의 인코더-디코더 네트워크로, 비지도 학습(unsupervised learning)의 범주에 속한다. 오토인코더는 라벨이 없는 데이터로부터 학습을 시도하며 목푯값을 입력값과 같게 설정한다. 예를 들어, 입력 크기가 100×100인 이미지일 때 10,000 차원의 입력 벡터를 갖게 된다. 그래서 출력 크기도 마찬가지로 10,000이 되겠지만 은닉층의 크기는 500이 될 수 있다. 간단히 말해서, 입력을 더 작은 크기의 숨겨진 상태 표현으로 변환한 이후 은닉층에서 똑같은 입력을 다시 생성한다.

만약 그렇게 할 수 있는 신경망을 학습시킬 수 있다면, 높은 차원의 입력을 낮은 차원의 벡터로 변환할 수 있는 좋은 압축 알고리즘을 발견할 것이다.

오늘날 오토인코더는 기업에서 여러 종류의 문제를 해결하는 데 사용되고 있다. 챕터 4 컴퓨터 비전에서 의미론적 분할(semantic segmentation)을 다룰 때 이와 유사한 구조를 보게 될 것이다.

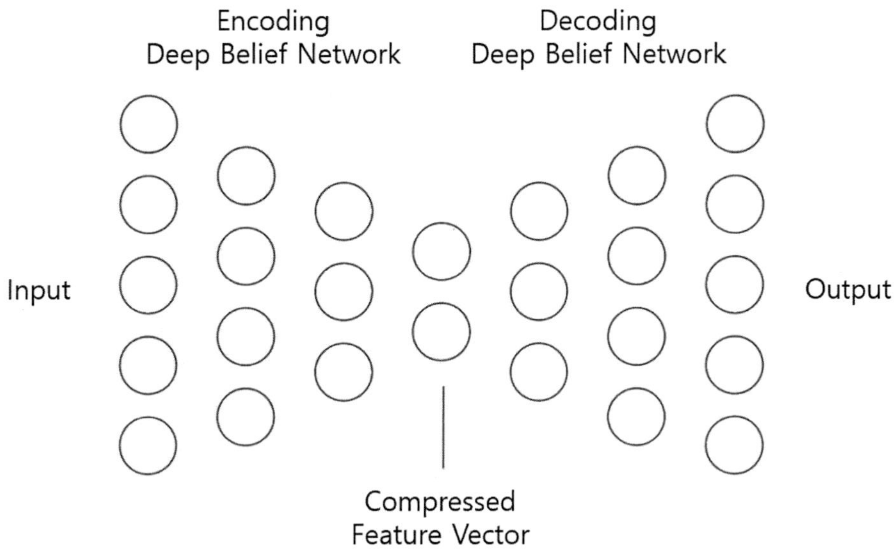

그림 1.12 오토인코더 구조

순환 신경망

순환 신경망(Recurrent Neural Network, RNN)은 가장 흔한 딥러닝 알고리즘 중 하나이며, 전 세계 사람들을 놀라게 하였다. RNN의 몇몇 변형 모델이 존재하며 자연어 처리나 이해 분야에서 최첨단 성능을 발휘한다. RNN에서는 데이터에서 가장 작은 단위를 먼저 식별하고 데이터를 그러한 단위의 그룹으로 만든다. 자연어에서 예를 들자면 가장 일반적인 방법은 한 단어를 하나의 단위로 설정하여 문장을 단어들의 그룹으로 간주한 뒤에 처리하는 것이다. 문장 전체의 처리를 위해 RNN을 펼쳐서 한 번에 한 단어씩 문장을 처리한다. RNN은 서로 다른 데이터셋에서 작동하는 변형 모델을 가지고 있으며, 때로는 변형 모델을 선택할 때 효율성을 고려할 수 있다. **LSTM**(Long short- term memory)과 **GRU**(gated recurrent units)셀이 가장 일반적인 RNN 유닛이다.

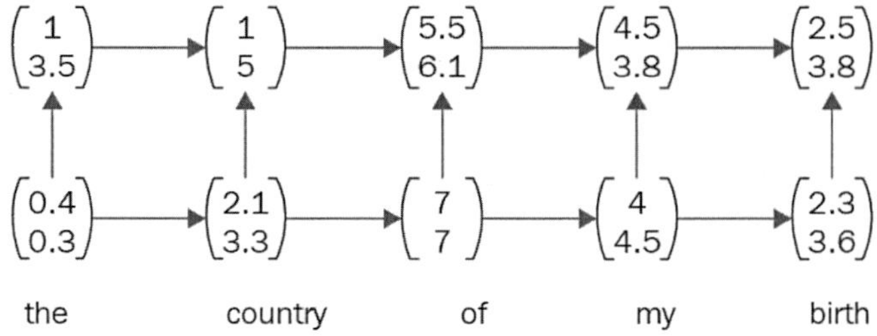

그림 1.13 순환 신경망에서 단어의 벡터 표현

재귀 신경망

이름에서 알 수 있듯이, 재귀 신경망(Recursive neural networks)은 순차 데이터의 계층 구조를 이해하기 위한 트리(tree) 구조 신경망이다. 재귀 신경망은 **자연어 처리** 애플리케이션에서 많이 사용되었는데, 특히 Salesforce의 수석 과학자 Richard Socher와 그의 팀에 의해 많이 사용되었다.

챕터 5 순차 데이터 처리에서 곧 보게 될 word2vec과 같은 워드 벡터는 단어의 의미를 벡터 공간으로 효율적으로 매핑할 수 있다. 하지만 전체적인 문장의 의미에 관해서는 마땅히 정해진 해결책이 없다. 재귀 신경망은 그러한 응용에 가장 많이 사용되는 알고리즘 중 하나이다. 재귀 신경망은 분석 트리와 구성 벡터를 만들고, 다른 계층적 관계를 매핑할 수 있는데, 이것은 다시 우리가 단어들을 결합하고 문장을 만드는 규칙을 찾는 데 도움을 준다. **스탠포드 자연어 추론** 그룹은 SNLI라고 하는 유명하고 잘 사용되는 알고리즘을 개발했는데, 이는 재귀신경망 사용의 좋은 예다.

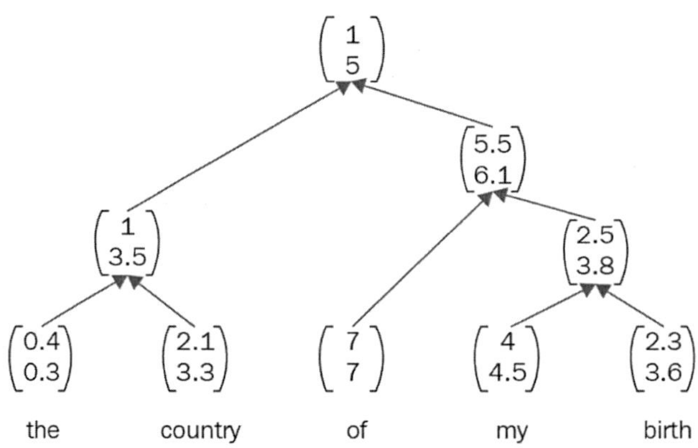

그림 1.14 재귀 신경망에서 단어의 벡터 표현

합성곱 신경망

합성곱 신경망(convolutional neural network, CNN)은 컴퓨터 비전 분야에서 뛰어난 성능을 보여준다. CNN은 2010년대 초에 인간과 유사한 정확도를 기록했고, 여전히 매년 더 높은 정확도를 얻고 있다.

각 레이어가 무엇을 하고 있는지에 대해 시각화를 할 수 있으므로, CNN은 가장 잘 이해되는 네트워크다. Yann LeCun **페이스북 AI Research(FAIR)** 대표는 1990년대에 CNN을 발명하였지만 충분한 데이터셋과 계산 능력이 없었기 때문에 그것들을 손쉽게 사용할 수 없었다. CNN은 기본적으로 슬라이딩 윈도우처럼 입력 데이터를 스캔하여 중간 표현을 한 다음, 마지막 완전 연결 레이어(fully connected layer)에 도달하기 전에 각 레이어별로 추상화 과정을 진행한다. CNN은 이미지가 아닌 데이터셋에 대해서도 성공적으로 사용되고 있다.

페이스북 연구팀은 어떠한 순차 데이터셋에서도 사용할 수 있는 아키텍처로 여겨지는 RNN을 능가하는 CNN을 사용한 최첨단 자연어 처리 시스템을 개발하였다. 비록 몇몇 신경과학자들과 AI 연구자들은 뇌가 CNN이 하는 일을 하지 않는다고 믿기 때문에 CNN을 좋아하지 않지만, CNN에 기반을 둔 신경망들이 기존에 사용되는 것들을 뛰어넘고 있다.

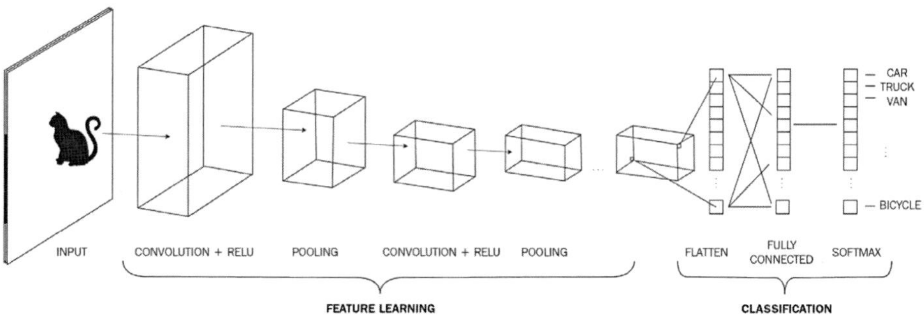

그림 1.15 일반적인 CNN 구조

생성적 적대 신경망

생성적 적대 신경망(Generative adversarial networks, GAN)은 2014년 이안 굿펠로우(Ian Goodfellow)가 발명한 이후 AI 커뮤니티 전체를 발칵 뒤집어 놓았다. GAN은 가장 단순하고 분명한 구현 중 하나였지만, 그것들이 가진 어마어마한 능력으로 세상을 완전히 매료시켰다. GAN에서는 두 개의 네트워크가 서로 경쟁 과정을 통해 분별 네트워크(discriminator network)가 실제 이미지와 구별하는 데 어려움을 겪게 하며 또한 생성 네트워크(generator network)가 실제와 같은 이미지를 생성하게끔 만든다. 현실에서 예를 들자면 경찰과 위조범들 사이의 싸움을 들 수 있다.

위조 업자가 가짜 화폐를 만들려 하고 경찰이 이를 적발하려고 한다. 처음에 위조범들은 진짜처럼 보이는 가짜 화폐를 만들 만큼 지식과 능력이 부족하다. 하지만 시간이 흐를수록 그들은 원화와 더 닮은 화폐를 만드는 데 더 능숙해진다. 그러면 경찰이 가짜 화폐를 식별하지 못하기 시작하지만, 결국 다시 더 잘 해낸다. 이러한 생성 및 분별(generation-discrimination) 과정은 결국 평형을 초래한다. GAN은 많은 장점이 있고 그것들을 나중에 더 심도 있게 토론할 것이다.

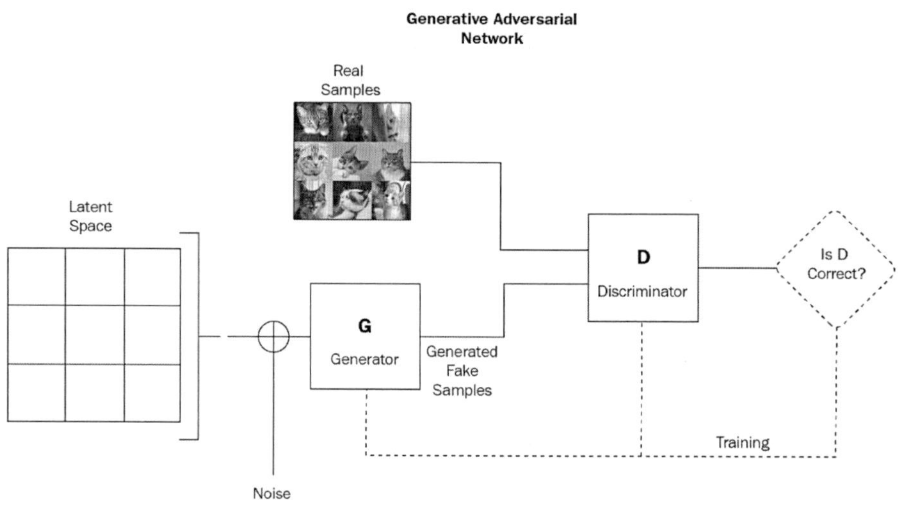

그림 1.16 생성적 적대 신경망(GAN)

강화 학습

상호작용을 통한 학습은 인간 지능의 기초가 된다. 강화 학습은 우리를 그 방향으로 이끄는 방법론이다. 강화 학습은 인간이 시행착오를 통해 배운다는 생각 위에 세워진 전혀 다른 분야였다. 그러나 딥러닝이 발달하면서 강화 학습 딥러닝이라는 또 다른 분야가 생겨났다.

현대의 강화 학습은 규칙들을 명시적으로 코드화한 기존의 접근 방식과는 달리, 심층 신경망을 학습하기 위해 사용한다. Q 학습과 심층 Q 학습을 통해 딥러닝을 사용한 강화 학습과 사용하지 않은 강화 학습 간의 차이점을 확인하고자 한다.

현실 세계와 물체나 실험 또는 피드백을 통해 컴퓨터나 에이전트(agent)들의 학습이 이루어지는 강화 학습은 일반적인 지성을 향한 방법론 중 하나로 여겨진다. 강화학습 에이전트를 가르치는 것은 부정적이거나 긍정적인 보상을 통해 개를 훈련하는 것과 비슷하다. 공을 줍는다고 비스킷을 주거나 공을 줍지 않는다고 개에게 소리칠 때 부정적 혹은 긍정적인 보상을 통해 개의 뇌에 지식을 보강하는 것이다. 인공지능 에이전트(AI agent)들도 마찬가지지만, 긍정적인 보상은 플러스 수치가 될 것이고, 부정적 보상은 마이너스 수치가 될 것이다. 강화 학습을 CNN/RNN 등과 유사한 아키텍처로 고려할 수는 없지만, 이를 실생활 문제를 해결하기 위한 딥러닝을 사용하는 또 다른 방법으로서 이 책에 포함하였다.

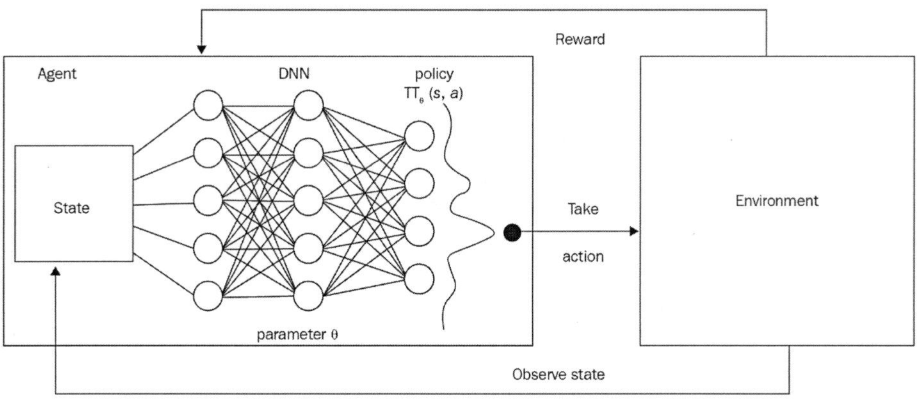

그림 1.17 강화 학습 과정

1.5 코드를 통해 실습

이제부터 몇몇 파이토치 코드를 작성해 볼 것이다. 만약 여러분이 전에 Numpy를 사용했다면 익숙할 것이다. 만약 그렇지 않더라도 걱정할 필요가 없다. 파이토치는 초심자들을 위해 쉽게 만들어졌다.

딥러닝 프레임워크인 파이토치는 수치 계산에도 사용할 수 있다. 여기서는 파이토치의 기본 연산에 대해 다루어본다. 이 챕터에서 다루어질 기본적인 파이토치 연산은 다음 챕터에 다뤄지는 개념들을 더 이해하기 쉽게 만들어 줄 것이다. 여기서 우리는 간단한 사용 사례를 위한 실제 신경망을 구축할 것이다. 우리는 책의 모든 프로그램에 있어서 파이썬 3.7과 파이토치 1.0을 사용할 것이다. GitHub 레파지토리 또한 같은 환경설정으로 구축된다. 비록 Conda가 파이토치 팀에서 추천하는 패키지 관리 도구이지만 우리는 Conda 대신 PyPI를 사용하여 파이토치를 설치하고 사용한다.

기본적인 코드 학습

네임스페이스로 torch를 import하는 것으로 코딩을 시작한다.

```
import torch
```

파이토치의 기본 데이터 추상화 자료형은 Numpy에서의 ndarray와 같은 `Tensor` 객체이다. 여러분은 여러 가지 방법으로 파이토치의 텐서를 작성할 수 있다. 여기서는 몇 가지 기본 접근 방식에 대해 다룰 것이며 향후 챕터에서 어플리케이션을 구현하면서 모든 접근 방식에 대해 알아볼 것이다.

```
uninitialized = torch.Tensor(3,2)
rand_initialized = torch.rand(3,2)
matrix_with_ones = torch.ones(3,2)
matrix_with_zeros = torch.zeros(3,2)
```

`rand` 메소드는 주어진 크기의 랜덤 매트릭스를 반환하며 `Tensor` 함수는 초기화되

지 않은 텐서를 반환한다. 파이썬 리스트에서 텐서 객체를 생성하려면 Torch를 호출해야 한다. torch.floatTensor(python_list)는 np.array(python_list)와 유사하다. FloatTensor는 파이토치가 지원하는 몇 가지 유형 중 하나이다. 사용 가능한 유형의 목록은 다음 표에 제시되어 있다.

표 1.1 파이토치가 제공하는 데이터 유형

데이터 유형	CPU tensor	GPU tensor
32-bit floating point	torch.FloatTensor	torch.cuda.FloatTensor
64-bit floating point	torch.DoubleTensor	torch.cuda.DoubleTensor
16-bit floating point	torch.HalfTensor	torch.cuda.HalfTensor
8-bit integer (unsigned)	torch.ByteTensor	torch.cuda.ByteTensor
8-bit integer (signed)	torch.CharTensor	torch.cuda.CharTensor
16-bit integer (signed)	torch.ShortTensor	torch.cuda.ShortTensor
32-bit integer (signed)	torch.IntTensor	torch.cuda.IntTensor
64-bit integer (signed)	torch.LongTensor	torch.cuda.LongTensor

출처: http://pytorch.org/docs/master/tensors.html

파이토치는 버전이 업데이트되면서 API에서 몇몇 변화를 주었고 대부분 Numpy API와 유사한 형태를 띤다. 파이토치 0.2 버전에서 소개된 변화 중 하나는 Shape이다. shape 속성값을 호출하면 텐서의 shape을 얻을 수 있으며 size 함수를 통해서도 접근할 수 있다.

```
>>> size = rand_initialized.size()
>>> shape = rand_initialized.shape
>>> print(size = = shape)
True
```

shape 객체는 파이썬 튜플 자료형으로부터 상속받았기 때문에 튜플에서 사용되는 모든 연산을 쓸 수 있다.

```
>>> print(shape[0])
3
>>> print(shape[1])
2
```

이제 텐서가 무엇인지 어떻게 생성되는지 알았으니 가장 기본적인 수학 연산부터 시작한다. 일단 곱셈, 덧셈, 행렬 연산과 같은 연산에 익숙해지면, 나머지는 레고 블록을 쌓아 올리듯 손쉽게 터득할 수 있다.

파이토치 텐서 객체가 파이썬의 숫자 연산을 재정의했으므로 일반적인 연산자를 바로 사용할 수 있다. 텐서와 스칼라를 다루는 연산은 아마도 가장 간단할 것이다.

```
>>> x = torch.ones(3,2)
>>> x
tensor([[1., 1.],
        [1., 1.],
        [1., 1.]])
>>>
>>> y = torch.ones(3,2) + 2
>>> y
tensor([[3., 3.],
        [3., 3.],
        [3., 3.]])
>>>
>>> z = torch.ones(2,1)
>>> z
tensor([[1.],
        [1.]])
>>>
>>> x * y @ z
 tensor([[6.],
         [6.],
         [6.]])
```

변수 x와 y는 3×2 크기의 텐서이고, 파이썬의 곱셈 연산자는 각 요소끼리의 곱셈을 수행한 후 같은 크기의 텐서를 반환한다. 이 텐서와 2×1 크기의 z 텐서는 파이썬의 행렬 곱셈 연산을 거쳐 3×1 크기의 행렬을 생성한다.

텐서와 텐서 간의 사용 가능한 연산자는 위의 예시에서 사용한 파이썬 연산자와 in-place 파이토치 함수, out-place 파이토치 함수를 포함한다.

```
>>> z = x.add(y)
>>> print(z)
```

```
tensor([[4., 4.],
        [4., 4.],
        [4., 4.]])
>>> print(x)
tensor([[1., 1.],
        [1., 1.],
        [1., 1.]])
>>> print(x == z)
tensor([[False, False],
        [False, False],
        [False, False]])
>>> z = x.add_(y) #in place addition.
>>> print(z)
tensor([[4., 4.],
        [4., 4.],
        [4., 4.]])
>>> print(x)
tensor([[4., 4.],
        [4., 4.],
        [4., 4.]])
>>> print(x == z)
tensor([[True, True],
        [True, True],
        [True, True]])
>>> x = torch.rand(2,3)
>>> y = torch.rand(3,4)
>>> x.matmul(y)
tensor([[0.5594, 0.8875, 0.9234, 1.1294],
         [0.7671, 1.7276, 1.5178, 1.7478]])
```

+ 연산자 및 add 함수를 사용하여 크기가 같은 두 개의 텐서의 합을 구할 수 있다. 파이토치는 같은 연산을 하기 위해 밑줄을 추가하는 형태의 트레일링 언더스코어(trailing underscore) 관습을 따르지만, 이것은 제자리(in-place)에서 일어난다. 예를 들어 `a.add(b)`는 a와 b의 합의 값을 가지는 새로운 텐서를 반환한다. 이 연산은 기존 a와 b의 텐서의 값을 변경하지 않지만, `a.add_(b)`는 a 텐서를 a와 b의 합의 값으로 업데이트하고 업데이트된 a를 반환한다. 파이토치의 모든 연산자에도 같게 적용된다.

> In-place 연산자는 `add_` 및 `sub_`와 같은 트레일링 언더스코어(trailing underscore)의 규칙을 따른다.

매트릭스 곱셈을 수행하기 위해 matmul 함수, mm 함수, 또는 파이썬의 @를 사용할 수 있다. 슬라이싱(Slicing), 인덱싱(indexing), 그리고 조인(joining)은 네트워크를 코딩하는 과정에서 하게 될 다음으로 가장 중요한 작업이다. 파이토치는 기본적인 파이토닉(Pythonic) 또는 Numpy 구문으로 위와 같은 모든 작업을 가능하게 해준다.

텐서를 인덱싱하는 것은 일반 파이썬 리스트를 인덱싱하는 것과 유사하다. 복수의 차원을 인덱싱하는 것은 각각의 차원을 재귀적으로 인덱싱함으로써 이루어질 수 있다. 인덱싱은 처음으로 사용 가능한 차원의 인덱스를 선택한다. 각 차원은 인덱싱하는 동안 쉼표를 사용하여 분리할 수 있다. 슬라이싱할 때 이 방법을 사용할 수 있다. 시작과 끝의 인덱스들은 전체 콜론을 사용하여 분리할 수 있다. 전치 행렬은 속성 t를 사용하여 구할 수 있다. 모든 파이토치 텐서 객체는 속성 t를 갖는다.

결합(Concatenation)은 텐서를 다루는 데 있어서 필요한 또 다른 중요한 연산이다. 파이토치는 결합을 위해 cat 함수를 만들었다. 원한다면 1차원을 제외한 모든 차원에서 두 개의 같은 크기의 텐서는 cat을 사용하여 연결할 수 있다. 예를 들어, 3×2×4 크기의 텐서는 첫 번째 차원에서 3×5×4 크기의 또 다른 텐서와 연결되어 3×7×4 크기의 텐서를 얻을 수 있다. stack 연산은 cat 연산과 매우 비슷해 보이지만 이것은 전혀 다른 연산이다. 만약 텐서에 새로운 차원을 추가하고 싶다면, stack 연산을 사용하면 된다. cat과 마찬가지로 새 차원을 추가할 축을 지정할 수 있다. 하지만 반드시 두 텐서의 추가되는 차원을 이외의 모든 차원이 같은 지 확인해야 한다.

split과 chunk는 텐서를 나누기 위한 연산들과 유사하다. split은 각 출력 텐서가 원하는 크기가 되도록 허용한다. 예를 들어, 만약 3×2 크기의 텐서를 0차원의 크기가 1인 것으로 나눈다면, 각 크기가 1×2인 3개의 텐서를 얻게 될 것이다. 하지만 만약 0차원의 크기가 2인 것으로 나눈다면, 2×2 크기의 텐서와 1×2 크기의 텐서를 얻게 된다.

squeeze 함수를 통해 종종 시간을 절약할 수 있다. 크기가 1인 하나 또는 그 이상의 차원의 텐서를 갖게 되는 상황이 발생한다. 텐서 안에 추가적인 차원이 필요하지 않을 때 squeeze를 사용하면 된다. squeeze는 1의 값을 가지는 차원을 제거한다. 예를 들어, 우리가 문장은 다루고 있고 각각 5개의 단어가 포함된 10개의 문장 세트를 가지고 있으면, 그것을 텐서 객체로 매핑할 때 10×5 크기의 텐서를 가지게 된다. 그 이후 신경망을 사용하여 처리하기 위해서는 그것을 one-hot 벡터로 변환해야 한다.

크기가 100인 인코딩된 one-hot 벡터를 또 다른 새로운 차원으로 텐서에 추가한다(왜냐면 총 100개의 단어가 있기 때문이다). 이제 10×5×100 크기의 텐서 객체를 가지며 각 배치와 문장마다 한 번에 한 단어씩 전달한다.

이제 문장을 쪼개서 잘라야 하고, 그 결과로 10×1×100 크기의 텐서(100차원의 벡터를 가진 10개의 각 배치에서의 한 단어)를 얻게 된다. 하지만 10×100 크기의 텐서를 가지고 처리하는 것이 편하므로 squeeze 연산을 사용하여 10×1×100 텐서로부터 10×100 텐서로 변환한다.

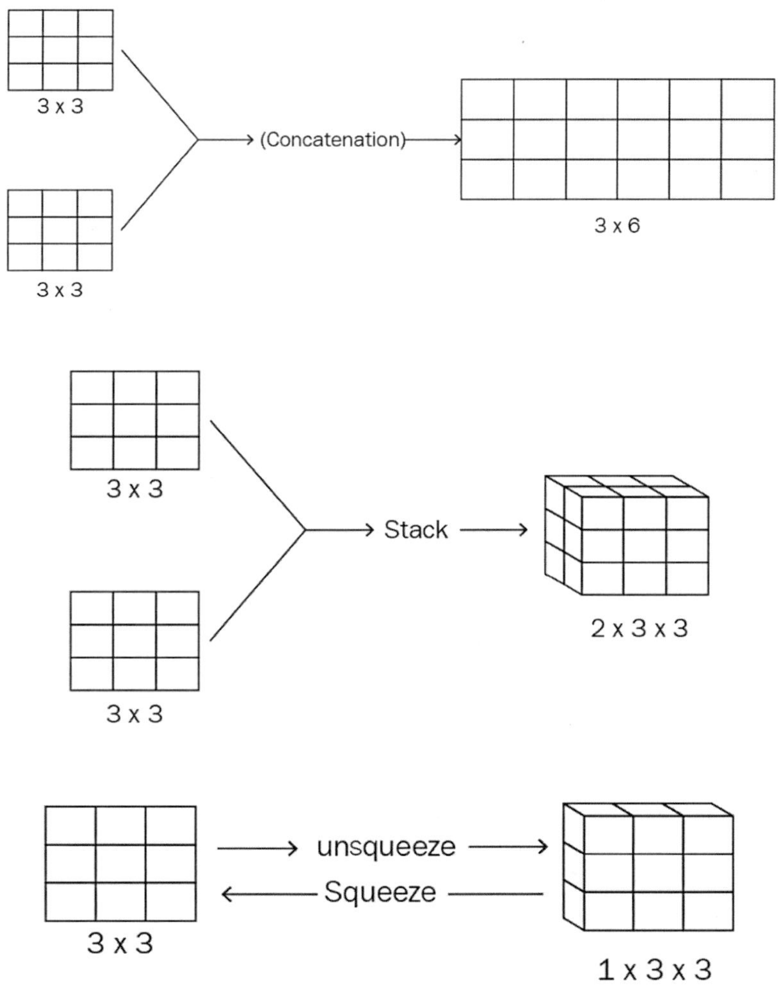

그림 1.18 concatenation, stack, squeeze, unsqueeze 연산

파이토치는 텐서 객체에 또 다른 가짜 차원을 더해주는 unsqueeze라고 불리는 squeese와는 반대되는 연산을 가지고 있다. stack과 unsqueeze를 혼동하지 말아야 한다. unsqueeze는 가짜 차원을 추가하기 때문에 다른 텐서가 필요하지 않지만, stack은 여러분의 참조 텐서의 다른 차원에 같은 형태를 가진 다른 텐서를 추가한다.

이 모든 기본 연산에 익숙하다면 두 번째 장으로 이동하여 지금 바로 코딩 세션을 시작할 수 있다. 파이토치는 신경망을 구축하기 위한 수많은 중요한 기능들을 제공하고 있다. 다음 장에서 텐서에 관해 대부분 다루겠지만 먼저 배우기를 원한다면, 파이토치 웹사이트로 가서 텐서 객체가 할 수 있는 모든 기능을 설명해 놓은 텐서 튜토리얼 페이지를 확인하면 된다.

파이토치 내부

파이토치의 발전과 함께 생겨난 파이토치의 핵심 철학 중 하나는 상호운용성이다. 개발팀은 ONNX, DLPack 등과 같은 서로 다른 프레임워크 간의 상호운용성을 위한 데이터 포맷의 개발에 많은 시간을 투자했다. 이러한 예들은 다음 챕터에서 다루겠지만, 여기서는 속도 저하 없이 이 요구 사항을 충족시키기 위해 어떤 식으로 파이토치의 내부가 설계되었는지 다룰 것이다.

일반적인 파이썬 데이터 구조는 데이터와 메타데이터를 저장할 수 있는 단일 레이어 메모리 객체이다. 그러나 파이토치 데이터 구조는 레이어로 설계되어 있어 프레임워크가 상호운용성을 갖출 뿐만 아니라 메모리 효율도 높다. 파이토치 코어의 계산 집약적인 부분은 속도 향상을 위해 파이썬 자체에 보관하는 대신 Aten 및 Caffe2 라이브러리를 통해 C/C++ 백엔드로 이식되었다.

파이토치는 처음에는 연구 프레임워크로 만들어졌지만, 이후에 연구 지향적이면서도 동시에 제품 개발에 최적화된 프레임워크로 전환되었다. 이러한 두 가지 유형의 활용 사례의 서로 다른 요구 사항에 대해서는 두 가지 실행 유형을 도입함으로써 처리가 가능해졌다. 우리는 파이토치를 제품 개발에 있어서 어떻게 이식하는지에 관해 다루는 챕터 8 파이토치의 활용에서 더 자세히 알아본다.

C/C++ 백엔드에서 설계된 사용자 정의 데이터 구조는 서로 다른 레이어로 구분되었다. 단순화를 위해 우리는 CUDA 데이터 구조에 대한 설명을 생략하고 단순한 CPU

데이터 구조에 초점을 맞춘다. 파이토치에서 자주 마주치는 주요 데이터 구조는 차원(dimension), 오프셋(offset), 스트라이드(stride) 등에 대한 정보를 담는 THTensor 객체이다. 그러나 THTensor가 저장하는 또 다른 주요 정보 중 하나는 저장을 위해 보관된 텐서 객체의 내부 레이어인 THStorage 객체를 향한 포인터이다.

```
x = torch.rand(2,3,4)
x_with_2n3_dimension = x[1, :, :]
scalar_x = x[1,1,1]         # first value from each dimension

# numpy like slicing
x = torch.rand(2,3)
print(x[:, 1:])             # skipping first column
print(x[:-1, :])            # skipping last row

# transpose
x = torch.rand(2,3)
print(x.t())                # size 3x2

# concatenation and stacking
x = torch.rand(2,3)
concat = torch.cat((x,x))
print(concat)               # Concatenates 2 tensors on zeroth dimension

x = torch.rand(2,3)
concat = torch.cat((x,x), dim=1)
print(concat)               # Concatenates 2 tensors on first dimension

x = torch.rand(2,3)
stacked = torch.stack((x,x), dim=0)
print(stacked)              # returns 2x2x3 tensor

# split: you can use chunk as well
x = torch.rand(2,3)
splitted = x.split(split_size=2, dim=0)
print(splitted)             # 2 tensors of 2x2 and 1x2 size

#sqeeze and unsqueeze
x = torch.rand(3,2,1)       # a tensor of size 3x2x1
squeezed = x.squeeze()
print(squeezed)             # remove the 1 sized dimension

x = torch.rand(3)
with_fake_dimension = x.unsqueeze(0)
print(with_fake_dimension)          # added a fake zeroth dimension
```

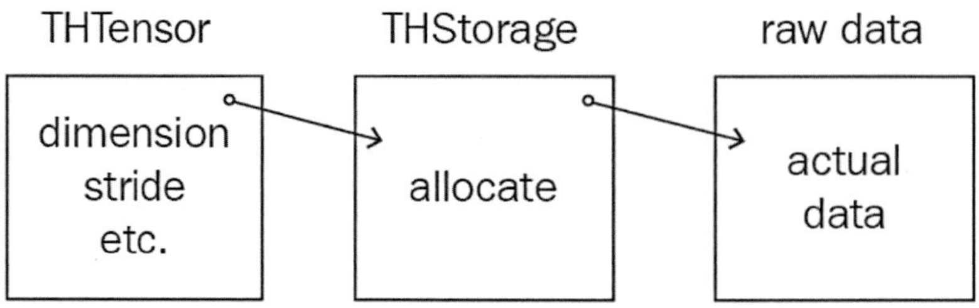

그림 1.19 THTensor–THStorage–raw data 과정

여러분이 짐작했듯이, **THStorage** 레이어는 똑똑한 데이터 구조가 아니며 실제로 우리는 텐서의 메타데이터를 알지 못한다. **THStorage** 레이어는 원시 데이터 및 할당자(allocator)를 향해 포인터를 유지하는 역할을 한다. 할당자는 완전히 다른 주제이며 CPU, GPU, 공유 메모리 등을 위한 서로 다른 할당자가 있다. **원시 데이터**를 가리키는 **THStorage**의 포인터는 상호운용성에 있어서 핵심이 된다. **원시 데이터**는 아무 구조를 가지지 않고 실제 데이터가 저장되는 곳이다. 각 텐서 객체에 대한 3개의 레이어를 사용한 표현 방식은 파이토치의 구현을 효율적으로 만든다. 다음은 그에 대한 몇 가지 예이다.

변수 x는 전부 1의 값을 가지는 2×2 크기의 텐서로 생성된다. 그런 다음 같은 텐서 x에 대한 다른 뷰(view)를 가지는 xv를 생성한다. 앞의 과정에서 우리는 2×2 크기의 텐서를 크기가 4인 단일 차원의 텐서로 변환하였다. 또한 numpy() 메소드를 호출하여 Numpy 배열을 만든 후 변수 xn에 저장한다.

```
>>> import torch
>>> import numpy as np
>>> x = torch.ones(2,2)
>>> xv = x.view(-1)
>>> xn = x.numpy()
>>> x
tensor([[1., 1.],
        [1., 1.]])
>>> xv
tensor([1., 1., 1., 1.])
>>> xn
array([[1. 1.],
       [1. 1.]], dtype=float32)
```

파이토치는 내부 정보를 확인할 수 있는 여러 API를 제공하며, 그중 하나가 storage() 이다. storage() 메소드는 앞에서 설명한 파이토치 데이터 구조의 두 번째 레이어인 스토리지 객체(THStorage)를 반환한다. 아래 코드에서는 x와 xv의 스토리지 객체에 대해 보여준다. 이 두 텐서의 뷰(차원)는 다르지만, 스토리지를 통해 보이는 차원의 값은 같으며 이는 THTensor는 차원에 대한 정보를 저장하지만, 스토리지 레이어는 원시 데이터 객체를 가리키는 덤프(dump) 레이어라는 점을 증명한다. 이를 확인하기 위해, 우리는 THStorage 객체에서 사용할 수 있는 API 중 원시 데이터 객체를 가리키는 API인 data_ptr을 사용한다. x와 xv의 data_ptr가 같으므로 두 변수는 같다는 것을 알 수 있다.

```
>>> x.storage()
1.0
1.0
1.0
1.0
[torch.FloatStorage of size 4]

>>> xv.storage()
1.0
1.0
1.0
1.0
[torch.FloatStorage of size 4]
>>> x.storage().data_ptr() == xv.storage().data_ptr()
True
```

다음으로, 인덱스가 0인 첫 번째 텐서의 값을 20으로 변경한다. 변수 x와 xv는 차원이 변경되었기에 다른 THTensor 계층을 가지고 있다. 하지만 실제 원시 데이터는 둘 다 같기에 서로 다른 목적을 위해 같은 텐서에 대한 n개의 뷰를 만드는 것은 간단하며 메모리에 효율적이다.

심지어 Numpy 배열인 xn도 같은 원시 데이터 객체를 다른 변수와 함께 공유하기 때문에 하나의 텐서 값이 변화되면 같은 원시 데이터 객체를 가리키는 다른 모든 텐서들도 같은 값으로 변화된다. DLPack은 이 아이디어의 연장선에 있는 것으로, 같은 프로그램에서 서로 다른 프레임워크들 간의 상호작용을 쉽게 한다.

```
>>> x[0,0]=20
>>> x
tensor([[20., 1.],
        [ 1., 1.]])
>>> xv
tensor([20.,  1.,   1.,   1.])
>>> xn
array([[20.,  1.],
       [ 1.,  1.]], dtype=float32)
```

1.6 요약

이 챕터에서 우리는 파이토치의 역사와 정적 그래프 라이브러리에 대한 장단점에 대해 알아보았다. 그리고 사람들이 여러 분야에서 복잡한 문제들을 해결하기 위해 고안해 낸 다양한 구조와 모델들을 훑어보았다. 또한 파이토치에서 가장 중요한 텐서에 대해서도 알아보았다. 텐서의 개념은 딥러닝의 기본이며, 사용하게 될 모든 딥러닝 프레임워크에 공통으로 적용될 것이다.

다음 챕터에서는, 좀 더 실제적인 접근을 통해 파이토치에서 간단한 신경망을 구현할 것이다.

참고문헌

1. Ronan Collobert, Koray Kavukcuoglu, and Clement Farabet, *Torch7: A Matlab-like Environment for Machine Learning*(https://pdfs.semanticscholar.org/3449/b65008b27f6e60a73d80c1fd990f0481126b.pdf?_ga=2.194076141.1591086632.1553663514-2047335409.1553576371)
2. PyTorch's home page: https://pytorch.org/

3. *Optimizing Memory Consumption in Deep Learning* (https://mxnet.incubator.apache.org/versions/master/ architecture/note_memory.html)

제 2 장

기본 인공 신경망

파이토치로 신경망을 구축하는 방법을 배우는 것은 중요하다. 파이토치 코드를 작성하는 것은 가장 효율적이고 깔끔한 방법이며, 튜토리얼과 몇몇 코드 예제들을 쉽게 따라갈 수 있도록 도와준다. 가장 효율적인 형태로 코드를 만들게 될 것이고, 여러분의 코드는 굉장히 가독성이 좋아질 것이다.

파이토치는 새로운 방법론을 구현함으로써 여러분의 학습을 망치려고 하지 않으니까 걱정하지 않아도 된다. 만약 여러분이 파이썬으로 코딩하는 법을 안다면, 마음 편하게 하면 된다. 이번 장에서는 첫 장에서 했던 것처럼 구성요소들은 배우지 않고, 간단한 신경망을 구축할 것이다. 전형적인 기초 수준의 신경망 예제를 선택하는 것 대신에, Numpy 방식으로 먼저 신경망을 구축한 뒤 파이토치 신경망으로 변환할 것이다. 이번 챕터가 마무리될 때쯤, 여러분은 파이토치 개발자가 될 수 있는 기술을 갖게 될 것이다.

2.1 신경망 소개

이번 챕터에서는, 우리가 당면한 예제와 사용하는 데이터셋을 살펴본다. 또한, 우리가 제대로 된 파이토치 네트워크를 만들기 전에 앞서 기본적인 신경망을 구축해 본다.

2.2 예제

Fizz buzz라는 게임을 들어본 적이 있는가? 다음은 게임 내용에 대한 간단한 설명이다.

> 위키피디아에 따르면 Fizz Buzz는 아이들에게 나눗셈을 가르치기 위한 단어 모음 게임이다. 각 플레이어의 턴 마다 숫자가 하나씩 커진다. 3으로 나누어 떨어지는 숫자는 Fizz로 대체하고 5로 나누어 떨어지는 숫자는 Buzz로 대체한다. 3과 5로 모두 나누어 떨어지는 숫자는 Fizz Buzz가 된다.

Fizz Buzz는 **Allen Institute of Artificial Intelligence(AI2)**의 연구 엔지니어인 Joel Grus의 텐서플로우에 관한 블로그 포스트에서 재미있는 예로 사용되었다. 비록 이 예제가 어떤 실질적인 문제를 해결하지는 못했지만, 블로그 게시물은 꽤 많은 관심을 끌었고 신경망이 어떻게 수학적 패턴을 발견하는지 보는 것은 재미있는 과정이다.

2.3 데이터셋

데이터 파이프라인을 구축하는 것은 네트워크 구조를 설계하는 것만큼이나 중요하다. 특히 네트워크를 실시간으로 학습시킬 때는 더욱 그렇다. 수집된 데이터는 정리가 안 되어 있기 때문에 이것을 네트워크에 집어넣기 전에 먼저 데이터 처리를 해야 한다. 예를 들어 우리가 어떤 사람이 물건을 사는지 아닌지를 예측하기 위한 데이터를 수집했을 때 우리는 이상점(outlier)을 갖게 될 것이다. 이상점은 예측 불가능한 것이 될 수도 있다. 예를 들어, 누군가는 우연히 주문했을 수도 있고, 아니면 그 주문을 다른 친구에게 부탁받았을 수도 있다.

이론적으로, 심층 신경망(DNN)은 사람의 뇌를 모사하기 때문에 데이터셋에서 패턴과 솔루션을 찾는데 이상적이다. 하지만 실제로는 그렇지 않은 경우가 종종 있다. 데이터가 잘 정리되어있고 알맞은 형식을 갖췄다면 네트워크는 데이터셋에서 패턴을 찾아 문제를 쉽게 해결할 수 있다. 파이토치는 데이터 전처리 래퍼(wrapper)를 제공한다. 이 래퍼는 챕터 3 딥러닝 워크플로우에서 설명한다. 이와 함께 데이터셋의 형식을 바꿔주거나 정리하는 방법에 대해 알아본다.

우리는 데이터 생성을 위해 몇 가지 간단한 함수를 사용할 것이다. 먼저 *FizzBuzz* 모델을 위한 간단한 데이터셋을 구축하는 것부터 시작한다. 우리의 모델이 숫자를 입력값으로 받으면, 실제 게임을 하는 사람처럼 다음 출력값을 예측해야 한다. 예를 들어, 입력이 3인 경우 모델은 다음 숫자를 4로 예측해야 한다. 입력이 8이면 모델에서 "Fizz"라고 말해야 하는데, 9는 3으로 나눌 수 있기 때문이다.

우리의 모델이 복잡한 출력값 때문에 힘들어하는 것을 바라지 않는다. 따라서 모델을 좀 더 쉽게 사용할 수 있도록 **fizz, buzz, fizzbuzz, same number**의 4개의 카테고리를 갖는 분류 문제로 공식화한다. 어떤 입력모델에 대해서도 이 네 가지 클래스에 대한 확률 분포를 만들도록 하며, 학습을 통해 확률 분포를 올바른 클래스에 집중시키게 할 수 있다.

또한, 입력 숫자를 네트워크가 더 쉽게 처리할 수 있는 이진 인코딩 형태로 변환한다.

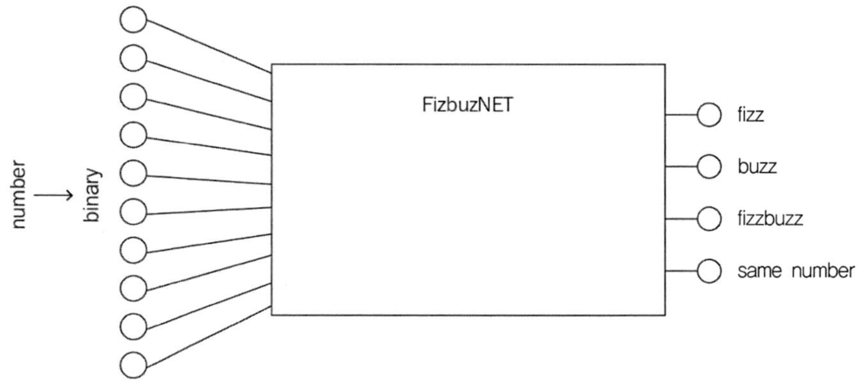

그림 2.1 입출력 매핑

다음 코드는 이진 형식으로 입력과 크기가 4인 벡터로서의 출력을 생성한다:

```
def binary_encoder(input_size):
    def wrapper(num):
        ret = [int(i) for i in '{0:b}'.format(num)]
        return [0] * (input_size - len(ret)) + ret
    return wrapper

def get_numpy_data(input_size=10, limit=1000):
    x = []
    y = []
    encoder = binary_encoder(input_size)
    for i in range(limit):
        x.append(encoder(i))
        if i % 15 == 0:
            y.append([1, 0, 0, 0])
        elif i % 5 == 0:
            y.append([0, 1, 0, 0])
        elif i % 3 == 0:
```

```
            y.append([0, 0, 1, 0])
        else:
            y.append([0, 0, 0, 1])
    return training_test_gen(np.array(x), np.array(y))
```

encoder 함수는 입력값을 이진화하여 신경망이 쉽게 학습할 수 있도록 한다. 숫자 값을 그대로 신경망에 전달하면 네트워크에 더 많은 제약이 발생한다. 마지막 줄의 training_test_gen 함수에 대해서는 걱정하지 않아도 된다. 자세한 내용은 챕터 3 “딥러닝 워크플로우”에서 살펴볼 것이기 때문이다. 지금은 데이터셋을 학습과 테스트 셋으로 나누고, Numpy 배열로 반환한다는 것만 기억하면 된다.

지금까지 데이터셋에 대해 우리가 알고 있는 정보로부터 다음과 같이 네트워크를 설계할 수 있다.

- 입력값을 10자리의 이진수로 변환한다. 따라서 첫 번째 입력 레이어는 10자리의 값을 받기 위해 10개의 뉴런이 필요하다.
- 출력값은 언제나 크기가 4인 벡터이므로 우리는 4개의 출력 뉴런이 필요하다.
- 우리가 풀 문제는 상당히 간단해 보인다. 우리는 시작부터 크기가 100인 단일 은닉층을 가질 수 있다.
- 배치(batch) 단위로 입력 데이터를 처리하는 것이 더 낫기 때문에 우리는 크기가 64인 배치를 사용할 것이다. 그 이유는 이 챕터 끝부분의 “오류 계산” 부분에 다뤄져 있다.

이제 하이퍼 파라미터(hyperparameter)를 정의하고 앞서 정의한 함수들을 훈련과 검증 데이터셋을 얻기 위해 호출해 본다. 모든 신경망 모델에는 기본적으로 정의해야 할 6가지의 하이퍼 파라미터가 있다.

```
epochs = 500
batches = 64
lr = 0.01
input_size = 10
output_size = 4
hidden_size = 100
```

우리는 프로그램 상단에 입력과 출력 크기를 정의한다. 이것은 네트워크 디자인 함수 등과 같은 다른 곳에서 입력/출력값을 사용할 수 있게 도와준다. hidden_size는 은닉층에서의 뉴런의 개수를 의미한다. 신경망을 직접 설계한다면 가중치 행렬의 크기는 input_size x hidden_size가 된다. 이는 input_size의 입력을 hidden_size로 변환한다. epoch는 네트워크를 반복하기 위한 카운터(counter) 값이다. epoch의 개념은 근본적으로 프로그래머가 어떻게 반복 처리 과정을 정의하느냐에 달려있다. 일반적으로 각 epoch에 대해 전체 데이터셋을 처리하며 그러한 과정을 반복한다.

```
for i in epoch:
    network_execution_over_whole_dataset()
```

학습률(learning rate)은 네트워크가 각 epoch에 대한 오차로부터 피드백을 얼마나 빨리 받는지를 결정한다. 학습률은 이전 반복들에서 무엇을 학습하였는지 잊음으로써 현재의 반복에서 무엇을 배울지 결정한다. 학습률을 1로 하면 네트워크는 모든 오차를 고려하여 모든 오차로 가중치를 조정한다. 반면 학습률이 0이면 네트워크에 아무 정보도 전달되지 않는다. 아래의 수식은 신경망의 기울기 업데이트 수식을 나타내고 학습률은 loss에 대한 선택 인자값으로 정의된다. 각 뉴런에서 다음 수식을 실행하여 뉴런의 가중치를 업데이트한다.

$$weight \mathrel{-}= lr * loss$$

학습률이 낮으면 네트워크가 기울기를 작은 보폭으로 내려오게 하고, 학습률이 높으면 네트워크가 큰 보폭으로 내려오게 된다. 하지만 그에 따른 비용이 생기는데, loss가 극소점에 가까울 때 큰 학습률은 네트워크가 극소점을 지나치거나 찾지 못하게 만들 수도 있다. 좀 더 구체적으로 말하자면 각 반복에서 네트워크는 근사치에 대해서 선형 근사를 만들고 학습률은 이 근사치를 조정한다.

손실 함수가 큰 커브를 가지고 있다면 높은 학습률을 가지고 큰 스텝을 밟는 것은 나쁜 결과를 가지고 올 수 있다. 따라서 이상적인 학습률은 언제나 문제 설정과 모델 구조에 달렸다. Deep Learning Book[4]의 네 번째 챕터는 학습 과정의 중요성에 대해 자세히 설명해 놓았다. Coursera의 유명한 Andrew Ng의 코스에 있는 이 훌륭한 그림 자료는 학습 속도가 네트워크 학습에 어떤 영향을 미치는지 간결하게 볼 수 있다.

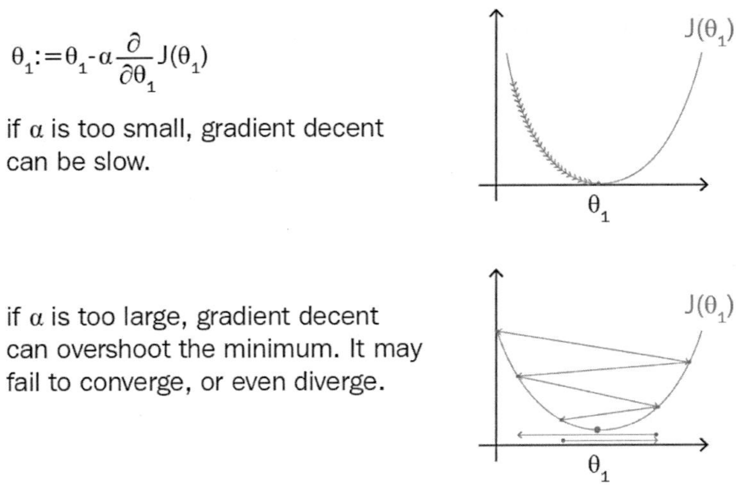

그림 2.2 작은 학습률과 큰 학습률의 차이

2.4 기초 모델

이제 우리는 파이토치를 사용하지 않고 Numpy만을 사용한 초급 모델을 만들 것이고, 다음 세션에서는 동일한 모델을 파이토치 모델로 바꿔 볼 것이다. 만약 여러분이 Numpy에 익숙하다면 간단한 내용일 것이다. 다른 프레임워크를 사용한 상급 딥러닝 사용자라면, 이 부분은 건너뛰어도 된다.

Autograd

이제 텐서의 종류를 알았기 때문에 `get_numpy_data()`에서 얻은 Numpy 배열에서 파이토치 텐서를 만들 수 있다.

```
trX, trY, teX, teY = get_numpy_data(input_size)
device = 'cuda' if torch.cuda.is_available() else 'cpu'
dtype = torch.float64
```

```
x = torch.from_numpy(trX).to(device=device, dtype=dtype)
y = torch.from_numpy(trY).to(device=device, dtype=dtype)
w1 = torch.randn(input_size, hidden_size, requires_grad=True,
                 device=device, dtype=dtype)
w2 = torch.randn(hidden_size, output_size, requires_grad=True,
                 device=device, dtype=dtype)
b1 = torch.zeros(1, hidden_size, requires_grad=True, device=device,
                 dtype=dtype)
b2 = torch.zeros(1, output_size, requires_grad=True, device=device,
                 dtype=dtype)
```

초보자에게는 위 코드가 무서워 보일 수 있지만 한번 배우고 나면 단순한 6줄짜리 코드로 보일 것이다. 파이토치에서 가장 중요한 모듈이자 프레임워크의 중추인 autograd부터 시작해보겠다. 이것은 자동 미분을 통해 딥러닝 분야에서 혁신을 가지고 왔다.

> **Note:** 알고리즘 미분이라고도 하는 자동 미분(automatic differentiation)은 컴퓨터 프로그램에 의해 함수의 실행 순서를 이용하는 기술로, 자동 미분에 대한 두 가지 주요 접근 방식은 순방향 모드(forward mode)와 역방향 모드(reverse mode)이다. 순방향 모드 자동 미분에서는 가장 외부에 있는 도함수를 먼저 찾아내고, 모든 하위 노드를 탐색할 때까지 반복적으로 함수 내부로 들어간다. 역방향 모드 자동 미분은 정반대이며 딥러닝 커뮤니티와 프레임워크에서 사용되고 있다. 이 방법은 Seppo Linnainmaa의 1970년 석사학위 논문을 통해서 처음 발표되었다. reverse 모드의 미분은 중간 변수를 저장하는 메모리와 이러한 변수가 도함수를 계산하도록 하는 기능으로 하위 노드에서 상위 노드로 돌아간다.

파이토치 공식 페이지에서 알 수 있듯 모든 신경망이 autograd 패키지를 기반으로 하고 있다. 파이토치는 autograd 패키지의 도움으로 동적 기능을 얻게 되었다. 프로그램이 실행되면 autograd는 각 연산을 테이프(tape)와 같은 데이터 구조에 기록해 메모리에 저장한다.

이것은 역방향 모드 자동 미분의 주요 특징 중 하나이다. 이렇게 하면 사용자가 순전파(forward pass) 단계에서 어떤 연산자를 작성하는지 관계없이 테이프에 기록이 가능하고, 역전파가 시작되면 autograd가 테이프를 통해 뒤로 이동하여 가장 바깥쪽 상위 항목에 도달할 때까지 기울기를 구할 수 있으므로 파이토치가 동적으로 동작할 수 있다.

테이프나 메모리에 쓰기 과정은 비교적 무시해도 될 정도의 매우 간단한 작업이며, 파이토치는 각 순전파 과정에서 연산을 테이프에 기록하고 역전파 이후엔 테이프를 삭제하는 방식으로 동작한다. 이 책에서 가능한 한 수학 이야기를 피하려고 노력하겠지만, autograd가 어떻게 작동하는지 보여주는 수학적인 예는 분명히 여러분에게 도움이 될 것이다. 다음 다이어그램은 체인 룰(chain rule)을 이용하는 역전파 알고리즘(Back-propagation)과 autograd에 대한 접근에 대한 설명이다. 아래 그림과 같은 작은 네트워크는 하나의 곱셈 연산과 덧셈 연산의 노드를 가지고 있다. 곱셈 노드는 입력(input) 텐서와 가중치(weight) 텐서를 받는다. 이후 편차(bias)를 더하기 위해 덧셈 노드로 전달된다.

$$Out = X * W + B$$

수식을 여러 단계로 나누기 때문에 다음 단계를 기준으로 각 단계의 기울기를 찾을 수 있다. 그런 다음 체인 룰을 사용하여 최종 출력에 기반을 둔 가중치에 대한 오차값을 얻는다. 두 번째 다이어그램은 최종 오차를 얻기 위해 Autograd가 각 미분 구간을 어떻게 연결하는지 보여준다.

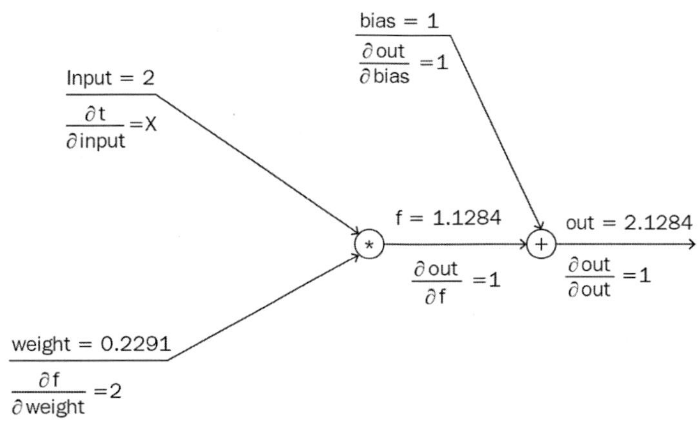

그림 2.3 autograd 동작 과정

$$\text{weight gradient} = \frac{\partial t}{\partial \text{weight}} = \boxed{\frac{\partial t}{\partial \text{weight}} * \boxed{\frac{\partial \text{out}}{\partial t} \times \boxed{\frac{\partial \text{out}}{\partial \text{out}}}}}$$

그림 2.4 autograd에 사용되는 체인 룰

앞의 다이어그램은 다음과 같은 코드를 통해 파이토치 그래프로 변환할 수 있다:

```
>>> import torch
>>> inputs = torch.FloatTensor([2])
>>> weights = torch.rand(1, requires_grad=True)
>>> bias = torch.rand(1, requires_grad=True)
>>> t = inputs @ weights
>>> out = t + bias
>>> out.backward()
>>> weights.grad
tensor([2.])
>>>bias.grad
tensor([1.])
```

일반적으로 사용자는 신경망을 구축할 때 발생하는 거의 모든 연산을 처리하는 두 가지 주요 API를 사용하여 autograd에 접근할 수 있다.

텐서의 Autograd 속성

텐서가 그래프 일부가 될 때 자동 미분을 위한 autograd를 위해 정보들을 저장시킬 필요가 있다. 텐서는 계산 그래프의 노드로서 작동하며 함수 모듈 인스턴스를 통해 다른 노드에 연결된다. 텐서 인스턴스에는 주로 autograd를 지원하는 3가지 속성이 있다. `.grad`, `.data`와 `grad_fn()`이다(Function은 파이토치 모듈을 의미하고, function은 파이썬 함수를 의미하니 주의해야 한다).

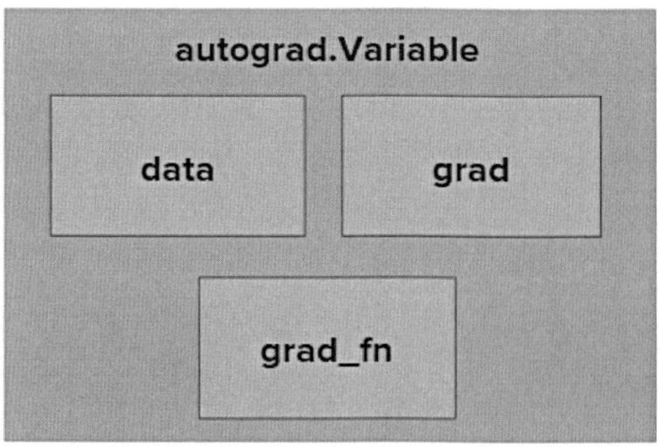

그림 2.5 data, grad, 그리고 grad_fn

.grad 속성은 임의의 시점의 기울기를 저장하고 모든 backward 호출은 현재 기울기를 .grad 속성에 누적한다. .data 속성을 사용하면 데이터가 있는 bare tensor 객체에 접근할 수 있다.

이전 코드 예시의 required_grad 파라미터는 역전파하는 동안 기울기 계산을 할 것인지 말 것인지 텐서나 autograd 엔진에 알려준다. 우리는 텐서를 만들 때 그 텐서가 기울기를 가질지 말지에 대해 지정할 수 있다. 예제에서는 입력 텐서를 기울기로 업데이트하지 않는다(입력이 변경되지 않음): 가중치를 변경하기만 하면 된다. 각 반복에서 우리는 입력값을 변경하지 않기 때문에 기울기를 계산하기 위한 입력 텐서가 필요하지 않다. 따라서 입력 텐서를 래핑하는 동안 required_grad 파라미터로 False를 넣고, 가중치에 대해서는 True를 넣는다. 이전에 생성한 텐서 인스턴스의 grad와 data 속성을 확인해 보십시오.

텐서와 함수(Function) 인스턴스가 그래프 안에 존재할 때 상호 연결되며, 함께 비순환 계산 그래프를 만든다. 사용자가 명시적으로 만든 텐서 이외의 텐서들은 함수에 연결된다. 예를 들어, $c = a + b$ 식의 c는 더하기 함수에 의해 생성된다. 텐서의 grad_fn을 호출하여 생성 함수에 접근할 수 있다. grad, .data, .grad_fn() 값을 출력하면 다음과 같이 나온다.

```
print(x.grad, x.grad_fn, x)
# None None tensor([[...]])
print(w1.grad, w1.grad_fn, w1)
# None None tensor([[...]])
```

입력 x와 첫 번째 레이어의 가중치 행렬인 w1은 현재 grad나 grad_fn을 가지지 않는다. 우리는 이러한 특성이 언제, 어떻게 업데이트되는지를 곧 확인해 볼 것이다. 우리는 크기가 10인 이진 인코딩된 데이터를 900개를 전달하였으므로 x의 .data 속성값은 900×10의 형태를 지닌다. 이제 데이터 반복과정으로 이동할 준비가 되었다.

우리는 데이터의 입력을 기다리는 input, weights, bias 변수를 가지고 있다. 앞서 살펴본 바와 같이, 파이토치는 각 반복에 대해 계산 그래프를 구축하는 동적 그래프 기반 네트워크이다. 그래서 데이터를 반복할 때, 기본적으로 그래프를 즉시 작성하고 마지막 노드 또는 루트 노드에 도달했을 때 그 그래프에서의 역전파를 수행한다. 아래 코드는 이것을 보여주는 예시이다.

```
for epoch in range(epochs):
    for batch in range(no_of_batches):
        start = batch * batches
        end = start + batches
        x_ = x[start:end]
        y_ = y[start:end]

        # building graph
        a2 = x_.matmul(w1)
        a2 = a2.add(b1)
        print(a2.grad, a2.grad_fn, a2)

        # None <AddBackward0 object at 0x7f5f3b9253c8> tensor([[...]])
        h2 = a2.sigmoid()
        a3 = h2.matmul(w2)
        a3 = a3.add(b2)
        hyp = a3.sigmoid()
        error = hyp - y_
        output = error.pow(2).sum() / 2.0

        # backpropagation
        w1.grad.zero_()
        w2.grad.zero_()
        b1.grad.zero_()
        b2.grad.zero_()
        output.backward()

        print(x.grad, x.grad_fn, x)
        # None None tensor([[...]])
        print(w1.grad, w1.grad_fn, w1)
        # tensor([[...]], None, tensor([[...]]
        print(a2.grad, a2.grad_fn, a2)
        # None <AddBackward0 object at 0x7f5f3d42c780> tensor([[...]])

        # parameter update
        with torch.no_grad():
            w1 -= lr * w1.grad
            w2 -= lr * w2.grad
            b1 -= lr * b1.grad
            b2 -= lr * b2.grad
```

위의 코드는 정적 및 동적 계산 그래프를 설명하는 챕터 1 "딥러닝을 위한 파이토치 소개"의 코드와 같다. 하지만 여기서는 코드를 모델 설명이라는 다른 관점에서 살펴본다. 각 epoch에서 배치를 반복하며 현재 구현중인 모델로 각 배치를 처리하는 것으로 시작한다. 정적 계산 그래프 기반 프레임워크와는 달리, 아직 그래프를 구축하지 않았다. 단지 하이퍼 파라미터를 정의하고 데이터로부터 텐서를 만들었을 뿐이다.

그래프 구축하기

우리는 아래 그림과 같이 그래프를 구축할 것이다.

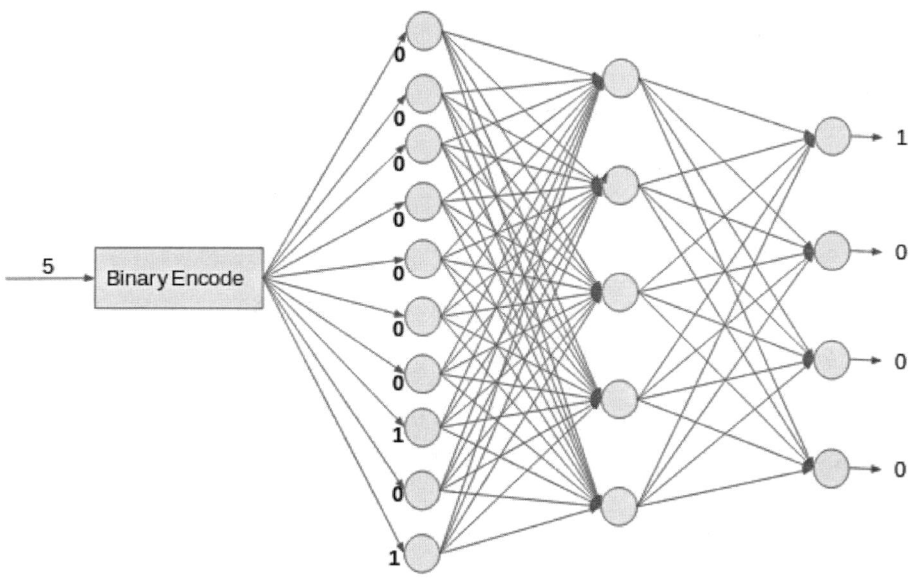

그림 2.6 네트워크 설계

첫 번째 레이어는 행렬 곱과 배치 입력 행렬, 그리고 가중치와 편향 값의 합으로 구성된다. 이때 `a2` 텐서는 1개의 `grad_fn`을 가져야 하며, 이는 행렬 덧셈의 backward 연산이여야 한다. 그러나 아직 역전파(backward pass)를 수행하지 않았으므로 `.grad`는 None을 반환해야 하며 `.grad`는 항상 그렇듯이 행렬 곱과 편향값의 합의 결과와 함께 텐서를 반환한다. 뉴런 활성은 시그모이드(sigmoid) 활성화 함수로 정의되며 h2(두 번째 레이어의 은닉 유닛)에서의 출력 값을 생성한다. 두 번째 레이어도 행렬 곱, 편향 값의 합, 시그모이드를 가지는 같은 구조이다. 우리는 마지막에 예측값이 담긴

hyp를 얻는다.

```
print(a2.grad, a2.grad_fn, a2)
# None <AddBackward0 object at 0x7f5f3b9253c8> tensor([[...]])
```

> **Softmax**: Sigmoid 레이어를 통해 분류 문제에 대해 예측하는 것은 드문 일이다. 하지만 우리는 첫 번째 레이어의 형식이 반복되는 구조를 통해 모델을 이해하기 쉽게 만들기 위해 Sigmoid를 그대로 사용하였다. 일반적으로 분류 문제는 softmax 레이어와 cross-entropy loss를 이용하기 때문에 한 클래스가 다른 클래스에 비해 확률이 높아진다. 모든 클래스의 확률을 더하면 1이 나와야 하므로 한 클래스의 확률이 증가하면 다른 클래스의 확률이 감소한다. 이 내용은 향후 챕터에서 더 자세히 다룬다.

오류 찾기

이제 우리 모델이 fizzbuzz에서 얼마나 잘 예측했는지 알아봐야 할 때이다. 우리는 **평균 제곱 오차(MSE)**라고 하는 가장 기본적인 회귀 손실을 사용할 것이다. 우선 배치에서 각 요소의 예측과 출력의 차이를 구한다(이전에 생성한 크기 4의 벡터를 기억하라). 그런 다음 모든 차이를 제곱하고 합쳐서 단일 값을 얻는다. 여러분이 손실 함수에 익숙하지 않으면 2.0으로 나누는 것을 걱정하지 않아도 된다. 이것은 역전파를 하면서 계산을 깔끔하게 하기 위한 것이다.

역전파(Backpropagation)

Numpy를 사용하다 온 사람들은 이미 준비를 다 한 것이나 마찬가지다. 텐서플로우나 파이토치와 같은 고급 프레임워크에서 딥러닝을 시작한 사람들은 역전파(Backpropagation)를 당연하게 여기지 않을 수 있다. 현대 프레임워크는 자동 미분, 역전파 같은 강력한 기능을 한 줄로 사용할 수 있다. 그래프의 마지막 노드는 방금 발견한 손실 함수의 결과이다. 이제 모델에서 결과를 얼마나 잘못(또는 잘) 예측했는지를 나타내는 단일 값이 있으므로 해당 값에 따라 파라미터를 업데이트해야 한다. 이 과정을 역전파가 돕는다. 우리는 이 손실 값을 가지고 뉴런으로 다시 넘어가서 각 뉴런의 기여도를 찾아야 한다.

Y축이 error인 손실 함수를 생각해 보자. 처음에는 데이터셋 전체에 대한 모델의 예측

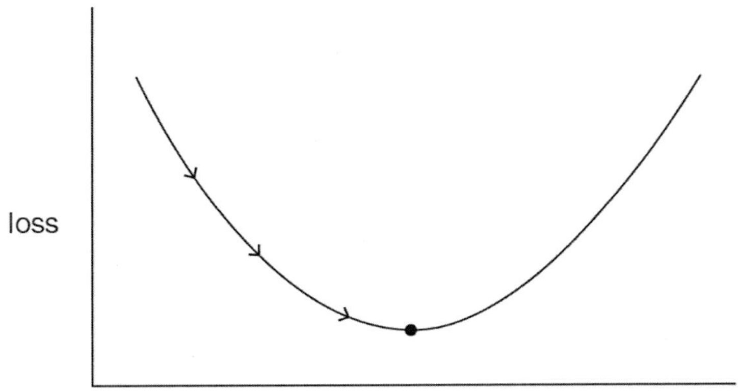

그림 2.7 역전파 및 손실 값 감소

이 무작위로 이루어지며 매우 안 좋다. 즉 Y축에서의 오류는 매우 높다. 따라서 우리는 산 정상에서 내려가는 것과 마찬가지로 매우 정확한 결과를 얻을 수 있는 가장 낮은 지점으로 가야만 한다.

역전파는 각각의 파라미터가 이동해야 하는 방향을 찾음으로써 손실 값의 전체적인 움직임이 산을 타고 내려오는 것처럼 보인다. 우리는 이 작업을 위해 미적분의 도움을 받는다. 최종 오류와 관련된 모든 함수의 도함수(derivative)는 앞의 그래프에서 함수의 기울기가 무엇인지 알려줄 수 있다. 그래서 역전파는 최종 손실에 대해 각 뉴런의 도함수를 가지고 우리가 나아가야 할 방향을 알려준다.

이 과정들은 프레임워크를 가지기 전에는 결코 쉬운 작업은 아니었다. 각 파라미터의 도함수를 찾고 업데이트하는 것은 사실 지루하고 오류가 발생하기 쉬운 작업이다. 하지만 파이토치에서는 마지막 노드에서 `backward`를 호출하기만 하면 된다. 그러면 `.grad` 속성이 기울기를 통해 역전파되고 업데이트된다.

파이토치의 `backward` 함수는 역전파를 하고 각 뉴런에 대한 에러값을 찾는다. 하지만 우리는 이 에러 값에 기초하여 뉴런의 가중치를 업데이트해야 한다. 구해진 에러값를 기반으로 업데이트하는 과정을 최적화(optimization)라고 하며, 최적화하는 전략에는 여러 가지가 있다. 파이토치는 `optim`이라는 모듈로 다른 최적화 알고리즘을 구현할 수 있게 해준다. 이전 구현에서는 SGD(stochastic gradient descent)라는 기본적이고 가장 인기 있는 최적화 알고리즘을 사용했다. 복잡한 신경망을 다룰 때의 다른 최적화 알고리즘은 이후 챕터에서 살펴본다.

파이토치는 역전파와 최적화를 서로 다른 단계로 구분하여 유연성을 향상한다. 역전파는 .grad 속성에 기울기를 누적한다. 이것은 프로젝트가 더 연구 지향적이거나, 가중치-기울기 관계에 대해 깊게 파고들기를 원하거나, 또는 어떻게 기울기가 변화하고 있는지 알고 싶을 때 도움이 된다. 때때로 특정 뉴런을 제외한 모든 파라미터를 업데이트하고 싶거나, 특정 레이어를 업데이트하는 것이 불필요하다고 생각할 수도 있다. 파라미터 업데이트를 더 많이 제어해야 하는 경우, 명시적 파라미터 업데이트 단계를 갖는 것은 큰 도움이 될 것이다.

더 나아가기 전에 우리가 전에 확인한 텐서들이 backward 과정 이후 어떻게 변화하는지 살펴보자.

```
print(x.grad, x.grad_fn, x)
# None None tensor([[...]])
print(w1.grad, w1.grad_fn, w1)
# tensor([[...]], None, tensor([[...]]
print(a2.grad, a2.grad_fn, a2)
# None <AddBackward0 object at 0x7f5f3d42c780> tensor([[...]])
```

변화가 있다! required_grad를 False로 하여 입력 텐서를 생성하였기에 먼저 값을 출력하여 입력 속성에 차이가 없는지 확인해야 한다. w1이 변경되었다. Backward를 호출하기 전에는 .grad 속성이 None이었지만 지금은 기울기 값이 존재한다.

가중치는 기울기에 따라 변경해야 하는 파라미터인데, 우리는 가중치에 대한 기울기를 얻었다. 기울기 함수는 사용자로부터 생성되는 것이기에 여기선 가지고 있지 않다. 따라서 grad_fn는 여전히 None 값을 가지고 있고 .data도 마찬가지다. 데이터의 값을 출력하려 해도 역전파가 암시적으로 텐서를 업데이트하지 않으므로 여전히 같다. 요약하자면, x, w1, a2 중에서 오직 w1만이 기울기가 있다. 이는 a2와 같은 내부 함수에 의해 생성된 중간 노드가 파라미터가 없는 노드이므로 기울기를 저장하지 않기 때문이다. 신경망의 출력에 영향을 미치는 유일한 파라미터는 레이어에 대해 정의한 가중치(weight)이다.

파라미터 업데이트

파라미터를 업데이트하거나 최적화하는(Optimization) 단계는 역전파를 통해 생성된 기울기를 가져오고 파라미터의 기여 계수를 줄이는 전략을 사용하여 가중치를 업데이트한다. 이 단계는 좋은 파라미터를 찾을 때까지 반복된다.

사용자가 생성한 모든 텐서는 기울기 속성에 값이 있어야 하며 파라미터를 업데이트해야 한다. 모든 파라미터 텐서에는 `.data` 속성과 `.grad` 속성이 있으며, 각각 텐서 값과 기울기 값이 있다. 여기서 우리가 해야 할 일은 데이터에서 기울기를 추출하는 것이다. 하지만, 파라미터의 전체 기울기를 줄이는 것은 좋은 아이디어가 아니다. 왜냐하면 파라미터 업데이트의 양이 각 데이터 샘플의 반복을 통해 네트워크가 얼마나 잘 학습하는지 결정하며, 만약 특정 데이터가 이상점(outlier)일 경우 네트워크가 잘못된 정보를 학습하는 것을 원하지 않기 때문이다.

우리는 우리의 네트워크가 일반화되길 바란다. 모든 데이터 샘플에서 조금씩 학습을 해나가서 결국 새로운 데이터 샘플에 대해 일반화하는 데 능숙해지길 바란다. 따라서 데이터에서 전체 기울기를 줄이는 대신 특정 업데이트를 하는 과정에서 기울기를 얼마나 사용해야 하는지 결정하기 위해 학습률을 사용한다. 최적의 학습률을 찾는 것은 모델의 전반적인 성능에 영향을 미치기 때문에 매우 중요하다. 기본적인 학습 법칙은 모델이 학습할 수 있을 만큼 충분히 작고 모형이 수렴하는 데 너무 오래 걸리지 않을 만큼 매우 높은 학습률을 찾는 것이다.

앞에서 설명한 학습 전략을 경사 하강법(gradient descent)이라고 한다. Adam과 같은 더 정교한 훈련 전략은 다음 챕터에서 설명한다. 경사 하강법 자체는 다른 두 가지 변형에서 발전했다. 가장 원시적인 경사 하강법은 앞서 언급한 SGD이다. SGD를 사용하면 각 네트워크가 단일 샘플을 통해 실행이 되고 한 샘플에서 얻은 기울기 값으로 모델을 업데이트한 후, 다음 샘플로 이동한다.

SGD의 주된 단점은 비효율성이다. 예를 들어 각각 크기가 10인 1000개의 샘플이 포함된 *FizzBuzz* 데이터셋을 생각해 본다면, 한 번에 하나의 샘플을 실행하려면 크기 1×10의 텐서를 중간층의 입력으로 전달해야 하며, 가중치 텐서는 10×100으로, 1×10의 입력을 1×100 은닉 상태로 변환해야 한다. 전체 데이터셋을 처리하려면 1000번을 반복 실행해야 한다. 일반적으로 수천 개의 코어가 있는 GPU에서 모델을 실행하고 있지만, 한 번에 하나의 샘플에 대해서는 GPU의 전체파워를 사용하지 않을 것이다. 이제 전체 데이터셋을 한 번에 전달하는 방법을 생각해보자. 첫 번째 레이어는 크기 1000×10의 입력을 받으며, 이 입력은 1000×100 크기로 변환되어 중간 레이어에 전송된다. 이제 멀티코어 GPU에서 텐서 곱셈이 병렬로 실행되므로 효율적이다.

전체 데이터셋을 사용하는 경사 하강법의 변형 기법은 배치 경사 하강법(Batched Gradient Descent)이라고 불린다. SGD보다 훨씬 나은 것은 아니다. 배치 경사 하강법은 효율을 실질적으로 증가시키지만, 네트워크의 일반화 능력을 감소시킨다. SGD는 노이즈를 통해 한 번씩 움직이기 때문에 갑작스런 큰 이동이 발생할 비율이 높아서 네트워크가 지역적 최솟값(local minimum)을 쉽게 벗어날 수 있다. 반면 배치 경사 하강법은 로컬 최솟값에 걸릴 가능성 자체를 피한다.

배치 경사 하강법의 또 다른 주요 단점은 메모리 소비이다. 배치 전체가 함께 처리되고 있으므로 대용량 데이터셋을 RAM 또는 GPU 메모리로 불러와야 하는데, 대부분의 경우 수백만 개의 샘플을 사용하기에 실용적이지 않다. 다음 변형 기법은 미니배치 경사 하강법(mini-batch gradient descent)이라고 하는데, 이전의 두 가지 접근법을 혼합한 것이다(정의상 미니배치 경사 하강법이지만, 사람들은 일반적으로 SGD라고 부른다).

우리가 방금 소개한 새로운 하이퍼 파라미터, 학습률, 배치 크기 이외의 다른 모든 것들은 같게 유지한다. 우리는 `.data` 속성을 `.grad` 속성의 값과 학습 속도의 곱으로 업데이트하고, 각 반복에 대해 이 작업을 수행한다. 배치 크기를 결정하는 것은 메모리의 가용성이다. 우리는 GPU 메모리에 가득 담길 만큼 미니 배치를 가능한 한 크게 만들 것이다. 전체 배치를 분할한 형태의 미니 배치를 사용하면 GPU의 최대 전력 사용이 가능함과 동시에 각 기울기 업데이트 과정에서 지역적 최솟값(local minima)에 빠지지 않을 수 있다.

이제 모델 구축의 마지막 단계에 도달했다. 지금까지는 직관적이고 쉬웠지만, 마지막 부분은 조금 혼란스럽다. `zero_grad`는 무엇을 의미하는 걸까? 가중치 `w1.grad`에 대한 처음 프린트 값을 기억하는가? 그때는 아무 값이 없었고 지금은 역전파(backward pass)를 통해 기울기 값을 가지고 있다. 기울기 값이 계속 누적되는 것을 방지하기 위해 다음번 역전파를 수행하기 전에 기울기 값을 초기화해야 한다. 따라서 우리는 파라미터 업데이트 이후에 각 반복에서의 각 텐서에 대해 `zero_grad()`를 호출하고 다음 반복으로 넘어간다.

`.grad_fn`은 함수와 텐서를 연결해 그래프를 유지한다. 텐서에서 사용 가능한 연산

은 Function 모듈에 정의되어 있다. 모든 텐서의 .grad_fn은 사용자가 직접 만들지 않는 한 항상 함수 객체를 가리킨다. 파이토치는 grad_fn을 사용하여 그래프를 backward 할 수 있게 해준다. 그래프의 어느 노드에서나 grad_fn의 반환 값에서 next_functions를 호출하여 상위 노드에 접근할 수 있다.

```
# traversing the graph using .grad_fn
print(output.grad_fn)
# <DivBackward0 object at 0x7eff00ae3ef0>
print(output.grad_fn.next_functions[0][0])
# <SumBackward0 object at 0x7eff017b4128>
print(output.grad_fn.next_functions[0][0].next_functions[0][0])
# <PowBackward0 object at 0x7eff017b4128>
```

학습 직후에 출력 텐서의 grad_fn을 프린트하면 생성 객체를 알 수 있으며, output의 경우에는 생성 객체가 맨 마지막에 2로 나누기 연산을 수행 한 나누기 연산자이다. 그런 다음 모든 기울기(gradient) 함수 혹은 backward 함수에 대한 next_functions 호출은 입력 노드로 되돌아가는 길을 보여준다. 위의 예시를 통해 한 배치의 모든 데이터 포인트의 제곱 에러 값을 더한 sum 함수 이후에 나누기 연산자가 사용되었다는 것을 알 수 있다. 다음 연산자는 power 연산자로, 이는 각각의 에러를 제곱하는 데 사용되었다. 다음의 그림은 함수를 사용하여 텐서를 연결하는 방법을 보여준다.

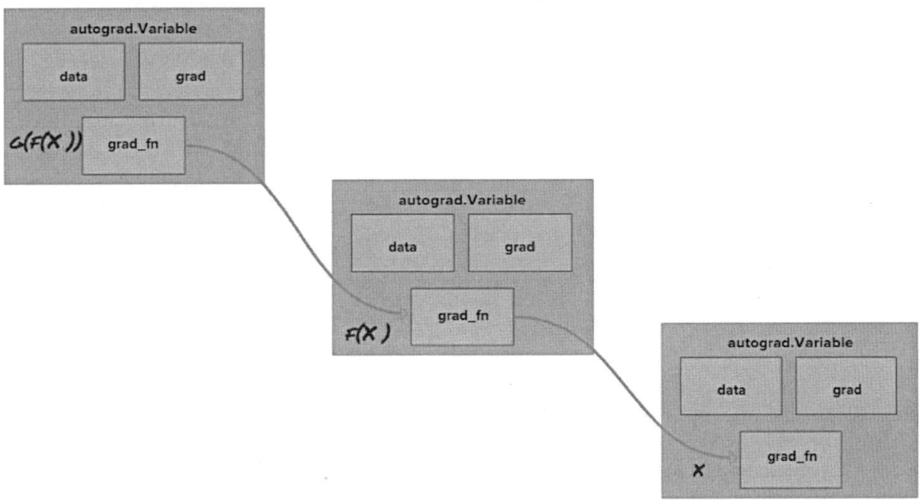

그림 2.8 함수를 통한 텐서 연결 과정

2.5 파이토치에서의 방법

지금까지 Numpy와 파이토치의 혼합 스타일로 간단한 두 개의 레이어를 가지는 신경망을 개발해봤다. Numpy에서의 연산 방식과 같이 각 연산을 라인별로 코딩했으며, backward 패스를 직접 구현하지 않기 위해 파이토치의 자동 미분을 사용했다.

행렬이나 텐서를 파이토치에서 랩핑하는 법에 대해서 배웠고, 이 과정은 역전파하는 데 도움이 되었다. 같은 작업을 수행하는 파이토치의 방법은 조금 더 편리하다. 이 방법을 이 장에서 다루게 된다. 파이토치는 딥러닝 프로젝트에 필요한 거의 모든 기능을 제공한다. 파이토치는 파이썬에서 사용할 수 있는 모든 수학 함수를 지원하므로, 새로운 하나의 함수를 구축하는 것은 어려운 작업이 아니다. 여러분이 필요한 기능을 구축할 수 있을 뿐만 아니라 파이토치는 여러분이 구축한 기능의 도함수(derivative function)를 암시적으로 정의한다.

파이토치는 간단한 연산이 필요한 사람들에게 유용한 동시에 `Torch.nn` 모듈을 통해 높은 수준의 API 또한 제공된다. 따라서, 사용자가 내부적으로 무슨 일이 일어나고 있는지 알고 싶지 않고 단지 모델만 만들고 싶을 때도 파이토치는 그렇게 할 수 있다. 마찬가지로, 사용자가 내부에서 일어나는 일을 정확히 알아야 할 때에도 파이토치는 그러한 유연성을 제공한다. 이러한 조합을 단일 프레임워크에 구축한 것은 판도를 바꾸는 일이었고, 파이토치는 딥러닝 커뮤니티 전체에서 가장 선호하는 프레임워크 중 하나가 되었다.

고수준 API

파이토치의 고수준(high-level) API를 사용하면 초보자도 처음부터 네트워크를 구축할 수 있으며, 동시에 숙련된 사용자에게는 다른 중요한 부분에 시간을 더 할애할 수 있게 설계된 모듈의 처리는 파이토치에게 맡겨둔다. 신경망을 구축하는 데 필요한 파이토치의 모든 모듈은 forward와 backward 함수를 가진 파이썬 클래스 인스턴스이다. 우리가 신경망을 실행할 때 내부적으로는 forward 함수가 실행되고 있으며, 각 연산이 테이프(tape)에 추가된다. 파이토치는 모든 연산에 대한 도함수를 알고 있으므로, 테이프를 통해 다시 돌아오는 것도 가능하다. 이제 작은 단위로 코드를 모듈화하여 같은 *FizBuz* net을 만들 것이다.

Numpy 데이터 입력으로부터 데이터를 얻고 텐서를 생성하기 때문에 모듈화된 코드는 같은 구조를 가지며, 나머지 복잡한 코드는 우리가 만든 모델 클래스로 대체될 수 있다.

```
net = FizBuzNet(input_size, hidden_size, output_size)
```

우리는 어떤 입력 크기나 출력 크기에도 유연하게 대응할 수 있도록 만들었다. 따라서 바이너리(binary) 대신에 원핫(one-hot)으로 인코딩된 입력값을 넣어도 된다. 그렇다면 이 `FizBuzNet`은 어디에서 유래했을까?

```
class FizBuzNet(nn.Module):
    """
    2 layer network for predicting fiz or buz
    param: input_size -> int
    param: output_size -> int
    """

    def __init__(self, input_size, hidden_size, output_size):
        super(FizBuzNet, self).__init__()
        self.hidden = nn.Linear(input_size, hidden_size)
        self.out = nn.Linear(hidden_size, output_size)

    def forward(self, batch):
        hidden = self.hidden(batch)
        activated = torch.sigmoid(hidden)
        out = self.out(activated)
        return out
```

우리는 `FizBuzNet`의 구조를 정의하고 `torch.nn.Module`에서 상속된 파이썬 클래스로 래핑했다. 파이토치의 nn 모듈은 딥러닝 세계에서 인기 있는 모든 종류의 레이어에 접근할 수 있는 고수준의 API이다. 차근차근 다음 단계로 넘어가 보겠다.

nn.Module

사용자가 다른 고수준 API를 쓸 수 있는 고수준 API는 nn.Module이다. 네트워크의 분리 가능한 각 부분을 별도의 파이썬 클래스로 정의하고 nn.Module에서 상속할 수 있다. 예를 들어 가상화폐 거래를 위한 딥러닝 모델을 만든다고 가정해 보겠다. 각 코인의 교환에 관한 거래 데이터를 수집하고 해당 데이터를 네트워크에 전달할 수 있는 형태로 변환했다. 이제 여러분은 딜레마에 빠질 것이다. 각 코인에 대해 어떻게 순위를 매길 것인가? 간단한 방법은 코인들을 원핫 인코딩해서 뉴럴에게 전달하는 것이다. 하지만 여러분은 그것에 만족하지 않을 것이다. 아주 간단한 또 다른 접근법은 코인 순위를 매기기 위해 다른 작은 모델을 만드는 것이다. 그리고 이 작은 모델로부터 구해진 순위를 하나의 입력값으로 메인 모델에 다시 전달할 수 있다! 아주 간단하고 좋아 보이지만 어떻게 그렇게 할까? 다음 그림을 살펴보겠다.

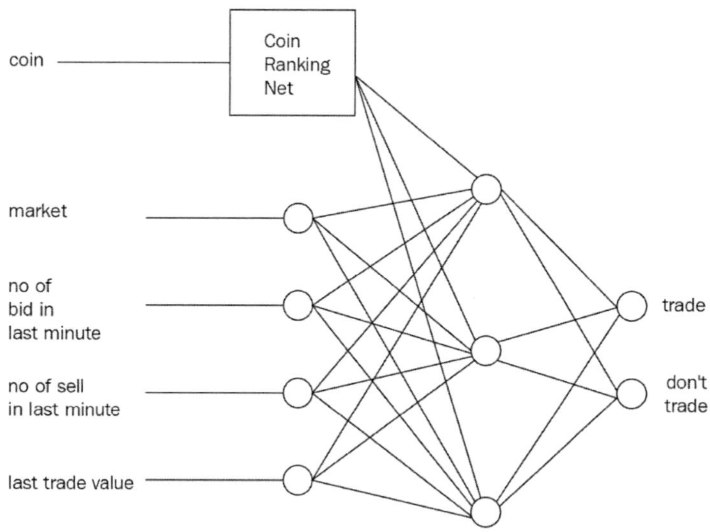

그림 2.9 코인 순위 매기기와 major 네트워크로 출력 전달을 위한 간단한 네트워크

nn.Module은 이러한 추상화를 가지도록 모델을 쉽게 만들 수 있게 해준다. 클래스 객체를 초기화할 때 `__init__()`이 호출된다. `Init()`는 레이어를 초기화하고 객체를 반환한다. nn.Module은 `__call__`과 `backward()`라는 두 가지 주요 함수를 구현하였으며, 사용자는 forward와 `__init__()`을 재정의(override)해야 한다.

레이어가 초기화된 객체가 반환되면 model 객체 자체를 호출하여 입력 데이터를 모델에 전달할 수 있다. 일반적으로 파이썬의 객체에 대해서는 호출할 수 없다. 객체 메소드를 호출하려면 사용자가 직접 명시적으로 호출해야 한다. 하지만 nn.Module은 마법의 함수 __call__()을 구현해놓았으며, 이는 사용자가 정의한 forward 함수를 호출할 수 있게 한다. 사용자는 foward를 호출할 때 원하는 것을 정의할 수 있다.

여러분은 파이토치가 forward 내에서 정의된 것들에 대해 어떤 식으로 역전파할지 알고 있기만 하다면 안심해도 된다. 만약에 forward 내에 사용자 정의 함수나 레이어를 가지고 있다면 파이토치는 backward 함수를 재정의할 수 있게 하고 이것은 테이프가 뒤로 되돌아가는 동안 실행된다.

사용자는 __init__()을 정의할 때 레이어를 생성할 수 있고 이는 기초 모델에서 우리가 해왔던 weghit와 bias의 생성을 다룬다. 아래의 FizBuzNet에서 __init__()의 라인들은 선형 레이어를 생성한다. 선형 레이어는 완전 연결(fully connected) 혹은 덴스(Dense) 레이어라고도 불리며, 내부적으로는 가중치와 입력값의 행렬곱 및 편향값 덧셈을 수행한다.

```
self.hidden = nn.Linear(input_size, hidden_size)
self.out = nn.Linear(hidden_size, output_size)
```

그럼 이제 파이토치의 nn.Linear의 소스 코드를 살펴보겠다. nn.Module의 작동방식과 nn.Module을 확장하여 또 다른 사용자 지정 모듈을 만드는 방법에 대해 충분히 이해할 수 있을 것이다.

```
class Linear(Module):
    def __init__(self, in_features, out_features, bias):
        super(Linear, self).__init__()
        self.in_features = in_features self.out_features = out_features
        self.weight = Parameter(torch.Tensor(out_features, in_features))
        self.bias = Parameter(torch.Tensor(out_features))

    def forward(self, input):
        return input.matmul(self.weight.t()) + self.bias
```

위의 코드는 파이토치 코드의 Linear 레이어의 변형된 버전이다. Parameter를 사용하여 텐서를 랩핑하는 것은 이상하게 보일 수도 있다. 하지만 걱정할 필요는 없다.

Parameter 클래스는 가중치와 편향 값을 모듈 파라미터 리스트에 추가하며 나중에 model.parameter()를 호출할 때 사용할 수 있다. 생성자(Initializer)는 모든 인수를 객체 속성으로 저장한다. Forward 함수는 이전 예제에서 사용자 정의 Linear 레이어에서 수행한 것과 동일한 역할을 한다.

```
a2 = x.matmul(w1)
a2 = a2.add(b1)
```

nn.module의 더 중요한 기능들이 존재하며 이후 챕터에서 소개할 것이다.

apply()

이 함수는 모델의 모든 파라미터에 사용자 지정 함수를 적용할 수 있도록 도와주는 함수이다. 흔히 사용자 정의 가중치 초기화 과정에 사용되지만, 일반적으로 model_name.apply(custom_function)는 각 모델 파라미터에 대해 custom_function을 실행한다.

cuda() and cpu()

이 함수들은 앞에서 논의한 것과 같은 목적을 지닌다. 그러나 model.cpu()는 모든 파라미터를 CPU 텐서로 변환한다. 이는 모델에 몇 개 이상의 파라미터가 있고 각 파라미터를 개별적으로 변환하는 것이 번거로울 때 유용하다.

```
net = FizBuzNet(input_size, hidden_size, output_size)
net.cpu()    # convert all parameters to CPU tensors
net.cuda()   # convert all parameters to GPU tensors
```

이 결정은 전체 프로그램에서 같아야 한다. 만약 GPU에 저장된 네트워크의 입력값으로 CPU 텐서(텐서의 저장 공간은 CPU 메모리에 있음)를 전달하려고 한다면 에러가 날 것이다. 파이토치는 텐서를 생성할 때 파라미터값으로 텐서 유형을 전달받을 수 있다. GPU 텐서를 사용할지 말지에 관해 결정을 내리는 가장 이상적인 방법은 파이토치의 내장 cuda.is_available() 함수로 CUDA를 사용할 수 있는지를 테스트하고 그에 따라 다음과 같은 텐서를 만드는 것이다.

```
if torch.cuda.is_available():
    xtype = torch.cuda.FloatTensor
    ytype = torch.cuda.LongTensor
else:
    xtype = torch.FloatTensor
    ytype = torch.LongTensor

x = torch.from_numpy(trX).type(xtype)
y = torch.from_numpy(trY).type(ytype)
```

우리는 여기에서 멈추지 않고, GPU에서 연산을 처음 수행했는데 스크립트 사이에 CPU에 최적화된 연산이 있는 경우 CPU 메소드를 호출하기만 하면 GPU 텐서를 CPU 텐서로 변환할 수 있고 그 반대의 경우도 마찬가지다. 우리는 향후 장에서 그러한 예를 보게 될 것이다.

train() and eval()

이름에서 알 수 있듯이, 이러한 기능은 파이토치에게 모델이 학습 모드에서 실행 중인지, 평가 모드에서 실행 중인지 알려준다. 이는 Dropout 또는 BatchNorm과 같은 모듈의 사용 여부를 결정짓게 된다. 이러한 기능은 향후 챕터에서 자주 사용하게 될 것이다.

parameters()

parameters()을 호출했을 때 모든 모델 파라미터값을 얻을 수 있고 옵티마이저를 사용할 때 혹은 파라미터값으로 실험을 수행하려는 경우에 매우 유용하다. 우리가 개발한 기초 모델에서는 w1, w2, b1, b2의 4개의 파라미터를 가지고 있었고, 라인별로 기울기를 사용하여 파라미터를 업데이트했다. 그러나 FizBuzNet에서는 모델 클래스가 있고 모델의 가중치와 편차를 만들지 않았으므로 parameter()를 호출하는 것이 좋다.

```
net = FizBuzNet(input_size, hidden_size, output_size)

# building graph
# backpropagation
# zeroing the gradients
```

```
with torch.no_grad():
    for p in net.parameters():
        p -= p.grad * lr
```

parameters()는 .grad 및 .data 속성을 가진 특별한 텐서인 모든 파라미터값을 반환하므로 각 파라미터를 업데이트하기 위해 한 줄씩 작성할 필요 없이 그냥 for 반복 구문을 통해 일반화하여 해결할 수 있다. 사실 가중치를 업데이트하기 위한 Adam과 같은 더 나은 방법이 존재하지만, 사람들이 가중치를 업데이트하는 가장 보편적이고 직관적인 방법이다.

zero_grad()

기울기를 0으로 만드는 편리한 함수이다. 우리가 기초 모델에서 했던 방식과 달리, 이것은 더 쉽고 간단한 함수 호출이다. Zero_grad로 구동되는 모델에서는 각 파라미터를 찾아 zero_grad를 따로 호출할 필요가 없이 모델 객체에 대해서만 한 번의 호출로 모든 파라미터의 기울기를 0으로 설정할 수 있다.

다른 레이어들

nn 모듈은 현재 딥러닝 테크닉의 거의 모든 것을 구축하는 데 필요한 다양한 레이어를 갖추고 있다.

nn.module과 함께 제공되는 중요한 레이어는 Sequential 컨테이너이다. 모델의 구조가 순차적이고 간단한 경우 사용자가 클래스 구조를 작성하지 않고도 모델 객체를 만들 수 있는 쉬운 API를 제공한다. **Linear | Sigmoid | Linear | Sigmoid** 의 구조를 가진 FizBuzNet은 코드 한 줄씩 순차적으로 구현할 수 있으며, 이것은 우리가 이전에 구축한 FizBuzNet 네트워크와 똑같이 동작한다.

```
import torch.nn as nn

net = nn.Sequential( nn.Linear(i, h),
    nn.Sigmoid(),
    nn.Linear(h, o),
    nn.Sigmoid())
```

기능 모듈(functional module)

nn.functional 모듈은 네트워크 노드를 연결하는 데 필요한 연산을 제공한다. 우리 모델에서는 비선형 활성화 함수로서 기능 모듈의 Sigmoid를 사용한다. 기능 모듈은 수학 함수와 같은 훨씬 더 많은 기능이 있다. 다음 예제에서 곱셈 연산은 mul 연산자를 functional 모듈에서 호출한다.

```
>>> a = torch.randn(1,2)
>>> b = torch.randn(2,1,requires_grad=True)
>>> a.requires_grad

False
>>> b.requires_grad
True
>>> c = a @ b
>>> c.grad_fn
<MmBackward at 0x7f1cd5222c88>
```

기능 모듈에도 레이어가 있지만 nn이 제공하는 것보다 덜 추상적이고 기초 모델을 구축하는 방식보다는 추상적이다.

```
>>> import torch
>>> import torch.nn.functional as F
>>> a = torch.Tensor([[1,1]])
>>> w1 = torch.Tensor([[2,2]])
>>> F.linear(a,w1) == a.matmul(w1.t())
tensor([[1]], dtype=torch.uint8)
```

앞의 예에서 알 수 있듯이, F.linear는 가중치와 입력값을 통과할 수 있게 해주고, 우리가 기초 모델에서 사용한 일반 matmul과 같은 값을 반환한다. 다른 함수도 같은 방식으로 작동한다.

> **Sigmoid 활성화함수**: 활성 함수는 신경망의 레이어들 사이에 비선형성을 만들어준다. 비선형성이 없다면 단순히 입력값과 가중치의 곱이기 때문에 이 과정은 중요하다. 이 경우 단일 층이 100개 층의 기능을 수행할 수 있다. 이것은 가중치를 줄이거나 키운다. Sigmoid는 전통적인 활성 함수 중 하나로, 입력의 범위를 [0,1]로 맞춰준다.

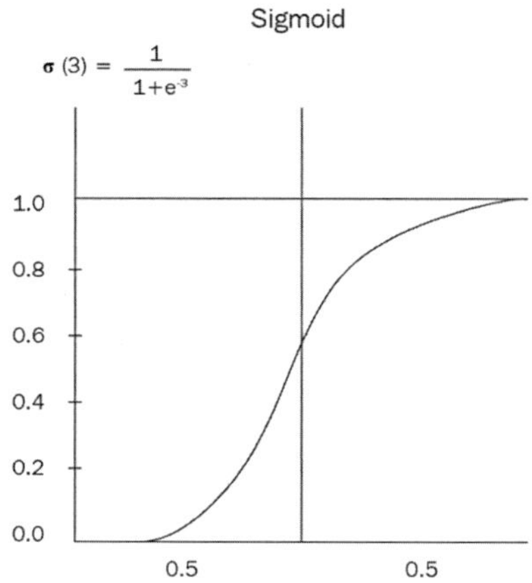

그림 2.10 Sigmoid 활성화함수

Sigmoid가 입력에 비선형적으로 작용하지만 0을 중심으로 한 출력은 생성되지 않는다. 기울기 소실 문제와 비싼 지수화(exponentiation)는 sigmoid의 또 다른 단점이며, 이러한 이유로 인해, 오늘날 거의 모든 딥러닝 실무자들은 sigmoid를 잘 사용하지 않는다. 적절한 비선형성을 찾는 것은 연구의 주요 분야이며, 사람들은 RLU, Leaky ReLU, ELU와 같은 훨씬 더 나은 해결책을 찾았다. 이를 향후 챕터에서 살펴보겠다.

`FizBuzNet`의 `forward` 함수 안에는 2개의 선형 레이어와 2개의 비선형 활성화 레이어가 있다. 일반적으로 `Forward` 함수로부터 반환되는 출력값은 확률 분포를 나타내는 로짓(logits)이며, 여기서 올바르게 예측된 클래스는 큰 값을 가진다. 하지만 우리 모델에서는 sigmoid로부터 출력값을 반환하고 있다.

손실 함수

이제 `FizBuzNet`에서 예측한 결과를 얻었다. 모델이 얼마나 잘 예측했는지 알아본 다음 오류를 역전파해야 한다. 에러를 찾는 것을 손실 함수(loss function)라고 한다. 여기 커뮤니티에서 자주 사용되는 손실 함수들이 존재한다. 파이토치의 `nn.Module`에 모든 인기 손실 함수가 내장되어 있다. 손실 함수는 로짓(logit)과 실제 값을 파라미터로 받아 손실 기능을 적용하여 손실 점수를 찾는다. 이 과정을 통해 오류율(error rate)을 구할 수 있으며, 이는 모델의 예측이 얼마나 좋은지 또는 나쁜지를 나타낸다. 기초 모델에서 `nn` 모듈에서 `MESLoss()`로 정의된 기본적인 MSE loss를 사용한다.

```
loss = nn.MSELoss()
output = loss(hyp, y_)
output.backward()
```

우리는 향후 챕터에서 더 정교한 손실 함수들을 만나게 될 것이다. 일단 여기서는 MSELoss를 사용한다. nn.MSELoss()로 생성한 손실 노드는 첫 번째 예에서 정의한 손실과 같다.

```
error = hyp - y_
output = error.pow(2).sum() / 2.0
```

loss(hyp,y_)에서 반환되는 노드가 backward로 호출하여 기울기를 찾을 수 있는 리프 노드가 된다.

옵티마이저(Optimizers)

기초 모델에서는 backward()를 호출한 후 기울기 값을 빼서 가중치를 업데이트했다. 우리는 가중치 파라미터를 명시적으로 호출하여 이를 수행했다.

```
# updating weight

with torch.no_grad():
   w1 -= lr * w1.grad
   w2 -= lr * w2.grad
   b1 -= lr * b1.grad
   b2 -= lr * b2.grad
```

그러나 파라미터가 많은 거대한 모델에서는 그렇게 할 수 없다. 더 나은 대안은 앞서 살펴본 것처럼 net.parameters()를 통해 반복 실행하는 것이지만, 그렇게 하는 것은 파이썬에서 파라미터에 대해 계속 반복 실행하는 단점이 있다. 또한, 가중치 업데이트를 위한 다른 전략들이 있다. 우리가 사용한 것은 가장 기본적인 경사 하강법이지만 복잡한 방법으로는 학습 속도와 모멘텀(momentum)을 줄이는 방법이 있다. 이 방법을 통해 네트워크가 일반 SGD보다 빠르게 전역 최저치(global minima)에 도달하게 해준다.

optim 패키지를 사용하면 파이토치가 제공하는 효율적인 가중치 업데이트가 가능하다. 또한 모델 파라미터를 초기화한 이후에 옵티마이저 객체에서 zero_grad를 호출할 수 있다. 그러므로 그 전처럼 각 가중치 및 편향 값 파라미터에 대해 일일이 zero_grad를 호출할 필요가 없다.

```
w1.grad.zero_()
w2.grad.zero_()
b1.grad.zero_()
b2.grad.zero_()
```

optim 패키지에는 널리 사용되는 모든 옵티마이저가 내장되어 있다. 여기서는 간단한 옵티마이저인 SGD를 사용한다.

```
optimizer = optim.SGD(net.parameters(), lr=lr)
```

이제 optimizer 객체에 모델 파라미터가 있다. Optim 패키지는 step()이라는 편리한 기능을 제공하며, 옵티마이저에서 정의한 전략에 따라 파라미터가 업데이트된다.

```
for epoch in range(epochs):
    for batch in range(no_of_batches):
        start = batch * batches
        end = start + batches
        x_ = x[start:end]
        y_ = y[start:end]
        hyp = net(x_)
        loss = loss_fn(hyp, y_)
        optimizer.zero_grad()
        loss.backward()
        optimizer.step()
```

다음은 배치 단위로 돌며 입력 배치로 net을 호출하는 코드이다. net(x_)에 의해 반환되는 hyp는 실제 값인 y_와 함께 손실 함수로 전달된다. 손실 함수에 의해 반환되는 에러는 backward()를 호출할 때 리프 노드로 사용된다. 그런 다음 optimizer의 step() 함수를 호출해 파라미터를 업데이트한다. 업데이트 이후에 기울기를 0으로 만들기 위해 optimizer.zero_grad()를 사용한다.

2.6 요약

이번 챕터에서는 간단한 신경망을 가장 기본적인 방법으로 구축하고 이를 파이토치 방식으로 전환하는 방법을 배웠다. 딥러닝의 기본 구성요소는 여기서 시작된다. 우리가 따르는 방법론이 어떻게, 왜 존재하는지 알게 되면, 우리는 크게 도약할 수 있을 것이다. 크기, 사용량 또는 알고리즘과 관계없이 모든 딥러닝 모델을 이 챕터에서 학습한 개념으로 구축할 수 있다. 그 때문에, 이 챕터를 철저히 이해하는 것은 앞으로의 챕터로 나아가는데 매우 중요하다. 다음 챕터에서는 딥러닝 워크플로우에 대해 살펴보겠다.

참고문헌

1. Fizz buzz Wikipedia page, `https://en.wikipedia.org/wiki/Fizz_buzz`
2. Division(mathematics) Wikipedia page, `https://en.wikipedia.org/wiki/Division_(mathematics)`
3. Joel Grus, *Fizz Buzz in Tensorflow*, `http://joelgrus.com/2016/05/23/ fizz-buzz-in-tensorflow/`
4. Ian Goodfellow, Yoshua Bengio and Aaron Courville, *Deep Learning Book*, `http://www.deeplearningbook.org/`

제 3 장

딥러닝 워크플로우

딥러닝은 학계에서 산업에 이르기까지 날마다 수백만 명의 사용자의 요청을 처리하지만, 이 분야로 처음 뛰어든 입문자들은 여전히 딥러닝 파이프라인을 위한 워크플로우를 구축하기에 어려움을 느끼고 있다. 이 챕터는 파이토치가 도울 수 있는 워크플로우의 부분을 다룬다.

파이토치는 Facebook 인턴에 의해 연구 프레임워크로 시작되었으며 최적화된 Caffe2가 백엔드를 지원하는 단계로 성장했다. 간단히 말해 파이토치는 연구 또는 프로토타입 프레임워크로 사용될 수 있고, 동시에 제공되는 모듈로 효율적인 모델을 작성하는데 사용될 수 있으며 단일 보드 컴퓨터 및 모바일 장치에도 사용될 수 있다.

일반적인 딥러닝 워크플로우는 아키텍처 설계 및 모델 결정이 이루어지는 문제 설정 단계에서의 아이디어와 연구로 시작된다. 그 이후 이론적 모델을 프로토타입을 사용하여 실험한다. 여기에는 다른 모델이나 skip connection같은 기법을 시도하거나 시도하지 않는 사항에 관한 결정 등이 포함된다. 또한 프로토타이핑을 위한 올바른 데이터셋을 선택하는 것과 파이프라인에 데이터셋을 완벽하게 통합하는 것이 이 단계에서 중요하다. 학습과 검증 데이터셋을 사용하여 모델을 구현하고 검증한 이후에 제품 개발에 맞게 모델을 최적화할 수 있다. 아래 그림은 5단계로 이루어진 딥러닝 워크플로우를 나타낸다.

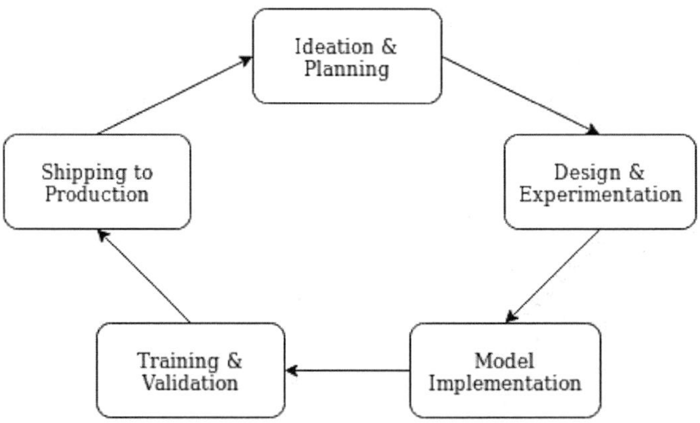

그림 3.1 딥러닝 워크플로우

위의 딥러닝 워크플로우는 업계의 거의 모든 사람이 구현한 워크플로우와 상당히 유사하다. 이 챕터에서는 첫 번째 단계와 마지막 단계를 간략하게 설명하고 설계 및 실험, 모델 구현, 학습 및 테스트와 같은 중간 3단계의 핵심 내용에 관해 설명한다.

워크플로우의 마지막 단계는 일반적으로 많은 사람이 어려워하는 것으로 특히 응용 프로그램의 규모가 상당히 큰 경우 더 그렇다. 파이토치는 연구 중심의 프레임워크로 구축되었지만 Caffe2를 파이토치의 백엔드에 통합하여 Facebook에서 사용하는 수천 가지 모델을 지원한다고 언급했다.

ONNX, 파이토치 JIT 등을 사용하여 수백만 건의 요청을 처리하기 위해 파이토치 모델을 단일 보드 컴퓨터 및 모바일 장치로 전송하는 것에 관해 설명하는 챕터 8장 "파이토치의 활용"을 통해 모델이 어떻게 제품 생산 과정에서 이식되는지 자세히 설명한다.

3.1 아이디어와 계획

일반적으로 기업에서 제품 개발팀은 엔지니어링 팀에게 문제 설명과 함께 문제를 해결할 수 있는지를 알고 싶어 한다. 이것이 아이디어 단계의 시작이다. 학계에서는 졸업 예정자들이 자신들의 졸업 논문을 위해 문제를 찾아내야 하는 결정 단계가 될 수 있다. 아이디어 단계에서 엔지니어는 문제를 해결할 수 있는 이론적인 해결 방안을 브레인스토밍하고 찾는다. 문제에 대한 이론적인 해결책을 찾는 것과 함께, 아이디어 단계는 **최소 실행 가능한 제품**(minimum viable product: MVP)의 **개념 증명**(proof of concept: POC)을 구축하기 위해 어떤 데이터 유형과 어떤 데이터셋을 쓸지 결정하는 단계이다. 이 단계는 문제 설정, 기존 사용 가능한 구현 코드, 사용 가능한 사전 훈련된 모델 등을 분석하여 팀이 어떤 프레임워크를 사용할지 결정하는 단계이다.

이 단계는 산업에서 매우 흔하며, 계획이 잘된 아이디어 단계는 성공적인 제품 출시에 도움이 되지만, 계획을 세우지 않았을 때는 제품 출시가 실패하기 쉽다.

3.2 설계 및 실험

문제 진술의 이론적인 토대가 만들어진 후, 우리는 여러 가지 모델 구현을 통해 개념 증명(POC)을 구축하는 설계 및 실험 단계를 진행한다. 설계 및 실험의 중요한 파트는 데이터셋과 데이터셋의 전처리에 달려있다. 모든 데이터 사이언스 과제에서 데이터 정제와 전처리에 주요 시간을 할애한다. 딥러닝 또한 이와 다르지 않다.

데이터 전처리는 딥러닝의 파이프라인을 구축하는 것의 중요한 파트 중 하나이다. 보통 신경망이 처리하기 위한 실제의 데이터셋은 정리되어 있지 않고 정형화되어 있지 않다. 실수 또는 정수로의 변환, 정규화 등이 처리하기에 앞서 요구된다. 또한, 데이터 처리 파이프라인을 구축하는 것은 쉬운 일이 아니다. 이것은 보일러 플레이트 코드를 작성하는 것을 포함한다. 이런 과정을 쉽게 하려고 파이토치의 core에 데이터셋 빌더와 `DataLoader` 파이프라인 패키지가 포함되어 있다.

Dataset과 DataLoader 클래스

서로 다른 유형의 딥러닝 문제에는 서로 다른 유형의 데이터셋이 필요하며, 사용하는 신경망 아키텍처에 따라 각기 다른 유형의 전처리가 필요할 수 있다. 이것은 딥러닝 파이프라인 구축의 핵심 문제 중 하나이다.

커뮤니티는 다양한 작업에 대한 데이터셋을 무료로 제공하지만, 전처리 스크립트 작성은 대부분 항상 고통스럽다. 파이토치는 사용자 정의 데이터셋 및 데이터 로더를 작성하도록 추상 클래스를 제공하여 이 문제를 해결한다. 여기에 주어진 예제는 챕터 2 "기본 인공 신경망"에서 사용된 `fizbuz` 데이터셋을 불러오기 위한 간단한 dataset 클래스이지만, 모든 유형의 데이터셋을 확장하는 것은 매우 간단하다. 파이토치의 공식 문서는 유사한 접근 방식을 사용하여 이미지 데이터셋을 복잡한 **합성곱 신경망**(convolutional neural network, CNN) 아키텍처로 전달하기 전에 이미지 데이터셋을 전처리한다.

파이토치의 Dataset 클래스는 DataLoader에서 요구하는 거의 모든 것을 처리하는 고급 추상화 클래스이다. 사용자가 정의한 사용자 정의 Dataset 클래스는 상위 클래스의

__len__ 함수 및 __getitem__ 함수를 오버라이드 해야 한다. 여기서 __len__은 데이터 로더에서 데이터셋의 길이를 판별하는 데 사용되고, __getitem__은 데이터 로더에서 항목을 가져오는 데 사용된다. __getitem__ 함수는 사용자가 인덱스를 인수로 전달하고 해당 인덱스에 있는 항목을 가져오게 한다.

```
from dataclasses import dataclass
from torch.utils.data import Dataset, DataLoader

@dataclass(eq=False)
class FizBuzDataset(Dataset):
    input_size: int
    start: int = 0
    end: int = 1000

    def encoder(self,num):
        ret = [int(i) for i in '{0:b}'.format(num)]
        return[0] * (self.input_size - len(ret)) + ret

    def __getitem__(self, idx): x = self.encoder(idx) if idx % 15 == 0:
        y = [1,0,0,0]
        elif idx % 5 ==0:
            y = [0,1,0,0]
        elif idx % 3 == 0:
            y = [0,0,1,0]
        else:
            y = [0,0,0,1]
        return x,y

    def __len__(self):
        return self.end - self.start
```

사용자 정의 데이터셋의 구현은 파이썬 3.7의 새로운 dataclasses를 사용한다. dataclasses는 동적 코드 생성을 사용하여 __init__와 같은 파이썬 매직 함수의 상용구 코드를 제거하는 데 도움이 된다. 그러기 위해서는 클래스 내부의 처음 3줄의 코드와 같이 데이터 유형이 정의되어야 한다. 파이썬 공식 문서[1]에서 dataclasses에 대한 자세한 내용을 읽을 수 있다.

`__len__` 함수는 클래스에 전달된 끝과 시작 값의 차이를 반환한다. `fizbuz` 데이터셋에서 데이터는 프로그램 때문에 생성된다. 데이터 생성 구현은 `__getitem__` 함수 안에 있으며 클래스 인스턴스는 DataLoader가 전달한 인덱스를 기반으로 데이터를 생성한다. 파이토치는 사용자가 각 ID에 대해 데이터 로더가 반환하는 것을 정의할 수 있도록 클래스 추상화를 가능한 한 일반화했다. 이러한 특정한 경우, 클래스 인스턴스는 각 인덱스에 대한 입력 및 출력을 반환한다. 여기서 입력 x는 인덱스 자체의 이진 인코더 버전이고, 출력은 네 가지 상태의 one-hot으로 인코딩된 출력이다. 4개의 상태는 다음 숫자가 3의 배수(fizz), 5의 배수(buzz), 또는 3과 5의 배수(fizzbuzz)이거나 3 또는 5의 배수가 아닌 위치를 나타낸다.

> 파이썬 초보자의 경우, 0부터 시작해서 데이터셋의 크기만큼 루프를 돌면서 각각의 루프에 해당하는 부분의 내용을 살펴봄으로써 데이터셋의 작동 방식에 대해서 쉽게 이해할 수 있다(길이는 `len (object)`가 호출될 때 `__len__` 함수에 의해 반환된다). 아래의 코드는 간단한 루프를 보여준다.

```
dataset = FizBuzDataset()
for i in range(len(dataset)):
    x, y = dataset[i]

dataloader = DataLoader(dataset, batch_size=10, shuffle=True,
                        num_workers=4)
for batch in dataloader:
    print(batch)
```

`DataLoader` 클래스는 `torch.utils.data.Dataset`에서 상속받은 `dataset` 클래스를 파라미터로 받고 데이터셋으로부터 데이터를 얻어오기 위한 미니 배치, 다중 스레딩, 셔플링 등과 같은 작업을 수행한다. 사용자로부터 데이터셋의 인스턴스를 파라미터로 받고 샘플러 전략을 사용하여 데이터를 미니 배치로 샘플링한다.

`num_worker` 파라미터는 데이터를 가져오기 위해 얼마나 많은 병렬 스레드가 작동해야 하는지 결정한다. 이렇게 하면 CPU 병목 현상을 방지하여 GPU의 병렬 연산을 CPU에서 가능하게끔 한다. 데이터 로더를 사용하면 고정된 CUDA 메모리 사용 여부를 지정할 수 있으며, 이를 통해 사용자에게 반환하기 전에 데이터 텐서를 CUDA의

고정된 메모리에 복사한다. 데이터는 데이터 로더 자체에 의해 고정된 메모리에 로드되기 때문에 고정된 메모리를 사용하는 것이 장치 간 빠른 데이터 전송의 핵심이며 이런 작업은 CPU의 여러 코어에서 수행된다.

특히 프로토타이핑하는 동안 개발자가 사용자 정의 데이터셋을 사용할 수 없는 경우가 많으며 그럴 때 기존에 공개된 데이터셋에 의존해야 한다. 공개 데이터셋을 사용했을 때의 좋은 점은 대부분 라이선스 비용을 지불하지 않아도 되고 수천 명의 사용자가 이미 데이터 전처리를 해 놓는 등 커뮤니티로부터 도움을 받을 수 있다는 점이다. 파이토치는 사전 훈련된 모델, 전처리된 데이터셋 및 이 데이터셋과 함께 작동하는 유틸리티 함수를 갖춘 세 가지 유형의 데이터셋 모두에 대한 유틸리티 패키지를 제공한다.

유틸리티 패키지

파이토치 커뮤니티는 비전(torchvision), 텍스트(torchtext) 및 오디오(torchaudio)를 위한 세 가지 유틸리티 패키지를 제공한다. 이들 모두는 서로 다른 데이터 도메인에 대해 같은 문제를 다루고 사용자가 가질 수 있는 거의 모든 사례에서 데이터 처리 및 정리에 대해 걱정하지 않아도 된다. 실제로 모든 유틸리티 패키지는 파이토치의 데이터 구조를 이해하거나 이해하지 못하는 모든 종류의 프로그램에 활용할 수 있다.

torchvision

```
pip install torchvision
```

torchvision은 파이토치에서 가장 완성도 높고 가장 많이 사용되는 유틸리티 패키지이며 데이터셋, 사전 훈련된 모델과 사전 빌드된 변환 스크립트로 구성된다. torchvision은 사용자가 데이터 전처리를 쉽게 수행할 수 있도록 하는 강력한 API를 가지고 있으며, 데이터셋을 사용할 수 없는 프로토타입 단계에서 특히 유용하다.

torchvision의 기능은 세 가지로 나뉜다. 거의 모든 종류의 컴퓨터 비전 문제에 대한 사전 로드 및 다운로드 가능한 데이터셋(컴퓨터 비전 아키텍처를 위해 널리 사용되는 사전 훈련된 모델)과 컴퓨터 비전 문제에 사용되는 일반적인 변환 기능이다. 또 다른 장점은 torchvision 패키지의 함수 API가 단순하여 사용자 정의 데이터셋 또는 변환 함수를 작성할 수 있다는 것이다. 다음은 torchvision 패키지에서 현재 사용 가능한 모든 데이터셋과 그 데이터셋에 대한 설명에 대한 표이다.

데이터셋	설명
MNIST	70,000개 28 x 28 크기의 손글씨 숫자 데이터셋
KMNIST	MNIST 형태로 구성된 히라가나 문자 데이터셋
Fashion-MNIST	MNIST 형태의 70,000개 28 × 28 크기의 라벨을 가진 의상 이미지 데이터셋
EMNIST	28 x 28 크기의 손글씨 문자 데이터셋
COCO	대규모의 물체 감지, 분할, 그리고 캡셔닝을 위한 데이터셋
LSUN	COCO와 유사한 대규모의 장면 이해 챌린지 데이터셋
Imagenet-12	대규모의 이미지 인식 챌린지(ILSVRC 2012)에서 사용된 1400만 개의 이미지 데이터셋
CIFAR	10 혹은 100개의 클래스를 가지는 총 60,000개의 32 × 32 크기의 컬러 이미지 데이터셋
STL10	CIFAR와 유사한 다른 이미지 데이터셋
SVHN	MNIST와 유사한 스트리트 뷰에서의 집 번호판 데이터셋
PhotoTour	워싱턴 대학에서 제공되는 여행 장소 데이터셋

MNIST 데이터셋의 한 예시가 다음 코드에 제공된다. 앞의 표에 있는 모든 데이터셋에는 하나의 파일 위치 경로를 인자로 전달해주어야 한다. 이 위치 경로는 다운로드할 데이터셋의 경로 또는 데이터셋이 이미 다운로드된 경우 저장되는 경로이다. 데이터셋의 반환 값은 데이터셋의 상태에 대한 기본 정보를 출력한다. 나중에 같은 데이터셋을 사용하여 변환을 활성화하고 데이터셋의 출력이 얼마나 묘사적인지 살펴볼 것이다.

```
>>> import torchvision
>>> mnist = torchvision.datasets.MNIST('.', download=True)
Downloading …

Processing…
Done!

>>> mnist
```

```
Dataset MNIST
    Number of datapoints: 60000
    Split: train
    Root Location: .
    Transforms (if any): None
    Target Transforms (if any): None
```

torchvision은 이미지를 로드하기 위한 기본 백엔드로 Pillow(PIL)를 사용한다. 그러나 torchvision.set_image_backend(backend)을 사용하면 호환되는 백엔드로 쉽게 변경할 수 있다. torchvision에서 제공하는 모든 데이터는 torch.utils.data.Dataset 클래스에서 상속되므로 __len__ 및 __getitem__이 각각에 대해 구현되었다. 이 두 가지 매직 함수를 사용하면 간단한 데이터셋을 구현하고 DataLoader로 불러들인 것과 마찬가지로 이러한 모든 데이터셋이 DataLoader와 호환이 가능할 수 있어야 한다.

```
>>> mnist[1]
(<PIL.Image.Image image mode=L size=28x28 at 0x7F61AE0EA518>, tensor(0))
>>> len(mnist)
60000
```

디스크의 위치에서 읽어야 할 이미지 데이터가 이미 있는 경우 어떻게 해야 할까? 이를 수행하는 전통적인 방법은 각각의 이미지에 대해 PIL 또는 skimage와 같은 패키지를 사용하여 불러오고 이를 Numpy 자료형에서 파이토치(또는 다른 프레임 워크)로 변환하는 전처리 스크립트를 작성하는 것이다.

torchvision은 이에 대한 솔루션도 제공한다. 이미지 데이터셋이 적절한 디렉터리 계층 구조로 디스크에 저장되면 torchvision.ImageFolder는 사용자 정의 스크립트로 수행하는 방식과 마찬가지로 디렉터리 구조 자체에서 필요한 정보를 가정하여 사용자가 훨씬 쉽게 로드할 수 있다. 주어진 코드는 폴더 구조를 작동하는 데 필요한 간단한 단계를 보여준다. 이미지가 계층 구조의 마지막 폴더에 클래스 이름으로 저장되면 ImageFolder가 데이터를 읽고 필요한 정보를 지능적으로 축적한다.

```
>>> images = torchvision.datasets.ImageFolder('/path/to/image/folder')
>>> images [0]
```

```
(<PIL.Image.Image image mode=RGB size=1198x424 at 0x7F61715D6438>, 0)
/path/to/image/folder/class_a/img1.jpg
/path/to/image/folder/class_a/img2.jpg
/path/to/image/folder/class_a/img3.jpg
/path/to/image/folder/class_a/img4.jpg

/path/to/image/folder/class_b/img1.jpg
/path/to/image/folder/class_b/img2.jpg
/path/to/image/folder/class_b/img3.jpg
```

torchvision의 모델 모듈에는 기본적으로 사용할 수 있는 몇 가지 널리 사용되는 모델이 포함되어 있다. 오늘날 대부분의 고급 모델은 다른 아키텍처에서 학습한 가중치를 활용하기 위해 전이 학습(transfer learning)을 사용하고 가장 많이 사용되는 torchvision 기능 중 하나이다. 예를 들면, 챕터 3의 의미론적 영상 분할 모델은 사전 훈련된 Resnet18 네트워크를 사용한다. 다음 코드는 torchvision.models에서 Resnet18 모델을 다운로드하는 방법을 보여준다. pretrained 플래그는 torchvision에게 모델만 사용하거나 파이토치 서버에서 사전 훈련된 모델을 다운로드하도록 지시한다.

```
>>> resnet18 = torchvision.models.resnet18(pretrained=False)
>>> resnet18 = torchvision.models.resnet18(pretrained=True)
>>> for param in resnet18.layer1.parameters():
        param.requires_grad = False
```

파이토치의 파이썬 API를 사용하면 사용자가 모델의 일부분을 동결(freezing)하여 그 부분은 학습이 되지 않도록 만들 수 있다. 이에 대한 예는 앞의 코드에 나와 있다. resnet18의 layer1 매개 변수에 대해 반복하는 루프를 통해 각 매개 변수의 requires_grad 속성의 값을 조작할 수 있고, 이 속성의 값은 기울기(gradient) 업데이트를 위해 역전파하는 과정에서 autograd가 찾는 것이다. requires_grad를 False로 설정하면 autograd에서 특정 매개 변수를 마스크하여 가중치를 고정 상태로 유지한다.

torchvision의 transform 모듈은 데이터 전처리 및 데이터 증강(data augmentation)을 위한 유틸리티 모듈이 있는 또 다른 주요 모듈이다. transform 모듈은 패딩, 자르기, 그레이 스케일링, 아핀 변환, 이미지를 파이토치 텐서로 변환 등의 일반적으로 사용되는 전처리 기능에 대한 기본 구현을 제공하고 뒤집기, 임의 자르기 및 색상 지터링(jittering)과 같은 데이터 증강 기능에 대한 몇 가지 구현을 제공한다. Compose 유틸리티는 여러 변환을 그룹화하여 단일 파이프라인 오브젝트를 생성해준다.

```
transform = transforms.Compose(
    [
        transforms.ToTensor(),
        transforms.Normalize(mean, std),
    ]
)
```

앞의 예제는 `transform.Compose`를 통해 `ToTensor`와 `Normalize`를 그룹화해서 하나의 파이프라인으로 만드는 과정을 보여준다. `ToTensor`는 RGB 채널 3개를 가지는 입력 이미지를 채널×너비×높이 크기를 가지는 3차원 텐서로 변환한다. 이것은 파이토치의 비전 네트워크에서 예상되는 차원 순서이다.

`ToTensor`는 또한 각 채널의 픽셀값을 0에서 255의 범위에서 0.0에서 1.0의 범위로 변환한다. `Transforms.Normalize`는 평균 및 표준 편차를 사용한 단순 정규화이다. 따라서 `Compose`는 모든 변환에 대해 돌면서 이전 변환의 결과를 가지고 다음 변환을 호출한다. 다음은 소스 코드에서 가져온 `torchvision`의 변환 Compose에 대한 `__call__` 함수이다.

```
def __call__(self, img):
    for t in self.transforms:
        img = t(img)
    return img
```

변환에는 많은 유틸리티가 제공되며 여러 경우에 유용하다. 더 많은 기능을 자세히 이해하려면 항상 개선이 이루어지는 `torchvision` 문서를 보는 것이 좋다.

torchtext

```
pip install spacy
python -m spacy download en
```

다른 두 유틸리티 패키지와 달리 `torchtext`는 자체 API 구조를 가지며 이는

torchvision 및 torchaudio와는 완전히 다르다. torchtext는 **자연어 처리**(NLP) 데이터셋에 필요한 전처리 작업을 수행할 수 있는 매우 강력한 라이브러리이다. 일반적인 NLP 작업을 위한 일련의 데이터셋이 제공되지만 torchvision과 달리 사전 훈련된 네트워크를 다운로드할 수 없다.

torchtext는 모든 파이썬 패키지의 입력 또는 출력 부분에 연결해서 사용할 수 있다. 일반적으로 torchtext는 전처리 및 어휘를 불러오는 데 spacy 또는 NLTK 라이브러리를 사용한다. torchtext는 출력값이 파이썬 데이터 구조를 따르므로 파이토치뿐만 아니라 모든 종류의 프레임워크의 출력단에 연결할 수 있다. torchtext의 API는 torchvision 또는 torchaudio와 유사하지 않으며 다른 것만큼 간단하지 않기 때문에, 다음 절에서는 NLP에서 Torchtext의 주요 역할을 보여주는 예를 살펴볼 것이다.

torchtext 자체는 언어 처리에 관한 연산을 제공하지 않는 래퍼 유틸리티이므로 다음 예제에서 Spacy를 사용했다. 데이터셋으로는 아래와 같이 질문 분류기 구축을 위한 **TREC**(Text Retrieval Conference)을 사용한다.

Text	Label
How do you measure earthquakes?	DESC
Who is Duke Ellington?	HUM

이 유형의 데이터셋에서 NLP 작업을 위한 일반 데이터 전처리 파이프라인에는 다음이 포함된다.

- 데이터셋을 학습, 테스트 및 검증 셋으로 나누기
- 데이터셋을 신경망이 이해할 수 있는 형태로 변환하기. 수치화, 원핫 인코딩 및 워드 임베딩은 일반적인 방법이다.
- 배치 과정
- 가장 긴 시퀀스 길이까지 패딩 처리하기

torchtext와 같은 도우미 클래스가 없으면 이러한 일상적인 작업은 우울하고 보람이 없을 것이다. 우리는 이 모든 작업을 단순화하기 위해 torchtext의 강력한 API를 사용할 것이다.

torchtext에는 두 가지 기본 모듈인 Data 모듈과 Datasets 모듈이 있다. 공식 문서에서 알 수 있듯이 Data 모듈은 여러 데이터 로더, 추상화 및 텍스트(어휘 및 단어 벡터 포함) 반복자(iterator)를 가지는 반면 Datasets 모듈에는 일반적인 NLP 작업을 위한 데이터셋이 미리 구축되어 있다.

이 예제에서는 데이터 모듈을 사용하여 텍스트를 벡터로 변환하기 전에 탭으로 구분된 데이터를 로드하고 spacy의 토큰화로 전처리한다.

```
import spacy
spacy_en = spacy.load('en_core_web_sm')

def tokenizer(text):
    return [tok.text for tok in spacy_en.tokenizer(text)]

TEXT = data.Field(sequential=True, tokenize=tokenizer, lower=True)
LABEL = data.Field(sequential=False, use_vocab=True)

train, val, test = data.TabularDataset.splits(
    path='./data/', train='TRECtrain.tsv',
    validation='TRECval.tsv', test='TRECtest.tsv', format='tsv',
    fields=[('Text', TEXT), ('Label', LABEL)])
```

앞의 코드 첫 번째 부분은 spacy에서 영어를 로드하고 tokenizer 기능을 정의한다. 다음 부분은 torchtext.data.Field를 사용하여 입력 및 출력 필드를 정의한다. Field 클래스는 데이터를 DataLoader에 불러오기 전에 전처리 단계를 정의하는 데 사용된다.

필드 변수 TEXT는 모든 입력 문장 간에 공유되고 필드 변수 LABEL은 모든 출력 라벨 간에 공유된다. 위의 예제의 TEXT는 순차적으로 설정이 되어서 Field 인스턴스에 데이터가 순차적으로 의존적이며 토큰화를 사용해서 더 작은 요소로 쪼개는 것이 더 나은 옵션임을 알려준다. 만약 sequential이 False로 설정되면 데이터에 토큰화가 적용되지 않는다.

TEXT에 대해서는 sequential이 True이므로 우리가 개발한 토큰화 함수는 tokenizer로 설정된다. 이 옵션은 기본적으로 파이썬의 str.split으로 설정되어 있지만, 더 지능적인 토큰화가 필요했고 spacy의 토큰화를 통해 도움을 받을 수 있다.

일반 NLP 파이프라인이 수행하는 또 다른 중요한 작업은 모든 데이터를 같은 문자 형식(대문자 혹은 소문자)으로 변환하는 것이다. 소문자로 만들기 위해 lower를 True로 설정하는 것은 가능하지만, 기본적으로 False이다. Field 클래스는 예제에 사용된 세 가지 매개 변수 외에도 다른 여러 매개 변수의 값을 가진다. fix_length는 시퀀스의 길이를 고정하기 위해 사용하며, pad_token은 기본값이 <pad>이고 배치에서 fixed_length 또는 가장 긴 시퀀스의 길이와 일치하도록 시퀀스를 채우는 데 사용된다. unk_token은 기본값이 <UNK>이며 어휘 벡터가 없는 토큰을 대체하는 데 사용된다.

Field에 대한 공식 문서는 모든 매개 변수에 대해 자세히 설명한다. 라벨값으로써 한 단어만 사용하기에 LABEL 필드의 sequential은 False로 설정된다. 이것은 입력과 출력이 모두 순차적인 구조를 가지는 언어 번역과 같은 작업에 있어서 매우 유용하다.

Field에 대한 또 다른 중요한 파라미터는 use_vocab이며 기본적으로 True로 설정되어 있다. 이 인수는 Field 인스턴스에 데이터에 어휘 빌더를 사용할지를 알려준다. 예제 데이터셋에서 입력과 출력을 모두 단어로 사용하고 출력을 워드 벡터로 변환하는 것이 합리적이지만 거의 모든 경우에 출력은 one-hot 인코딩된 벡터이거나 수치화된다. use_vocab을 False로 설정하면 torchtext가 이를 워드 임베딩 딕셔너리의 인덱스로 변환하지 않는다.

Field를 사용하여 전처리 메커니즘을 설정한 이후 이러한 메커니즘을 데이터의 위치와 함께 DataLoader로 전달할 수 있다. 이제 디스크에서 데이터를 불러오고 전처리 파이프라인을 통해 전달하는 것은 DataLoader의 몫이다.

데이터 모듈은 기본적으로 몇 가지 DataLoader 인스턴스와 함께 제공된다. 데이터가 TSV 형식이므로 여기서 사용하는 것은 TabularDataset이다. torchtext의 공식 문서는 JSON 로더와 같은 다른 예를 보여준다. TabularDataset은 디스크의 데이터 위치에 대한 경로 및 훈련, 테스트 및 검증 데이터의 이름을 파라미터로 가진다. 데이터셋을 메모리에 올리는 이러한 작업은 5줄 미만의 코드로 수행되므로 다른 데이터셋을 불러오는 데 매우 유용하다. 앞서 언급했듯이 이전에 만든 Field 객체를 DataLoader에 전달하였고 이제 어떻게 전처리를 해야 할지 알고 있다. DataLoader는 학습, 테스트 및 검증 데이터에 대한 torchtext 개체를 반환한다.

우리는 여전히 사전 훈련된 워드 임베딩 딕셔너리에서 어휘를 구성하고 데이터셋을 딕셔너리의 인덱스로 변환해야 한다. Field 객체는 build_vocab이라는 API를 제공하여 이를 허용한다. 그러나 여기서 조금 기괴해지고 순환 의존성과 같은 것이 되지만 걱정하지 않아도 된다. 우리는 그것에 익숙해질 것이다.

Field의 build_vocab은 이전 단계에서 DataSet.split 메소드가 반환한 데이터 객체를 전달해야 한다. 이것이 Field가 데이터셋에 존재하는 단어, 총 단어 길이 등을 아는 방법이다. build_vocab 메소드는 사전 훈련된 어휘 벡터가 없는 경우 이를 다운로드할 수도 있다. torchtext를 통해 사용 가능한 워드 임베딩은 다음과 같다.

- Character n-gram
- FastText
- GloVe vectors

```
TEXT.build_vocab(train, vectors="glove.6B.50d")
LABEL.build_vocab(train, vectors="glove.6B.50d")
train_iter, val_iter, test_iter = data.Iterator.splits(
    (train, val, test), sort_key=lambda x: len(x.Text),
    batch_sizes=(32, 99, 99), device=-1)

print(next(iter(test_iter)))

# [torchtext.data.batch.Batch of size 99]
# [.Text]:[torch.LongTensor of size 16x99]
# [.Label]:[torch.LongTensor of size 99]
```

일단 어휘가 만들어지면, 신경망을 실행하기 위해 반복 처리되는 반복자(iterator)를 torchtext로부터 전달받을 수 있다. 앞의 코드는 build_vocab의 매개 변수를 지정하는 방법과 Iterator 패키지의 splits 함수를 호출하여 학습, 검증, 테스트 데이터에 대한 세 가지 다른 반복자를 얻는 과정을 보여준다.

device 파라미터는 CPU를 사용하기 위해 -1로 설정하고, 0이면 Iterator가 데이터를 기본 GPU에 불러오거나 장치 번호를 지정할 수 있다. 배치 크기는 전달하는 각 데이터셋의 배치 크기를 예상한다. 이 경우, 우리는 학습, 검증, 테스트를 위한 세 가지 데이터셋이 있으므로, 세 가지의 배치 크기를 가지는 튜플을 전달한다.

sort_key는 우리가 전달한 람다 함수로 데이터셋을 정렬한다. 때에 따라 데이터셋을 정렬하는 것은 도움이 되지만, 대부분은 무작위로 데이터를 정렬하여 신경망이 일반적인 경우를 잘 처리하도록 한다. Iterator는 파라미터를 통해 전달된 배치 크기를 가지고 입력 데이터셋을 일괄 처리(batch processing)하기 충분하지만, 거기서 멈추지 않는다. 각 배치에서 가장 길이가 긴 시퀀스의 길이까지 모든 시퀀스를 동적으로 채울 수 있다. 위의 예시에서 print 문을 통해 알 수 있듯이 Iterator의 출력으로 16×99 크기의 TEXT 데이터를 제공한다. 여기서 99는 테스트 데이터셋에 대해 전달한 배치 크기이고, 16은 특정 배치에서 가장 긴 시퀀스의 길이이다.

Iterator 클래스가 더 영리하게 처리해야 하는 경우 어떻게 해야 할까? 데이터셋이 언어 모델링을 위한 것이고, 데이터셋이 시간에 따른 **역전파**(backpropagation through time, BPTT)가 필요한 경우 어떻게 해야 할까? Torchtext에는 방금 사용한 iterator 클래스에서 상속된 추상화된 모듈을 가지고 있다. BuckerIterator 모듈은 같은 길이의 시퀀스가 되도록 스마트한 그룹화를 수행하므로, 데이터셋에 노이즈를 유발하는 불필요한 패딩의 길이를 줄이다. BuckerIterator는 또한 각 epoch에서 배치를 무작위로 섞어 데이터셋이 무작위성을 가지게 하고 신경망이 데이터의 순서를 배우지 못하게 하여 실제 정보를 가르치지 않는다.

BPTTIterator는 언어 모델링 데이터셋을 돕는 반복자 클래스에서 상속된 또 다른 모듈이다. *t*가 시간이라고 할 때, 각 입력 *t*에 대해 *t*+1에서 라벨을 가져와야 한다. BPTTIterator는 입력 데이터의 연속 스트림과 출력 데이터의 연속적인 스트림을 사용하여 이전에 설명한 시계열 규칙을 따르는 반복기로 변환한다. 입력과 출력 스트림은 번역 네트워크에서는 서로 다를 수 있고, 언어 모델링 네트워크에서는 서로 같을 수 있다.

torchtext는 또한 기본 사용 사례에 대한 저장된 데이터셋도 가지고 있다. 다음은 사용 가능한 버전의 데이터셋에 쉽게 접근할 수 있는 예이다.

```
>>> import torchtext
>>> from torchtext import data
>>> TextData = data.Field()
```

```
from torchtext.datasets import SST2
from torch.utils.data import DataLoader
batch_size = 16

train_datapipe = SST2(split='train')
dev_datapipe = SST2(split='dev')

# Transform the raw dataset using non-batched API (i.e apply transformation line by line)
train_datapipe = train_datapipe.map(lambda x: (text_transform(x[0]), x[1]))
train_datapipe = train_datapipe.batch(batch_size)
train_datapipe = train_datapipe.rows2columnar(["token_ids", "target"])
train_dataloader = DataLoader(train_datapipe, batch_size=None)

dev_datapipe = dev_datapipe.map(lambda x: (text_transform(x[0]), x[1]))
dev_datapipe = dev_datapipe.batch(batch_size)
dev_datapipe = dev_datapipe.rows2columnar(["token_ids", "target"])
dev_dataloader = DataLoader(dev_datapipe, batch_size=None)
```

여기서는 SST 감정 분석 데이터셋을 다운로드하고 splits 파리미터를 사용하여 이전에 언급되었던 Dataloader 객체를 가져온다.

다음 표는 torchtext에서 현재 사용 가능한 데이터셋과 해당 데이터셋의 태스크를 보여준다.

데이터셋	태스크
BaBi	질의 응답
SST	감정 분석
IMDB	감정 분석
TREC	질문 분류
SNLI	추론
MultiNLI	추론
WikiText2	언어 모델링
WikiText103	언어 모델링
PennTreebank	언어 모델링
WMT14	기계 번역
IWSLT	기계 번역
Multi30k	기계 번역
UDPOS	시퀀스 태깅
CoNLL2000Chunking	시퀀스 태깅

torchaudio

오디오 유틸리티는 아마도 파이토치의 모든 유틸리티 중 가장 발전하지 않은 패키지일 것이다. 이 유틸리티가 pip를 통해서 설치가 안 된다는 것이 위와 같은 주장을 증명한다. 하지만 torchaudio는 오디오 분야에서 모든 문제 설정에 대한 기본 사용 사례를 다룬다. 또한, 파이토치는 **IFFT**(Inverse Fast Fourier Transform)와 **SFFT**(Sparse Fast Fourier Transform) 같은 몇 가지 편리한 함수를 코어에 추가하였고, 이는 파이토치의 오디오 도메인에 대한 개발 과정에서의 발전을 보여준다.

torchaudio는 크로스 플랫폼 오디오 포맷 변환기인 **Sound eXchange(SoX)**에 의존한다. 종속 패키지가 설치되면, 파이썬 setup 파일을 사용하여 소스로부터 설치할 수 있다.

```
python setup.py install
```

torchaudio는 두 개의 사전 빌드된 데이터셋과 몇 가지 변환, 오디오 파일을 위한 로딩 및 저장 유틸리티를 제공하며 이에 대해 자세히 알아보자. 오디오 파일의 저장 및 로드는 항상 어려운 작업이며, 다른 여러 패키지에 종속적이다. torchaudio는 간단한 저장 및 로드 기능을 갖춘 API를 제공하여 이를 훨씬 쉽게 만든다. torchtext는 모든 일반적인 오디오 파일을 불러와서 파이토치 텐서로 변환할 수 있다. 또한 데이터를 정규화 또는 비정규화할 수 있고, 모든 일반적인 포맷으로 디스크에 저장할 수 있다. 저장 API는 파일 경로를 받고, 파일 경로로부터 포맷을 추론하고, 그 포맷에 맞춰 변경하여 디스크에 저장한다.

```
>>> data, sample_rate = torchaudio.load('foo.mp3')
>>> print(data.size())
torch.Size([278756, 2])
>>> print(sample_rate)
44100
>>> torchaudio.save('foo.wav', data, sample_rate)
```

torchvision과 함께, torchaudio의 데이터셋은 torch로부터 직접 상속되며 이는 utils.data.Dataset에 __getitem__과 __len__가 이미 구현되어 있음을 의미하며, DataLoader와 호환됨을 의미한다. 현재 Torchaudio의 데이터셋 모듈은 두 가지 다른 오디오 데이터셋(VCTK와 YESNO)이 사전 로드되어 있으며, torchvision의 데이터셋과 같이 유사한 API들을 제공한다. Torch의 DataLoader를 사용하여 YESNO 데이터셋을 불러오는 예는 다음과 같다.

```
yesno_data = torchaudio.datasets.YESNO('.', download=True)
data_loader = torch.utils.data.DataLoader(yesno_data)
```

transform 모듈은 torchvision API에서 영감을 얻었으며, Compose를 사용해 하나 이상의 변환을 단일 파이프라인으로 묶을 수 있다. 아래 코드는 공식 문서에서 가져온 예시이며, Scale 변환과 PadTrim 변환을 순서대로 구성한 단일 파이프라인이다. 모든 사용 가능한 변환에 대한 목록은 공식 문서를 참조하라.

```
transform = transforms.Compose(
    [
        transforms.Scale(),
        transforms.PadTrim(max_len=16000)
    ]
)
```

3.3 모델 구현

모델을 구현하는 것은 파이프라인에서 가장 중요한 단계이다. 우리는 이 단계를 위한 전체 파이프라인을 어느 정도 구축했다. 네트워크 아키텍처를 구축하는 것 외에도, 노력, 시간, 코드의 효율성 측면에서 구현을 최적화하기 위해 고려해야 할 많은 세부 사항이 있다.

이번 세션에서는 파이토치 패키지 자체와 파이토치에 권장되는 트레이너 유틸리티인 ignite에서 사용할 수 있는 프로파일링과 bottleneck 도구에 관해 설명한다. 첫 번째 절에서는 bottleneck과 프로파일링 유틸리티를 다룬다. 이것은 모델의 성능이 저하되기 시작하거나, 무엇이 잘못되었는지 알아야 할 때 중요한 유틸리티이다. 두 번째 절에서는 트레이너 모듈인 ignite에 관해서 설명한다.

trainer 네트워크는 실제로는 필수적인 요소가 아니다. 하지만 상용구 작성 및 버그 수정에 많은 시간을 절약할 수 있는 유용한 도우미 유틸리티이다. 때때로, 이것은 코드를 절반으로 줄여, 가독성을 향상하는 데 도움이 된다.

Bottleneck과 프로파일링

파이토치의 파이썬 우선 접근 방식은 첫해에 별도의 프로파일러를 구축하지 못하게 했지만, 모듈이 C/C++ 이동하기 시작하면서 파이썬의 cProfiler에 대한 독립적인 프로파일러의 필요성이 분명해졌으며, 이것이 `autograd.profiler` 이야기의 시작이 되었다.

파이토치는 이미 프로파일링을 간단하게 만들었기 때문에, 단계별 지침이 아니라 더 많은 표와 통계를 보여줄 것이다. 프로파일링을 위해서 챕터 2에서 개발한 같은 *FizBuz* 모델을 사용할 것이다. 비록 `autograd.profiler`는 그래프 내에서 모든 연산을 프로파일할 수 있지만, 이 예제에서는 주된 네트워크의 순방향 패스만을 프로파일링하며, 손실 함수와 역방향 패스는 프로파일링하지 않는다.

```
with torch.autograd.profiler.profile() as prof:
    hyp = net(x_)

print(prof)
print(prof.key_averages())
print(prof.table('cpu_time'))
prof.export_chrome_trace('chrometrace')
```

첫 번째 `print` 절은 오직 표 형식으로 프로파일링 결과를 출력하지만, 두 번째 `print` 절은 op 노드들을 그룹화하고 각 노드에서 소요된 평균 시간을 출력한다. 이것을 다음 스크린 샷에서 보여준다.

Name	CPU time	CUDA time	Calls	CPU total	CUDA total
t	15.758us	0.000us	2	31.516us	0.000us
expand	6.203us	0.000us	2	12.405us	0.000us
addmm	898.371us	0.000us	2	1796.742us	0.000us
sigmoid	14.462us	0.000us	2	28.923us	0.000us

그림 3.2 name으로 그룹화된 autograd.profiler의 출력

다음 print 절은 파라미터로 전달된 헤드를 기준으로 데이터를 오름차순으로 정렬한다. 이 과정을 통해 시간이 더 많이 걸리는 노드를 찾아 모델을 최적화할 수 있다.

Name	CPU time	CUDA time	Calls	CPU total	CUDA total
sigmoid	2.524us	0.000us	1	2.524us	0.000us
expand	4.325us	0.000us	1	4.325us	0.000us
t	5.140us	0.000us	1	5.140us	0.000us
expand	9.168us	0.000us	1	9.168us	0.000us
addmm	16.646us	0.000us	1	16.646us	0.000us
sigmoid	29.335us	0.000us	1	29.335us	0.000us
t	30.314us	0.000us	1	30.314us	0.000us
addmm	1858.968us	0.000us	1	1858.968us	0.000us

그림 3.3 CPU time으로 정렬된 autograd.profiler 출력

마지막 print 절은 크롬 추적 도구를 사용해서 실행 시간을 시각화하는 또 다른 방법이다. export_chrome_trace 함수는 파일 경로를 받고 그 파일에 크롬 추적기가 이해할 수 있는 결과를 저장한다.

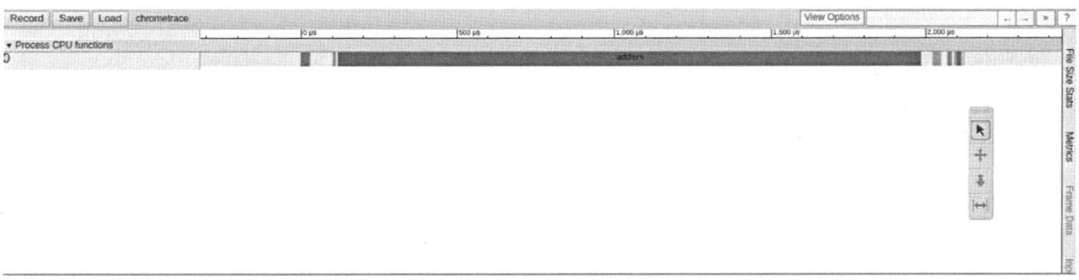

그림 3.4 chrometrace로 변환된 autograd.profiler 출력

하지만 만약 사용자가 노드 간의 간결한 상관관계를 보기 위해 autograd.profiler와 cProfiler를 같이 쓰는 것이 필요하거나 혹은 사용자가 프로파일된 정보를 가져오기 위해 소스 코드를 변경하는 대신 다른 유틸리티를 호출하는 게 필요할 경우, Bottleneck을 사용할 수 있다. Bottleneck은 torch 유틸리티이고, 명령행에서 파이썬 모듈로써 실행할 수 있다.

```
python -m torch.utils.bottleneck /path/to/source/script.py [args]
```

Bottleneck은 그 환경에 대한 자세한 정보를 찾고, 또한 autograd.profiler와 cProfiler에서 프로파일된 정보를 준다. 하지만 Bottleneck은 프로그램을 두 번 실행하므로, epoch 수를 줄이는 것은 프로그램이 적절한 시간에 끝날 수 있게 하는 좋은 방

법이다. 두 번째 챕터의 같은 프로그램에서 Bottleneck을 사용했으며, 출력 화면은 다음과 같다.

```
--------------------------------------------------------------------------------
  Environment Summary
--------------------------------------------------------------------------------
PyTorch 2018.05.07 compiled w/ CUDA 8.0.61
Running with Python 3.6 and

`pip3 list` truncated output:
msgpack-numpy (0.4.1)
numpy (1.14.2)
torch (2018.5.7, /home/sherin/miniconda3/lib/python3.6/site-packages)
torchaudio (0.1, /home/sherin/mypro/audio)
torchtext (0.2.3)
torchvision (0.2.1)
```

그림 3.5 실행 환경의 요약에 대한 Bottleneck 출력

```
--------------------------------------------------------------------------------
  autograd profiler output (CPU mode)
--------------------------------------------------------------------------------
        top 15 events sorted by cpu_time_total

-------------------  ---------------  ---------------  ---------------  ---------------  ---------------
Name                        CPU time        CUDA time            Calls        CPU total       CUDA total
-------------------  ---------------  ---------------  ---------------  ---------------  ---------------
AddmmBackward              233.993us          0.000us                1        233.993us          0.000us
t                          100.119us          0.000us                1        100.119us          0.000us
addmm                       79.638us          0.000us                1         79.638us          0.000us
_cast_float                 70.043us          0.000us                1         70.043us          0.000us
mm                          61.899us          0.000us                1         61.899us          0.000us
_mm                         53.449us          0.000us                1         53.449us          0.000us
AddmmBackward               47.908us          0.000us                1         47.908us          0.000us
zeros_like                  46.894us          0.000us                1         46.894us          0.000us
ExpandBackward              46.219us          0.000us                1         46.219us          0.000us
uniform_                    44.824us          0.000us                1         44.824us          0.000us
addmm                       42.784us          0.000us                1         42.784us          0.000us
sqrt                        40.520us          0.000us                1         40.520us          0.000us
sqrt                        39.984us          0.000us                1         39.984us          0.000us
sum                         39.054us          0.000us                1         39.054us          0.000us
MseLossBackward             39.017us          0.000us                1         39.017us          0.000us
```

그림 3.6 autograd.profiler를 보여주는 Bottleneck 출력

```
--------------------------------------------------------------------------------
  cProfile output
--------------------------------------------------------------------------------
         6532 function calls (6524 primitive calls) in 0.149 seconds

   Ordered by: internal time
   List reduced from 81 to 15 due to restriction <15>

   ncalls  tottime  percall  cumtime  percall filename:lineno(function)
        1    0.071    0.071    0.071    0.071 {method 'run_backward' of 'torch._C._EngineBase' objects}
        2    0.015    0.008    0.015    0.008 {method 'sigmoid' of 'torch._C._TensorBase' objects}
        8    0.015    0.002    0.015    0.002 {method 'add_' of 'torch._C._TensorBase' objects}
        1    0.011    0.011    0.011    0.011 {built-in method ones_like}
     1000    0.008    0.000    0.008    0.000 bottleneck_support.py:16(<listcomp>)
        2    0.005    0.003    0.005    0.003 {built-in method addmm}
        2    0.004    0.002    0.004    0.002 {built-in method numpy.core.multiarray.array}
     1000    0.004    0.000    0.013    0.000 bottleneck_support.py:15(wrapper)
        1    0.003    0.003    0.003    0.003 {built-in method torch._C._nn.mse_loss}
        1    0.003    0.003    0.021    0.021 bottleneck_support.py:39(get_data)
        4    0.002    0.001    0.002    0.001 {method 'sqrt' of 'torch._C._TensorBase' objects}
     1004    0.001    0.000    0.001    0.000 {method 'format' of 'str' objects}
        2    0.001    0.000    0.001    0.000 {method 'type' of 'torch._C._TensorBase' objects}
        1    0.001    0.001    0.149    0.149 bottleneck_support.py:1(<module>)
        1    0.001    0.001    0.001    0.001 {method 'permutation' of 'mtrand.RandomState' objects}
```

그림 3.7 cProfile 출력을 보여주는 Bottleneck 출력

3.4 학습과 검증

실제로 워크플로우는 8장 "파이토치의 활용"에서 다루어지는 모델을 제품으로 사용하는 최종 단계에서 끝나지만, 우리는 이번 챕터에서 거의 마지막 단계까지 도달했다고 할 수 있다. 모든 전처리 및 모델 구축을 완료한 후에 네트워크를 훈련하고, 정확도를 테스트하며 신뢰도를 검증해야 한다. 특히 초보자들에게 상용구 코드(Boilerplate code)를 사용하지 않는 방식이 학습에 도움이 되고 가독성도 높아지기에 모델의 학습, 테스트, 검증 과정에 필요한 각 행을 명시적으로 작성한다. 상용구 코드를 사용하지 않은 코드는 매일 신경망을 다루는 프로그래머에게는 분명히 시간이 절약된다. 따라서 파이토치 커뮤니티는 torchnet과 ignite라는 두 가지 도구를 제공한다. 이 절에서는 torchnet보다 유용하고 추상화된 ignite만을 소개한다. 하지만 두 개 모두 활발히 사용되는 도구이고 가까운 시일 내에 병합될 가능성이 있다.

Ignite

Ignite[2]는 간결한 코드를 위해 특정 상용구 코드를 추상화하는 신경망 학습 도구이다. Ignite의 핵심은 `Engine` 모듈이다. 이 모듈은 다음과 같은 이유로 매우 강력하다.

- 기본/사용자 정의 trainer 혹은 evaluator에 기반하여 모델을 실행한다.
- 핸들러 및 metric을 받고, 이에 대한 처리를 할 수 있다.
- 트리거 생성 및 콜백(callback)을 실행할 수 있다.

Engine

`Engine`은 기본적으로 신경망 알고리즘을 학습하는 데 사용되는 일반적인 루프(loop)인 trainer 함수를 받는다. 여기에는 Epoch 반복, 배치 반복, 기존 기울기 값 제로화, 배치를 가지는 모델 호출, 손실 계산 및 기울기 업데이트가 포함된다. 이것은 챕터 2의 "기본 인공 신경망"에서 가져온 예제이다.

```
for epoch in range(epochs):
    for x_batch, y_batch in dataset:
        optimizer.zero_grad()
        hyp = net(x_batch)
        loss = loss_fn(hyp, y_batch)
        loss.backward()
        optimizer.step()
```

위의 코드처럼 두 개의 루프를 일일이 작성하는 대신 루프 내의 나머지 코드를 실행하는데 필요한 함수를 먼저 정의한 후 Engine을 사용해서 알아서 동작하게 만들 수 있다. 다음은 이전 코드의 Engine 호환 버전으로 재작성한 코드이다.

```
def training_loop(trainer, batch)
    x_batch, y_batch = process_batch(batch)
    optimizer.zero_grad()
    hyp = net(x_batch)
    loss = loss_fn(hyp, y_batch)
    loss.backward()
    optimizer.step()

trainer = Engine(training_loop)
```

위의 코드는 똑똑하지만, 사용자의 시간을 많이 절약하지는 못하고, 상용구 코드 또한 제거하지 못한다. 이것은 그저 두 개의 반복문을 제거하고 Engine 객체 생성 라인을 하나 더 추가하는 것일 뿐이다. 이것은 실제로 Ignite의 목적이 아니다. Ignite는 상용구의 사용을 피함과 동시에 코딩 과정을 재미있고, 유연하게 만드는 데에 목적이 있다.

Ignite는 감독 훈련(or supervised training) 또는 감독 평가(or supervised evaluation)와 같은 일반적으로 사용되는 몇 가지 함수를 제공한다. 또한 GAN 훈련, 강화 학습 알고리즘 등과 같은 자체적인 학습 함수를 정의할 수 있는 유연성을 제공한다.

```
from ignite.engine import create_supervised_trainer,
create_supervised_evaluator

epochs = 1000
train_loader, val_loader = get_data_loaders(train_batch_size,
                                            val_batch_size)
```

```
trainer = create_supervised_trainer(model, optimizer, F.nll_loss)
evaluator = create_supervised_evaluator(model)
trainer.run(train_loader, max_epochs=epochs)
evaluator.run(val_loader)
```

create_supervised_trainer와 create_supervised_evaluator 함수는 이전에 주어진 것과 같은 일반적인 패턴의 코드를 실행하기 위한 training_loop 같은 함수를 가지는 Engine 객체를 반환한다. 주어진 파라미터 외에도, 두 함수 모두 device(CPU 혹은 GPU) 파라미터를 가지며 이는 우리가 지정한 device에서 동작하는 trainer 혹은 evaluator의 Engine 인스턴스를 반환한다. 또한 우리는 정의된 모델, 우리가 원하는 옵티마이저, 그리고 우리가 사용하는 손실 함수를 파라미터로써 전달했다. 그런데 trainer와 evaluator 객체를 얻은 후에 우리는 무엇을 해야 할까?

Engine 객체에는 run 메소드가 정의되어 있고 우리가 run 함수에 전달하는 epoch와 loader를 기반으로 루프가 실행을 시작하게 한다. 보통 run 메소드는 trainer를 0부터 epoch의 개수만큼 반복한다. 각 반복마다, trainer는 기울기 업데이트를 loader를 통해 실행한다. 학습이 끝나면, evaluator는 val_loader 파라미터를 가지고 실행되며 평가 데이터셋을 가지고 같은 모델을 실행하여 성능이 향상되었는지 확인한다.

이는 재미있지만, 여전히 부족하다. 만약 사용자가 각 epoch 후에 evaluator를 실행해야 하거나 터미널에 모델의 정확도를 출력하기 위해 trainer가 필요한 경우, 또는 그것을 Visdom, Turing, 혹은 Network 그래프를 통해 표현하고 싶다면 어떻게 해야 할까? 위의 설정에서 검증(validation) 정확도가 무엇인지 알 방법이 있는가? 이러한 것들을 본질적으로 trainer_logger 변수에 저장된 파이썬 logger인 Engine의 기본 logger를 재정의(overriding)함으로써 가능하게 할 수 있다. 하지만 실제 답변은 events이다.

이벤트(Events)

Ignite는 이벤트 또는 트리거를 사용하여 루프와 상호작용하기 위한 새로운 방법을 제시한다. 각 설정 함수는 이벤트가 발생할 때 실행되고 사용자가 함수에 정의한 기능을 수행한다. 이를 통해 사용자는 모든 종류의 이벤트를 설정할 수 있으며 복잡한 이벤트를 루프에 다 작성해서 코드가 복잡해지고 가독성이 떨어지는 것을 방지할 수 있다. Engine에서 현재 사용 가능한 이벤트는 다음과 같다.

- EPOCH_STARTED
- EPOCH_COMPLETED
- STARTED
- COMPLETED
- ITERATION_STARTED
- ITERATION_COMPLETED
- EXCEPTION_RAISED

이러한 이벤트들에 함수 트리거를 설정하는 가장 좋고 권장되는 방법은 파이썬의 데코레이터(decorator)를 사용하는 것이다. trainer의 on 메소드는 이러한 이벤트 중 하나를 파라미터로 받고, 사용자 정의 함수가 해당 이벤트를 통해 실행되게끔 설정하는 장식자를 반환한다. 일반적으로 사용되는 몇 가지 이벤트 및 사용 사례는 다음과 같다.

```
@trainer.on(Events.ITERATION_COMPLETED)
def log_training_loss(engine):
    epoch = engine.state.epoch
    iteration = engine.state.iteration
    loss = engine.state.output
    print("Epoch:{epoch} Iteration:{iteration} Loss: {loss}")

@trainer.on(Events.EPOCH_COMPLETED)
def run_evaluator_on_training_data(engine):
    evaluator.run(train_loader)

@trainer.on(Events.EPOCH_COMPLETED)
def run_evaluator_on_validation_data(engine):
    evaluator.run(val_loader)
```

지금까지는 Ignite가 여러분에게 있어 필요한 도구라는 점을 강조했다. 앞의 예제에서 세 가지 이벤트에 대해 @trainer.on 장식자(decorator)를 사용하였다. 실제로 EPOCH_COMPLETED 이벤트에 대한 두 가지 함수를 설정하였다. 첫 번째 함수에서 우리는 터미널에 학습 정보를 출력하고 있다. 하지만 아직 보지 못한 것이 있다. State는 Engine

이 실행에 대한 정보를 가지는 state 변수이다. 이 예시에서 state는 epoch, iteration, 그리고 본질적으로 학습 시에 발생하는 손실을 나타내는 출력에 대한 정보를 가지고 있다. state 속성에는 epoch, iteration, current data, metrics(metrics이 무엇인지 나중에 다룰 것이다), run 함수를 실행할 때 설정한 최대 epoch 값, 그리고 training_loop 함수의 출력값에 대한 정보를 가지고 있다.

> **Note**: create_supervised_trainer에서의 training_loop 루프 함수는 손실을 반환하고, create_supervised_evaluator에서의 training_loop 함수는 해당 모델의 출력값을 반환한다. 그러나 우리가 custom training_loop 함수를 정의한다면 이 함수가 반환하는 값은 Engine.state.output의 변수에 저장된다.

두 번째와 세 번째 이벤트 핸들러는 EPOCH_COMPLETE에서 evaluator가 실행되지만, 데이터셋이 다르다. 첫 번째 함수에서는 evaluator가 학습 데이터셋을 사용하지만, 두 번째 함수에서는 평가 데이터셋을 사용한다. 첫 번째 예시처럼 모든 수행이 종료된 후가 아니라 하나의 epoch가 끝날 때마다 evaluator를 실행한다. 그러나 핸들러는 그것을 실행하는 것 외에는 아무것도 하지 않았다. 일반적으로 이 지점에서는 평균 정확도와 평균 손실을 확인하고, 오차 행렬 생성과 같은 복잡한 분석을 하며 나중에 다룰 예정이다. 그러나 지금 우리가 배운 주된 내용은 단일 이벤트에 대해 *n*개의 핸들러를 설정할 수 있으며, ignite는 주저 없이 모든 핸들러를 호출한다는 것이다. 다음은 이벤트 내부 _fire_event 함수이며, training_loop 함수에서 각 이벤트에 대해 실행된다.

```
def _fire_event(self, event_name, *event_args):
    if event_name in self._event_handlers.keys():
        self._logger.debug("firing handlers for event %s", event_name)
        for func, args, kwargs in
self._event_handlers[event_name]:
            func(self, *(event_args + args), **kwargs)
```

다음 챕터에서 우리는 EPOCH_COMPLETED 이벤트 핸들러가 ignite의 metrics을 사용하여 합리적인 일들을 수행할 수 있게 구현해 볼 것이다.

메트릭(Metrics)

Engine처럼, metrics 또한 지속해서 발전하는 Ignite의 소스 코드의 중요한 부분이다. Metrics는 신경망의 성능과 효율성을 분석하기 위해서 일반적으로 사용되는 성능 지표를 Engine에서 이해할 수 있는 설정 가능한 클래스로 묶는다. 현재 구축된 metrics는 다음과 같다. 우리는 이들 중 몇 개를 이용해서 이전의 event 핸들러를 구축할 것이다.

- Accuracy
- Loss
- MeanAbsoluteError
- MeanPairwiseDistance
- MeanSquaredError
- Precision
- Recall
- RootMeanSquaredError
- TopKCategoricalAccuracy
- RunningAverage
- IoU
- mIoU

Ignite는 상위 metrics 클래스가 있으며, 이 클래스는 위의 목록의 모든 클래스에 상속된다. 사용자가 읽을 수 있는 이름을 키로 사용하고 앞서 설명한 여러 클래스 중 하나의 인스턴스화된 객체를 값으로 사용하는 딕셔너리 객체를 Engine 생성 호출에 전달하여 metrics 설정을 할 수 있다. 따라서 이제 metric을 사용하여 evaluator 생성에 대해 아래와 같이 재정의할 것이다.

```
metrics = {'accuracy': Accuracy(), 'null': Loss(F.null_loss)}
evaluator = create_supervised_evaluator(model, metrics=metrics)
```

Engine의 생성자는 지정된 metrics를 가져와 Metrics.attach 함수를 호출하여 EPOCH _STARTED, ITERATION_COMPLETED, EPOCH_COMPLETED에서 metric을 계산하기 위한 트리거를 설정한다. Metrics 소스 코드의 attach 함수는 다음과 같다.

```
def attach(self, engine, name):
    engine.add_event_handler(Events.EPOCH_STARTED, self.started)
    engine.add_event_handler(Events.ITERATION_COMPLETED,
                             self.iteration_completed)
    engine.add_event_handler(Events.EPOCH_COMPLETED,
                             self.completed, name)
```

이벤트 핸들러가 Engine에 의해 설정되면 이벤트가 발생할 때 자동으로 호출된다. EPOCH_STARTED 이벤트는 reset() 메소드를 호출하여 메트릭을 초기화하고, 현재 epoch에 대한 metric 모음에 대한 저장 공간을 확보한다.

ITERATION_COMPLETED 트리거는 해당 metric의 update() 메소드를 호출하고 metric 업데이트를 수행한다. 예를 들어, metric이 손실(loss)과 같으면, Engine을 생성할 때 Loss 클래스에 파라미터값으로 전달한 손실 함수를 호출하여 현재 손실을 계산한다. 계산된 손실값은 나중에 사용할 수 있도록 객체 변수에 저장된다.

EPOCH_COMPLETED 이벤트는 최종 이벤트이며, ITERATION_COMPLETED에서 업데이트된 항목을 사용하여 최종 metric 점수를 계산한다. metrics 딕셔너리가 Engine 생성에 대한 인수로 전달되면 이 모든 과정이 사용자가 아무것도 모르는 사이에 발생한다. 다음 코드는 사용자가 EPOCH_COMPLETED 트리거에서 이 정보를 다시 가져와서 evaluator를 실행하는 방법을 보여준다.

```
@trainer.on(Events.EPOCH_COMPLETED)
def run_evaluator_on_validation_data(engine):
    evaluator.run(val_loader)
    metrics = evaluator.state.metrics
    avg_accuracy = metrics['accuracy']
    avg_null = metrics['nll']
    print(f"Avg accuracy: {avg_accuracy} Avg loss: {avg_nll}")
```

metrics 상태는 Engine 상태 변수에 사용자가 처음에 지정한 이름과 동일한 이름과 출력값을 가진 딕셔너리 형식으로 저장된다. Ignite는 사용자에게 모든 흐름을 끊김 없이 매끄럽게 만들어 모든 평범한 코드 작성에 대해 걱정할 필요가 없게 한다.

체크포인트 저장

Ignite를 사용하는 또 다른 이점은 파이토치에서 사용할 수 없는 체크포인트 저장 기능이다. 사람들은 체크포인트를 효과적으로 작성하고 불러오기 위한 다양한 기법을 고안했다. ModelCheckpoint는 Ignite 핸들러의 일부이며 다음과 같이 가져올 수 있다.

```
from ignite.handlers import ModelCheckpoint
```

Ignite의 체크포인트 저장기(saver)에는 매우 간단한 API가 있다. 사용자는 반복 횟수, 연산 재개를 위한 epoch 번호 등과 같은 기본 파라미터 설정 외에도 어디서 체크포인트를 저장할지, 얼마나 자주 체크포인트를 저장할지 어떤 객체를 저장할지 정의해야 한다. 아래 예시에서는 100번째 반복마다 체크포인트를 저장한다. 그런 다음 정의한 값을 인수로써 ModelCheckpoint 모듈에 전달하여 체크 포인트 이벤트 핸들러 객체를 얻을 수 있다.

반환된 핸들러에는 일반 이벤트 핸들러의 모든 기능이 있으며 Ignite가 실행시킬 모든 이벤트에 대해 설정할 수 있다. 다음 예에서는 ITERATION_COMPLETED 이벤트를 설정했다.

```
dirname = 'path/to/checkpoint/directory'
objects_to_checkpoint = {"model": model, "optimizer": optimizer}
engine_checkpoint = ModelCheckpoint(
    dirname=dirname,
    to_save=objects_to_checkpoint,
    save_interval=100)
trainer.add_event_handler(Events.ITERATION_COMPLETED, engine_
                          checkpoint)
```

트리거는 각 ITERATION_COMPLETED 이벤트로부터 핸들러를 호출한다. 그러나 매 100번째 반복마다 체크포인트를 저장하는 것이 필요했고, Ignite에는 그런 이벤트를 사용자가 정의하는 방법이 없다. Ignite는 핸들러 내부에서 그러한 확인이 가능할 수 있게 사용자에게 유연성을 제공함으로써 이러한 문제를 해결한다. 체크포인트 핸들러의 경우에 Ignite는 현재까지 완료된 반복의 횟수가 백 번째인지 아닌지를 내부적으로 확인하고 통과된 경우에만 아래 코드와 같이 저장한다.

```
if engine.state.iteration % self.save_interval !=0:
    save_checkpoint()
```

저장된 체크포인트는 torch.load('checkpoint_path')로 불러올 수 있다. 그러면 모델과 옵티마이저를 가지는 딕셔너리인 objects_to_checkpoint을 얻게 된다.

3.5 요약

이 챕터에서는 딥러닝 개발을 위한 기본 파이프라인을 구축하는 방법에 관해 설명했다. 이 챕터에서 우리가 정의한 시스템은 여러 종류의 회사에서 약간 변화를 주어 따르는 매우 일반적인 접근 방식이다. 이와 같은 일반적인 워크플로우로 시작하면 팀/프로젝트가 성장함에 따라 매우 복잡한 워크플로우를 구축할 수 있다는 이점이 있다.

또한 개발 초기 단계에 워크플로우가 있으면 개발 소요 시간이 안정적이고 예측 가능해진다. 마지막으로 워크플로우의 단계를 구분하면 팀 구성원의 역할을 정의하고 각 단계의 마감일을 설정하며 각 단계를 병렬적으로 수행하는 데 도움이 된다.

파이토치 커뮤니티는 워크플로우에 통합할 다양한 도구 및 유틸리티 패키지를 개발하고 있다. ignite, torchvision, torchtext, torchaudio 등은 그러한 예이다. 산업이 성장함에 따라 이러한 워크플로우의 여러 요소에 적합한 도구가 많이 등장하였고 이를 통해 우리는 도움을 받을 수 있다. 그러나 가장 중요한 것은 하나부터 시작하는 것이다.

다음 장에서는 컴퓨터 비전과 CNN에 대해 알아볼 것이다.

참고문헌

1. Python official documentation for dataclasses,
   https://docs.python. org/3/library/dataclasses.html

2. Examples used in *Ignite* section are inspired by Ignite's official examples, `https://github.com/pytorch/ignite/blob/master/examples/mnist/mnist`

제 4 장

컴퓨터 비전

컴퓨터 비전은 컴퓨터에 눈을 제공하는 공학 기술의 흐름이다. 컴퓨터 비전은 아이폰, 구글 렌즈 등에서 얼굴 인식과 같은 모든 종류의 이미지 처리에 능력을 발휘한다. 컴퓨터 비전은 몇 십 년 동안 존재해 왔고, 이 장에서 설명될 인공지능의 도움을 통해 가장 잘 알려졌다.

우리는 수년 전에 ImageNet 챌린지를 통해 인공지능이 사람의 시력 수준에 도달한 것을 보았다. 컴퓨터 비전은 물체 감지(object detection) 문제에서부터 실제 도로에서 자가 운전 차량이 사용하는 영상 분할(segmentation) 문제까지 지난 10년 동안 엄청난 변화를 겪었다. 컴퓨터 비전 관련 문제들을 해결하기 위해 많은 다양한 네트워크 아키텍처가 고안되었고, **합성곱 신경망**(convolutional neural networks, CNNs)은 그중에서도 최고의 성능을 자랑한다.

이 챕터에서는 파이토치로 기본 CNN을 구축하는 것과 대기업의 여러 응용 프로그램을 작동시키는 최신의 모델에 성공적으로 사용된 변형 CNN에 대해 논의할 것이다.

4.1 CNN 소개

CNN은 Geoffrey Hinton과 그의 연구실 구성원들이 AlexNet을 고안하기 전까지는 그 힘을 증명하지 못한 수십 년된 기계 학습 알고리즘이다. 그 이후로 CNN은 여러 번 개선되었다. 이제 우리는 전 세계의 모든 컴퓨터 비전 시스템 구현에 있어 힘을 실어주는 CNN을 기반으로 구축된 몇 가지 아키텍처들을 가지고 있다.

CNN은 기본적으로 작은 네트워크로 구성된 네트워크 아키텍처로, 2장에 소개된 단순한 피드포워드(feedforward)와 거의 유사하지만 이미지의 입력 문제를 해결하기 위해 소규모 네트워크로 구성된 네트워크 아키텍처이다. CNN은 비선형성, 가중치 파라미터, 편향값(bias)을 가지며 역전파를 사용하여 전체 네트워크가 재배열되는 데 기반이 되는 하나의 손실 값을 도출하는 뉴런으로 구성된다.

만약 이것이 단순한 완전 접속망(fully connected network)과 유사하게 들린다면, 이미지 처리를 위해 사용되는 CNN을 특별하게 만들어주는 것은 무엇인가? CNN을 통해 개발자는 픽셀값의 공간 관계와 같은 이미지에 적용 가능한 특정 가정을 할 수 있게 한다.

단순한 완전 접속망은 가중치에 모든 것을 처리하기 위한 정보를 저장하기 때문에 수많은 가중치를 가진다. 완전 접속망의 또 다른 특징은 이미지 처리를 수행할 수 없게 한다. 왜냐하면 처리하는 동안 픽셀값의 순서/배열 구조를 제거하므로 공간 정보를 고려할 수 없다.

CNN은 전체 입력 텐서가 다 포함될 때까지 슬라이딩 윈도우(sliding window)처럼 움직이는 여러 개의 3차원 커널로 구성된다. 커널은 3차원 텐서이며 입력 텐서의 깊이와 커널의 깊이가 같다. 또한 첫 번째 레이어의 깊이는 3이고 이미지의 RGB 채널 각각을 나타낸다. 커널의 높이와 너비는 입력 텐서의 높이와 너비보다 작거나 같을 수 있다. 커널의 높이와 너비가 입력 텐서와 같으면 일반 신경망과 같이 작동한다.

각 커널이 입력 텐서를 통과할 때마다 단일 값을 출력하고 출력된 값은 비선형 함수를 거치게 된다. 커널이 슬라이딩 윈도우를 통해 이동하는 동안 입력 이미지에서 포함되는 각각의 영역에 대해 출력 값을 가질 것이다. 슬라이딩 윈도우 이동을 통해 출력 특징 맵(feature map)이 생성된다. 따라서 더 많은 특징 맵을 얻기 위해 커널 수를 늘릴 수 있으며 이론적으로 각 특징 맵은 하나의 특정 유형의 정보를 가질 수 있다.

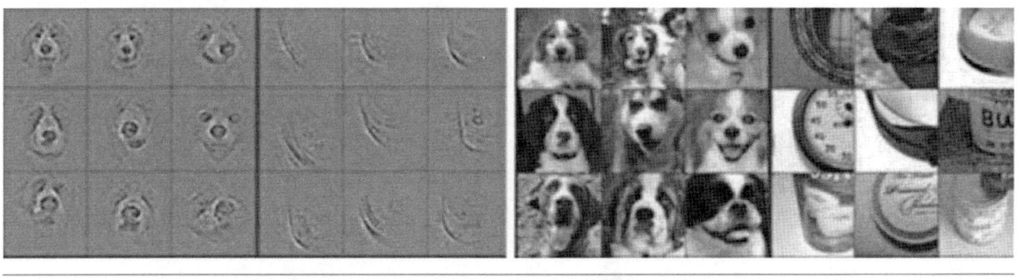

그림 4.1 각각 다른 정보를 나타내는 레이어들

출처: *Visualizing and Understanding Convolutional Networks*, Matthew D. Zeiler and Rob Fergus

전체 이미지를 커버하는 데 같은 커널이 사용되기 때문에 커널 매개 변수를 재사용하고 있으며 이는 파라미터의 개수를 줄여준다.

CNN은 기본적으로 x축(너비)과 y축(높이)의 크기를 줄이고, 이미지의 깊이(z축)를 증가시킨다. z축의 각 슬라이스는 앞서 설명한 것과 같이 이러한 다차원 커널에 의해 생성된 하나의 특징 맵(feature map)이다.

CNN의 차원 축소는 CNN이 위치 불변(invariant)한 특성을 가지게 해준다. 위치 불변한 특성은 이미지의 각기 다른 부분에서 개체를 식별하는 데 도움을 준다. 예를 들어, 만약 한 이미지는 왼쪽에 고양이가 있고 다른 이미지는 오른쪽에 고양이가 있다면, 네트워크가 고양이를 양쪽 모두 식별할 수 있어야만 한다.

CNN은 두 가지 메커니즘을 통해 위치 불변을 달성한다. 바로 스트라이딩(striding)과 풀링(pooling)이다. 스트라이드 값은 슬라이딩 윈도우를 어느 만큼 움직일지 결정한다. 풀링은 CNN의 중요한 부분이다. 풀링은 최대 풀링(max pooling), 최소 풀링(min pooling), 평균 풀링(average pooling)으로 나뉜다. 최대 풀링의 경우 입력 텐서의 하위 블록에서 가장 큰 값을 추출하며 최소 풀링의 경우 가장 작은 값을, 그리고 평균 풀링의 경우 모든 값의 평균값을 추출한다. 풀링 레이어와 커널의 입력과 출력은 기본적으로 같다. 둘 다 입력 텐서 위에서 이동하는 슬라이딩 윈도우를 통해 단일 값을 출력한다.

다음은 CNN이 어떻게 작동하는지 묘사한 것이다. CNN에 대해 더 깊이 이해하기 위해서는 스탠포드 대학의 강좌(CS231N)를 참고하라. 또는 CNN을 간략히 소개하는 동영상이 필요한 경우 Udacity[1]를 참고하라.

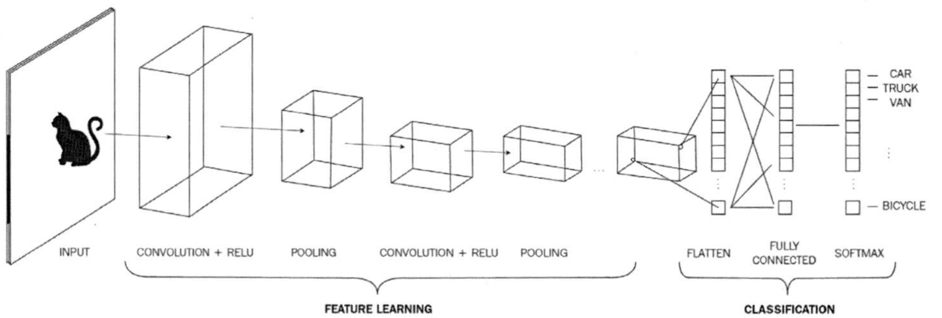

그림 4.2 CNN 예시

완전한 CNN 네트워크를 구축하기 위한 연산 유형은 총 4가지이다.

- 합성곱 레이어(Convolutional layer)
- 비선형 레이어(Non-linearity layer)

- 풀링 레이어(Pooling layer)
- 완전 연결 레이어(Fully connected layer)

4.2 파이토치를 사용한 컴퓨터 비전

파이토치는 합성곱 레이어 및 풀링 레이어를 포함하여 컴퓨터 비전을 위한 몇 가지 편리한 기능을 제공한다. 파이토치는 `torch.nn` 패키지 아래에 `Conv1d`, `Conv2d` 및 `Conv3d`를 제공한다. 각 이름에서부터 알 수 있듯이, `Conv1d`는 1차원 합성곱을 처리하는 반면 `Conv2d`는 이미지와 같은 입력에 대해 2차원 합성곱을 사용하며 `Conv3d`는 비디오와 같은 입력에 대해 3차원 합성곱을 수행한다. 하지만 각 연산에서의 지정된 차원이 입력에 대한 차원을 고려하지 않았기 때문에 혼란을 초래할 수 있다. 예를 들어 `Conv2d`는 4차원 입력을 처리한다. 그 중 첫 번째 차원은 배치 크기이고 두 번째 차원은 이미지의 깊이(RGB 채널)이며 마지막 두 차원은 이미지의 높이와 너비이다.

`Torchvision`에는 컴퓨터 비전에 대한 상위 레이어 함수 외에도 네트워크를 설정하는 몇 가지 편리한 유틸리티 함수가 있다. 이 챕터에 나와 있는 몇 가지 사항에 대해 살펴보겠다.

이 챕터에서는 두 가지 신경망 애플리케이션을 사용하여 파이토치에 관해 설명한다.

- **간단한 CNN** : CIFAR10 이미지를 분류하기 위한 간단한 신경망 아키텍처
- **의미론적 영상 분할**(Semantic segmentation) : 의미론적 영상 분할을 위해 간단한 CNN의 개념을 사용하는 고급 예제

간단한 CNN

우리는 간단한 분류 작업을 하기 위해 CNN을 개발할 것이다. 간단한 CNN을 사용하는 목적은 CNN의 작동 방식을 잘 이해하는 데에 있다. 기본 개념을 습득한 이후, 상위 수준의 파이토치 함수를 사용하여 같은 작업에 대해 더 효율적으로 작동하는 고급 네트워크 설계로 넘어갈 것이다.

우리는 CIFAR10을 입력 데이터셋으로 사용한다. CIFAR10는 10개의 클래스에 대해 총 60,000개의 32×32 크기의 컬러 이미지로 구성되며, 각 클래스당 6,000개의 이미지로 구성된다. Torchvision에는 데이터셋을 다운로드하고 처리하는 고급 기능이 있다. 챕터 3 "딥러닝 워크플로우"에서 살펴본 예와 같이 데이터셋을 다운로드한 다음 trasformation 기능을 사용하여 변환한 다음 `get_data()` 함수로 래핑한다.

```
def get_data():
    transform = transforms.Compose(
        [transforms.ToTensor(),
        transforms.Normalize((0.5, 0.5, 0.5), (0.5, 0.5, 0.5))])
    trainset = torchvision.datasets.CIFAR10(
        root='./data', train=True, download=True, transform=transform)
    trainloader = torch.utils.data.DataLoader(
        trainset, batch_size=100, shuffle=True, num_workers=2)

    testset = torchvision.datasets.CIFAR10(
        root='./data', train=False, download=True, transform=transform)
    testloader = torch.utils.data.DataLoader(
        testset, batch_size=100, shuffle=False, num_workers=2)
    return trainloader, testloader
```

함수의 첫 번째 부분은 CIFAR10 데이터셋의 Numpy 배열을 변환한다. 우선 Torch 텐서로 변환한 다음 정규화 변환을 진행한다. `ToTensor`는 Numpy 배열을 Torch 텐서로 변환할 뿐만 아니라 차원의 순서와 값의 범위도 변경한다.

파이토치의 모든 상위 계층 API는 배치 크기 다음으로의 첫 번째 차원이 채널(텐서의 깊이)이 될 것으로 예상한다. 따라서 [0, 255] 범위의 높이×폭×채널(RGB)의 형태를 가지는 입력이 [0.0, 1.0] 범위의 채널(RGB)×높이×폭의 형태를 가지는 `torch.FloatTensor`로 변환된다. 그런 다음 각 채널(RGB)에 대해 0.5로 설정된 평균 및 표준 편차로 정규화 과정을 거친다. Torchvision의 변환(transformation)에 의해 수행된 정규화 연산은 아래의 파이썬 함수와 같다.

```
def normalize(image, mean, std):
    for channel in range(3):
        image[channel] = (image[channel] - mean[channel]) / std[channel]
```

get_data()는 반복 가능한 test loader및 train loader를 반환한다. 이제 데이터가 준비되었으므로 *FizBuz* 네트워크를 구축하는 동안 모델, 오차 함수, 및 최적화 기능을 설정해야 한다.

모델

SimpleCNNModel은 파이토치의 nn.Module에서 상속된 모델 클래스이다. 이 클래스는 아키텍처를 설정하기 위해 다른 사용자 정의 클래스와 파이토치 클래스를 사용한다.

```
class SimpleCNNModel(nn.Module):
    """ A basic CNN model implemented with the the basic building
        blocks """

    def __init__(self):
        super().__init__()
        self.conv1 = Conv(3, 6, 5)
        self.pool = MaxPool(2)
        self.conv2 = Conv(6, 16, 5)
        self.fc1 = nn.Linear(16 * 5 * 5, 120)
        self.fc2 = nn.Linear(120, 84)
        self.fc3 = nn.Linear(84, 10)

    def forward(self, x):
        x = self.pool(F.relu(self.conv1(x)))
        x = self.pool(F.relu(self.conv2(x)))
        x = x.view(-1, 16 * 5 * 5)
        x = F.relu(self.fc1(x))
        x = F.relu(self.fc2(x))
        x = self.fc3(x)
        return x
```

모델에는 두 개의 합성곱(convolutional) 레이어와 그 사이에 max-pool 레이어를 가지고 있다. 두 번째 합성곱 레이어는 세 개의 완전 연결 레이어와 연결되어 10개 클래스에 대한 점수를 출력한다.

우리는 SimpleCNNModel을 위한 사용자 정의 합성 곱 및 max-pool 레이어를 구축했다. 사용자 정의 레이어는 아마도 이러한 구현에 있어서 가장 효율적이지 않은 방법일 수 있지만, 가독성이 좋으며 쉽게 이해할 수 있다.

```
class Conv(nn.Module):
    """
    Custom conv layer
    Assumes the image is squre
    """

    def __init__(self, in_channels, out_channels, kernel_size,
                 stride=1, padding=0):
        super().__init__()
        self.kernel_size = kernel_size
        self.stride = stride
        self.padding = padding
        self.weight = Parameter(torch.Tensor(out_channels, in_channels,
                                kernel_size, kernel_size))
        self.bias = Parameter(torch.zeros(out_channels))
```

이미지에 대한 합성곱 연산은 필터를 사용하여 입력 이미지에서의 곱셈과 덧셈을 수행하고 단일 출력값을 생성한다. 이제 하나의 입력 이미지와 커널이 있다. 단순화하기 위해 입력 이미지가 7×7 크기의 단일 채널(회색) 이미지이며 커널이 그림 4.3a의 다이어그램과 같이 3×3 크기라고 가정해 보겠다. 커널의 맨 중간에 있는 값을 앵커(anchor)라고 부르며 합성곱을 수행하기 위해 이미지의 일부 값에 대한 앵커를 유지한다.

그림 4.3b와 같이 커널을 이미지의 왼쪽 위 픽셀에 고정하여 합성곱을 시작한다. 이제 이미지의 각 픽셀값에 해당 커널 값을 곱한 모든 값을 더하여 단일 값을 얻는다. 그러나 처리해야 할 문제가 있다. 커널의 맨 위 행과 왼쪽 열에 무엇을 곱해야 할까? 이를 위해 패딩을 소개하고자 한다.

입력 텐서의 바깥쪽의 행과 열의 값을 0으로 설정하여 커널의 모든 값이 입력 이미지에 대응하는 값을 갖도록 한다. 곱셈과 더하기 연산으로부터 얻은 단일 값은 해당 인스턴스에서 수행한 합성곱 연산의 출력이다.

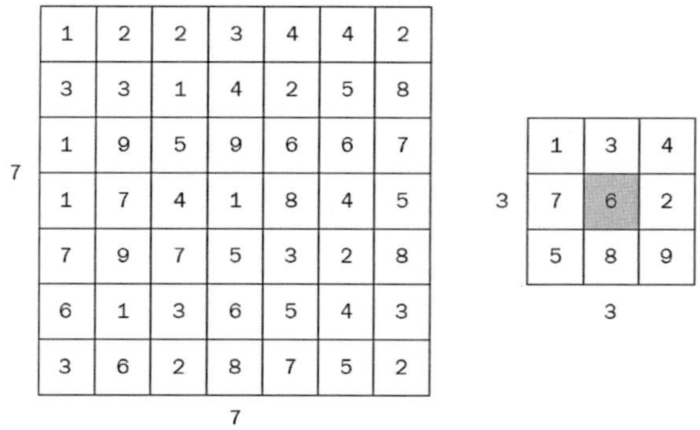

(a)

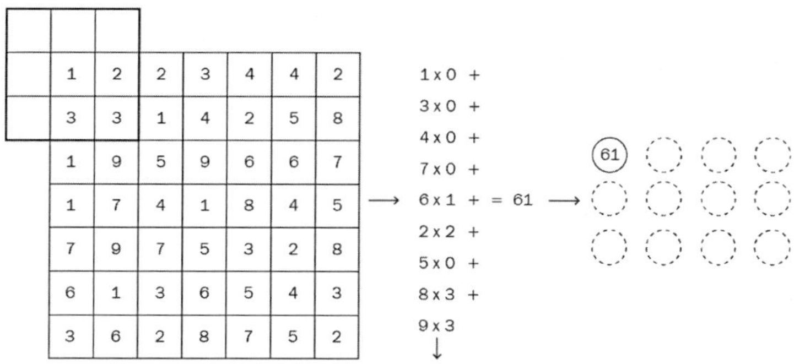

(b)

그림 4.3

이제 커널을 슬라이딩 윈도우(sliding window)를 사용하여 오른쪽으로 한 픽셀 이동하여 다시 연산을 수행하고 이미지를 다 커버할 때까지 작업을 반복한다. 합성곱 연산을 통해 구해진 모든 값은 해당 계층의 특징 맵(feature map) 또는 레이어의 출력을 생성한다. 아래 코드의 마지막 3줄에서 이러한 모든 연산을 수행한다.

파이토치는 일반적인 파이썬 인덱싱을 지원하며, 특정 반복에서의 슬라이딩 윈도우가 있는 슬롯을 찾아 `val`이라는 변수에 저장한다. 그러나 인덱싱은 연속적인 메모리 블록이 아닐 수 있는 텐서를 생성한다. 비연속적인 메모리 블록 텐서는 `view()`를 사용하여 변경할 수 없으므로 `contiguous()` 메소드를 사용하여 텐서를 연속적인 블록으로 이동한다. 그런 다음 이 텐서를 커널(가중치)과 곱한 후에 편향 값을 더해준다. 그러면 합성곱 연산의 결과가 플레이스 홀더(placeholder)로서 0으로 초기화된 out 텐서에 저장된다. 플레이스 홀더를 미리 만들고 여기에 요소를 추가하는 것이 마지막에 있는 단일 채널 집합에 쌓아 올리는 것보다 더 효율적이다.

```
out = torch.zeros(batch_size, new_depth, new_height, new_width)
padded_input = F.pad(x, (self.padding,) * 4)
for nf, f in enumerate(self.weight):
    for h in range(new_height):
        for w in range(new_width):
            val = padded_input[:, :, h:h + self.kernel_size,
                                w:w + self.kernel_size]
            out[:, nf, h, w] = val.contiguous().view(batch_size, -1)
                               @ f.view(-1)
            out[:, nf, h, w] += self.bias[nf]
```

파이토치의 functional 모듈에는 패딩을 도와주는 방법이 있다. F.pad는 각 측면에 대해 입력 텐서와 패딩 크기를 허용한다. 이 경우 이미지의 네 가지 측면 모두에 대해 일정한 패딩이 필요하므로 크기가 4인 튜플을 만든다. 패딩이 정확히 어떻게 작동하는지 알고 싶은 경우, 다음 예에서는 패딩 크기(2,2,2,2)로 F.pad를 한 후 크기가 (5,5)로 변경된 것을 보여준다.

```
>>> F.pad(torch.zeros(1,1), (2,) * 4)
Variable containing:
0 0 0 0 0
0 0 0 0 0
0 0 0 0 0
[torch.FloatTensor of size (5,5)]
```

크기가 1×1×깊이(depth)인 커널을 사용하면 전체 이미지를 합성곱하여 입력과 같은 크기의 출력을 얻을 수 있다. CNN에서 커널 크기와 관계없이 출력 크기를 줄이려면 스트라이드(stride)를 사용할 수 있다. 그림 4.4는 스트라이트로 출력 크기를 줄이는 과정을 보여준다. 커널 크기, 패딩 너비, 스트라이트의 정보를 이용해서 아래의 수식과 같이 출력 크기를 계산할 수 있다.

$$W = (W-F+2P) / S+1$$

여기서 W는 입력 크기, F는 커널 크기, S는 스트라이드, P는 패딩이다.

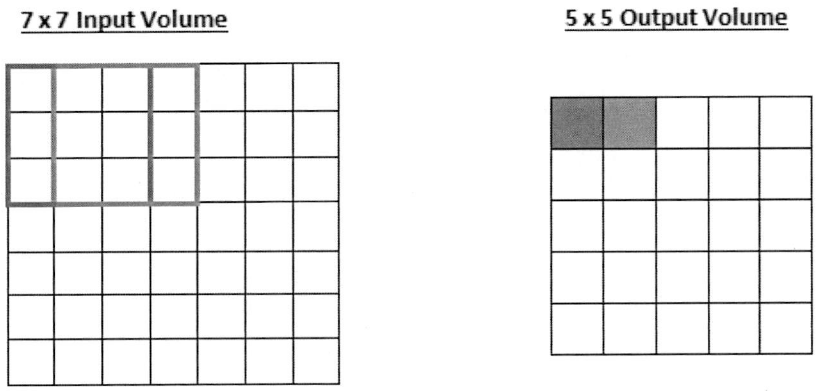

그림 4.4 1의 값을 가진 왼쪽 스트라이드

우리가 구축한 합성곱 레이어에는 max-pooling으로 다운 샘플링하였기에 스트라이트 기능이 없다. 그러나 고급 예제에서는 내부에서 스트라이드와 패딩을 처리할 수 있는 파이토치의 합성곱 레이어를 사용한다.

앞의 예에서는 단일 채널 입력을 사용해서 단일 채널 출력을 생성했다. *n*개의 입력 채널을 사용하여 *n*개의 출력 채널을 생성하도록 확장할 수 있으며, 이는 합성곱 네트워크의 기본 구성요소이다. 두 가지의 변화를 주어서 어떠한 입력 채널 개수를 사용하여 처리하여 어떠한 출력 채널 개수를 생성하도록 확장할 수 있다:

- 입력 이미지에 두 개 이상의 채널이 있으므로 해당 요소를 곱하는 데 사용되는 커널은 *n*차원이어야 한다. 입력 채널이 3이고 커널 크기가 5인 경우 커널 형태는 5×5×3이어야 한다.
- 그러나 *n*개의 출력 채널을 어떻게 만들 수 있을까? 이제 우리는 입력 채널 수와 관계없이 하나의 합성곱은 항상 단일 값 출력을 생성하고 전체 슬라이딩 윈도우 세션은 2차원 매트릭스를 출력으로 생성한다는 것을 알고 있다. 우리가 위와 같은 작업을 하는 2개의 커널이 있다면 2개의 2차원 출력을 가질 수 있고 그것들을 쌓는다면 우리는 2개의 채널을 가질 수 있다. 출력에 더 많은 채널이 필요한 경우 커널 수를 늘릴 수 있다.

우리가 작성한 사용자 정의 합성곱 레이어는 합성곱을 수행하기 위해 같은 작업을 수행한다. 입력 및 출력 채널 수, 커널 크기, 스트라이드 및 패딩을 인수로 허용한다. 커널은 [kernel_size, kernel_size, input_channels] 형태로 구성한다. n 개의 커널을 생성하고 다중 채널 출력을 얻기 위해 출력을 함께 쌓는 대신 크기 (output_channel, input_channel, kernal_size, kernal_size)의 단일 가중치 텐서를 생성하여 우리가 원하는 것을 얻을 수 있다.

모든 풀링(pooling) 옵션 중에서 사람들이 최대 풀링(max-pooling)을 선호하는 경향이 있다. 풀링 연산은 텐서 일부분을 가져와서 단일 값의 출력을 반환한다. 최대 풀링은 개념적으로 해당 부분의 두드러진 특징을 추출하는 반면 평균 풀링은 평균을 취하고 특징을 부드럽게 한다. 또한 역사적으로 최대 풀링은 다른 풀링 알고리즘보다 더 나은 결과를 보여주는데, 이는 최대 풀링이 입력에서 가장 두드러진 특징을 가져가 다음 단계로 전달하기 때문이다. 따라서, 우리는 최대 풀링을 사용한다. 사용자 정의 최대 풀링 레이어는 같은 구조를 갖지만 복잡한 합성곱 연산은 단순한 max 연산으로 대체된다.

```
out = torch.zeros(batch_size, depth, new_height, new_width)
for h in range(new_height):
    for w in range(new_width):
        for d in range(depth):
            val = x[:, d, h:h + self.kernel_size, w:w + self.kernel_size]
            out[:, d, h, w] = val.max(2)[0].max(1)[0]
```

파이토치의 max() 메소드는 차원을 입력으로 받고 최댓값이 들어 있는 인덱스(index)와 실제 최댓값을 튜플 형태로 반환한다.

```
>>> tensor
1  2
3  4
[torch.FloatTensor of size 2x2]
>>> tensor.max(0)[0]
3
4
[torch.FloatTensor of size 2]
>>> tensor.max(0)[1]
1
1
[torch.LongTensor of size 2]
```

예를 들어, 앞의 예제에서 max(0)은 튜플을 반환한다. 튜플의 첫 번째 요소는 0번째 차원에서의 최댓값인 3과 4를 가진 텐서와 두 값의 인덱스값인 1과 1을 가진 다른 텐서(index)이다. 최대 풀링 레이어의 마지막 줄은 2차원의 max()와 1차원의 max()를 취함으로써 부분에서의 최댓값을 취한다.

합성곱 레이어와 최대 풀링 레이어 다음으로 차원을 10으로 줄여 각 클래스에 대한 확률 점수를 제공하는 3개의 선형 레이어를 사용한다. 다음은 파이토치 모델들이 실제 네트워크 그래프를 문자열 표현으로 저장한 값을 보여준다.

```
>>> simple = SimpleCNNModel()
>>> simple
SimpleCNNModel(
    (conv1): Conv(
    )
    (pool): MaxPool(
    )
    (conv2): Conv(
    )
    (fc1): Linear(in_features=400, out_features=120, bias=True)
    (fc2): Linear(in_features=120, out_features=84, bias=True)
    (fc3): Linear(in_features=84, out_features=10, bias=True)
)
```

한 이미지 클래스에게 score를 주기 위해서 신경망을 구성했다. 이제 손실 함수와 최적화를 정의해준다.

```
net = SimpleCNNModel()
loss_fn = nn.CrossEntropyLoss()
optimizer = optim.SGD(net.parameters(), lr=0.001, momentum=0.9)
trainloader, testloader = get_data()
```

우리는 신경망 클래스의 인스턴스를 만든다. forward 기능이 어떻게 작동하는지 기억하는가? 네트워크 클래스는 `__call__()` 함수를 정의하고 순방향 전파를 위해 정의한 `forward()` 함수를 호출한다.

다음 줄에 정의된 오차 함수는 `Torch.nn.Module`의 하위 클래스이기도 하며,

`__call__()` 및 backward 함수에 의해 호출되는 `forward()` 함수도 있다. 이를 통해 사용자 정의 오차 함수를 만들 수 있는 유연성을 제공한다.

향후 챕터에서 자세히 다루겠지만 지금은 `CrossEntropyLoss()`라는 오차 함수를 사용한다. 앞 챕터에서 본 것처럼 파이토치 옵티마이저 패키지를 사용하여 사전 정의된 옵티마이저를 얻을 것이다. 이 예에서는 SGD(stochastic gradient descent)를 사용하지만, 마지막 챕터와 달리 SGD를 모멘텀(momentum)과 함께 사용하여 올바른 방향으로 기울기를 가속할 것이다.

> 모멘텀은 오늘날 최적화 알고리즘과 함께 사용되는 매우 인기 있는 기술이다. 더 큰 값을 얻기 위해 현재 기울기 자체에 현재 기울기의 요소를 추가한 다음 가중치에서 뺀다. 모멘텀은 실세계의 운동량과 유사한 최소 방향으로 손실의 움직임을 가속화한다.

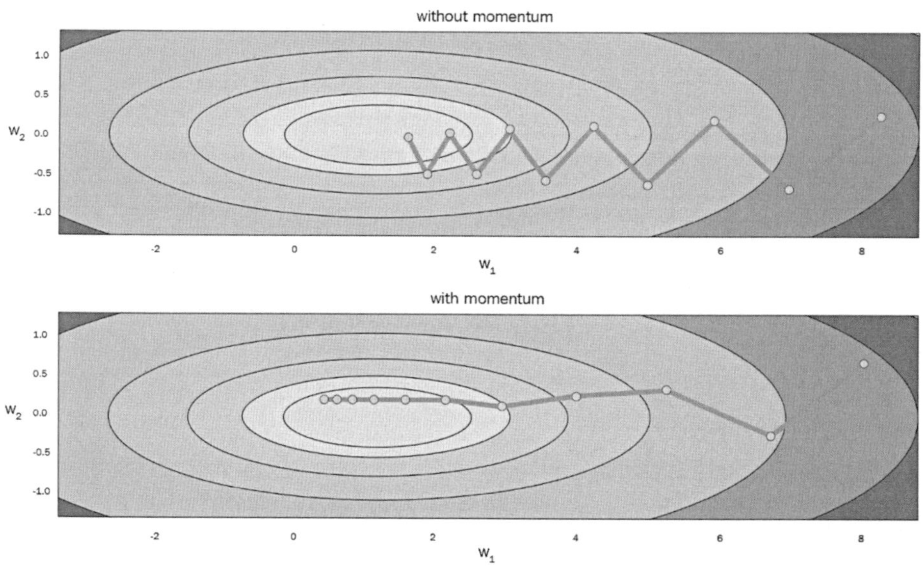

그림 4.5 모멘텀을 가진 SGD와 가지지 않는 SGD

이제 우리는 신경망을 학습하기 위한 준비가 되었다. 이 시점에서 우리는 학습을 위해 템플릿 코드를 사용할 수 있다.

1. epoch를 반복한다.

2. 각 epoch마다 셔플된 데이터를 반복한다.
3. 다음을 호출하여 기존의 기울기를 0으로 만든다.
   `optimizer.zero_grad()`
   `net.zero_grad()`
4. 네트워크의 순전파를 실행한다.
5. loss 함수를 호출하여 loss 값을 얻는다.
6. 역전파를 실행한다.
7. 최적화를 사용하여 기울기를 업데이트한다.
8. 필요한 경우 실행중인 loss를 저장한다.

파이토치는 역전파를 위해 변수를 저장하기에 앞서 전체 그래프를 저장하기 때문에 실행 중인 loss를 저장하는 동안 주의해야 한다. 반복적으로 그래프를 저장하는 것은 이전 그래프에 현재 그래프를 덧붙이는 것이므로 메모리 부족 현상에 부딪힐 수 있다. 그러므로, 항상 그래프에서의 값을 빼어내어 그것을 그래프 히스토리를 갖지 않는 일반 텐서처럼 저장하라.

```
inputs, labels =data
optimizer.zero_grad()
outputs = net(inputs)
loss = loss_fn(outputs, labels)
loss.backward()
optimizer.step()
running_loss += loss.item()
```

의미론적 분할

우리는 CNN의 작동 원리를 배웠다. 이제 다음 단계인 의미론적 분할(semantic segmentation)이라는 고급 CNN 어플리케이션을 개발할 것이다. 이름에서 알 수 있듯이 이 기법은 이미지 일부를 범주로 표시한다(예: 모든 나무를 녹색, 건물은 빨간색, 자동차는 회색 등으로 표시). 분할(segmentation) 자체는 이미지에서 구조, 영역 등을 식별하는 것을 의미한다.

의미론적 분할은 지능적이며, 구조나 영역을 식별하는 것이 아니라 이미지의 내용을 이해하고자 할 때 사용한다. 의미론적 분할은 픽셀 수준에서 이미지의 내용을 인식하고 이해한다.

그림 4.6 의미론적 분할의 예시

의미론적 분할은 CCTV 카메라나 자율주행 자동차에서 서로 다른 객체의 분할에 이르기까지 실세계의 여러 주요 어플리케이션에서 사용한다. 이 챕터에서는 LinkNet[2][7]이라는 가장 빠른 의미론적 분할 아키텍처 중 하나를 구현한다.

이 챕터에서는 LinkNet 구현에 있어 CamVid 데이터셋을 사용한다. CamVid는 고품질 비디오를 사람이 직접 분할하고 라벨을 지정한 프레임으로 변환하여서 구성된 기본 데이터셋이다. 사람이 직접 라벨을 단 출력 이미지는 색상을 물체의 식별로 사용한다. 예를 들어, 데이터셋의 출력 디렉토리에 있는 모든 이미지는 도로에 자홍색을 사용한다.

LinkNet

LinkNet은 데이터 압축 기법인 오토인코더(autoencoder) 개념을 이용한다. 오토인코더는 인코더와 디코더의 두 파트로 구성된 아키텍처이다. 인코더는 입력값을 저차원 공간으로 인코딩하고, 디코더는 저차원 공간으로부터의 입력을 디코딩한다. 오토인코더는 압축에서 차원을 줄이는 데 널리 사용된다.

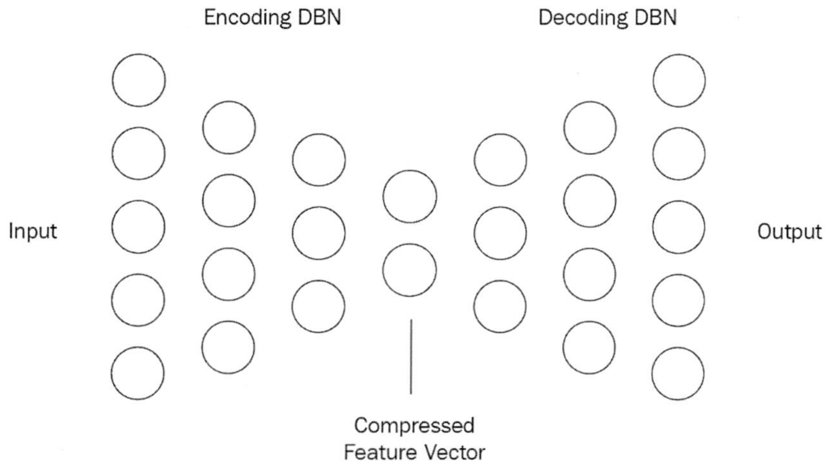

그림 4.7 오토인코더

LinkNet은 초기 블록, 최종 블록, 4개의 합성곱 모듈이 있는 인코더 블록 및 4개의 역합성곱(deconvolution) 모듈이 있는 디코더 블록으로 구성된다. 초기 블록은 스트라이트 합성곱과 최대 풀링 레이어를 사용하여 입력 이미지를 두 번 다운 샘플링한다. 그런 다음 인코더 블록의 각 합성곱 모듈은 스트라이트 합성곱으로 입력을 한 번 더 다운 샘플링한다. 그 후, 인코딩된 출력은 디코더 블록으로 전달되고, 각각의 역합성곱 블록에서 한 번씩 스트라이트 역합성곱으로 입력을 업 샘플링한다. 역합성곱은 다음 섹션에서 설명할 것이다.

그런 다음 디코더 블록의 출력은 최종 블록을 통과하며, 이 블록은 초기 블록이 두 번 다운 샘플링하는 것처럼 두 번 업 샘플링된다. 다른 의미론적 분할(semantic segmentation) 모델과는 달리 LinkNet은 skip connection이라는 아이디어를 사용하여 아키텍처의 파라미터 수를 줄일 수 있다.

인코더 블록은 각각의 합성곱 블록 이후에 디코더 블록과 통신하며 순전파 후에 인코더 블록이 특정 정보를 잊게 한다. 인코더 블록의 출력은 해당 정보를 유지할 필요가 없으므로 매개 변수의 수는 기존의 다른 아키텍처보다 훨씬 적을 수 있다. 사실 이 논문의 저자는 ResNet18을 인코더에 사용했지만, 여전히 놀라운 성능으로 최신 결과를 얻을 수 있었다. 다음은 LinkNet의 아키텍처이다.

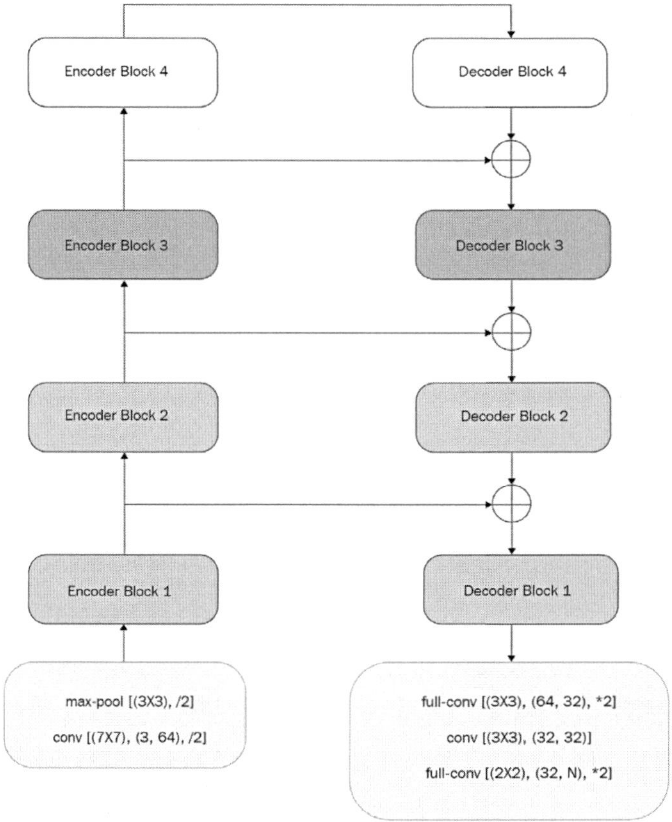

그림 4.8 LinkNet 구조

여기서 우리는 이전에 보지 못한 것들을 보았다. 그것에 대해 다뤄보겠다.

역합성곱

역합성곱은 합섭곱 연산의 역으로 모호하게 정의될 수 있다. Clarifai의 창립자이자 CEO인 Matthew Zeiler는 CNN 레이어 시각화 논문에서 역합성곱을 처음 사용했지만, 당시에는 그러한 이름을 사용하지 않았다. 그 논문이 널리 알려지며 역합성곱은 여러 논문에서 사용되었다. 합성곱과 반대되는 연산을 하므로 그 연산의 이름을 역합성곱이라고 불렀다. 역합성곱은 전치 합성곱(transpose convolution), 후진 합성곱(backward convolution)과 같은 많은 이름을 가지고 있다. 그러나 실제로는 합성곱 연산을 수행하고 있지만, 입력값에서 픽셀이 정리되는 방식이 바뀌었다.

패딩 및 스트라이드 역합성곱을 위해 입력 이미지는 픽셀 주위에 패딩을 가지며 그사이에는 0값의 픽셀을 가진다. 커널 슬라이딩 윈도우의 움직임은 모든 경우에 대해 같게 유지된다.

> 역합성곱에 대한 자세한 내용은 딥러닝을 위한 합성곱 산술 가이드[5] 또는 GitHub repository[6]에서 확인할 수 있다.

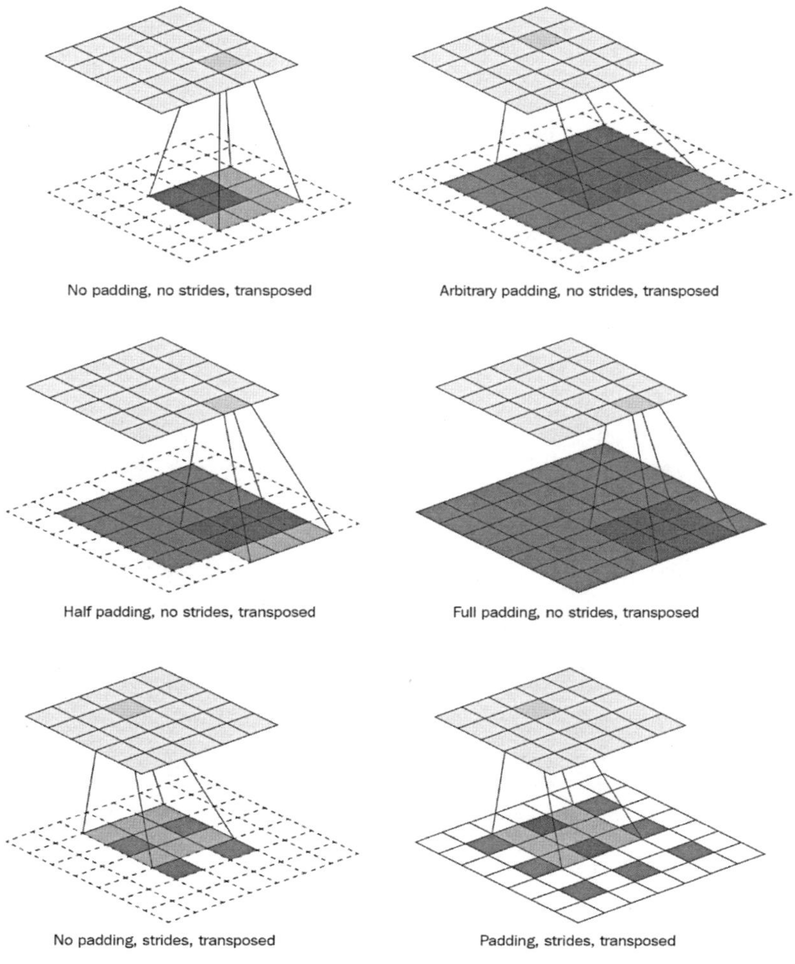

그림 4.9 역합성곱의 작동 원리

Skip connections

LinkNet 아키텍처에서 인코더와 디코더 사이의 평행한 수평선은 skip connection 표현이다. Skip connection을 사용하면 네트워크가 인코딩 중에 특정 정보를 생략하게 도와주고, 디코딩하는 동안 생략된 정보를 다시 가져와 쓸 수 있다. 이러한 과정은 네트워크에 필요한 파라미터의 수를 줄여주게 되는데, 이는 네트워크가 이미지를 디코딩하고 생성하는 데 필요한 정보의 양이 상대적으로 적기 때문이다. Skip connection은 몇 가지 연산의 도움으로 구현될 수 있다. 이것을 사용하는 또 다른 장점은 같은 연결고리를 통해 뒤로 쉽게 기울기의 흐름이 발생한다는 것이다. LinkNet은 은닉 인코더 출력을 해당 디코더의 입력에 추가하는 반면 다른 의미론적 분할 알고리즘인 Tiramisu[4]는 두 개를 연결하고 다음 레이어로 보낸다.

모델

의미론적 분할(Semantic segmentation) 모델의 인코더는 첫 번째 세션에서 구축했던 단순 CNN 모델에 더 많은 합성곱 모듈을 추가한 확장된 형태이다. 우리의 메인 클래스에서는 앞서 설명한 아키텍처를 구축하기 위해 5가지의 컴포넌트/모듈을 사용한다.

- `ConvBlock`은 합성곱과 비선형성을 구현하는 사용자 지정 `nn.Module` 클래스
- `DeconvBlock`은 역합성곱과 비선형성을 구현하는 사용자 지정 `nn.Module` 클래스
- `nn.MaxPool2d`는 2D 최대 풀링을 수행하는 내장 파이토치 레이어
- `EncoderBlock`(인코더 블록)
- `DecoderBolck`(디코더 블록)

이전 세션에서 보았듯이, 주요 클래스의 `__init__()` 클래스를 초기화하고 각 클래스를 체인처럼 연결하면서 `forward()`를 통해 호출하지만, 여기에서는 skip connection을 구현해야 한다. 우리는 인코더 레이어의 출력을 사용하고 일반 입력값으로 디코더 레이어에 추가하여 디코더 레이어에 전달한다.

ConvBlock

```
class ConvBlock(nn.Module):
    """ LinkNet uses initial block with conv -> batchnorm -> relu """

    def __init__(self, inp, out, kernal, stride, pad, bias, act):
        super().__init__()
        if act:
            self.conv_block = nn.Sequential(
                nn.Conv2d(inp, out, kernal, stride, pad, bias=bias),
                nn.BatchNorm2d(num_features=out),
                nn.ReLU())
        else:
            self.conv_block = nn.Sequential(
                nn.Conv2d(inp, out, kernal, stride, pad, bias=bias),
                nn.BatchNorm2d(num_features=out))

    def forward(self, x):
        return self.conv_block(x)
```

LinkNet의 모든 합성곱에는 대부분 배치 정규화 및 ReLU 레이어가 있지만 ReLU 레이어가 없는 경우도 있다. ConvBlock는 두 가지 경우를 다 반영하기 위해 구축되었다. 앞에서 언급했듯이 ConvBlock은 순전파 과정에서 다루어진 모든 항목에 대해 역전파를 수행할 수 있는 torch.nn.Module의 하위 클래스이다. __init__는 입력 및 출력 차원, 커널 크기, 스트라이드, 패딩 너비, 편향 값의 사용 여부를 나타내는 불린(boolean)값 및 활성화(ReLU)의 사용 여부를 나타내는 불린값을 수용한다.

torch.nn.Conv2d, torch.nn.BatchNorm2d 및 torch.nn.ReLu를 사용하여 ConvBlock을 구성한다. 파이토치의 Conv2D는 활성화 요구 사항을 나타내는 불린(Boolean)값을 제외하고 ConvBlock의 __init__에 대한 모든 인수를 허용한다. 그 외에도 Conv2D는 확장(dilation) 및 그룹(group)에 대해 두 가지 선택적 인수를 허용한다. torch.nn의 ReLU 함수는 inplace라는 하나의 선택적 인수만 허용하며 기본값은 False이다. inplace가 True이면 다른 메모리 위치를 작성하는 대신 ReLU가 데이터에 적용한다. 많은 경우 메모리를 약간 절약할 수 있지만, 입력에 영향을 미칠 수 있으므로 문제가 발생할 수 있다. 경험상으로는 메모리 최적화가 절실히 필요하지 않은 한 멀리하는 것이 좋다.

배치 정규화(Batch Normalization)는 처음에 한 번만 수행하는 대신 각 배치 내부의 데이터를 정규화하는 데 사용한다. 정규화는 처음에 동등한 규모의 입력을 얻기 위해 필수적이며, 결과적으로 더 나은 정확도를 제공한다. 그러나 데이터가 네트워크를 통해 흐르기 때문에 가중치와 편향 값에 의한 비선형성과 확대는 다른 규모의 내부 데이터로 이어질 수 있다.

각 레이어를 정규화하는 것이 이러한 특정 문제의 해결책으로 판명되었으며 학습 속도를 높여도 정확도가 향상되었다. 배치 정규화는 네트워크가 더욱 안정적인 입력 분포로부터 학습하는 데 도움이 되므로 네트워크의 수렴을 가속화한다. 파이토치는 합성곱 레이어와 같이 다른 차원 입력에 대해 배치 정규화를 구현했다. 여기서 우리는 한 차원이 배치 크기이고 다른 차원이 깊이인 4차원 데이터를 가지고 있으므로 `BatchNorm2d`를 사용한다.

`BatchNorm2d`는 두 가지 학습 가능한 파라미터인 감마 및 베타로 구현한다. 파이토치는 affine 인자값을 `False`로 설정하지 않는 한, 역전파하는 동안 이러한 특징에 대한 학습을 처리한다. `BatchNorm2d`는 특징의 개수, 엡실론(epsilon)값, 모멘텀(momentum) 및 affine을 인수로 받아들이다.

엡실론 값은 제곱근 내부의 분모에 추가되어 수치 안정성을 유지하는 반면 momentum은 작업 속도를 높이기 위해 이전 레이어에서 얼마나 많은 모멘텀을 얻어야 하는지 결정한다.

`__init__`는 활성화가 필요한지 안 하는지를 확인하고 레이어를 만든다. 이것은 `torch.nn.Sequential`이 유용한 곳이다. 세 개의 서로 다른 레이어(합성곱, Batch Normalization 및 ReLU)를 단일 `ConvBlock` 레이어로 정의하는 확실한 접근 방법은 이 세 가지에 대한 파이썬 속성을 생성하고 첫 번째 출력을 두 번째 출력으로 전달한 다음 세 번째 출력을 전달하는 것이다. 그러나 `nn.Sequential`을 사용하면 서로 연결하여 단일 파이썬 속성을 만들 수 있다. 이 작업의 단점은 네트워크가 커질수록 모든 작은 모듈에 대해 이 추가 `Sequential` 래퍼가 존재하게 되어 네트워크 그래프를 해석하기가 어려워진다는 것이다. `nn.Sequential` 래퍼를 이용한 `ConvBlock` 코드와 `nn.Sequential` 래퍼를 이용하지 않은 `ConvBlock` 코드는 레파지토리에서 사용가능하다.

```
class ConvBlockWithoutSequential(nn.Module):
    """ LinkNet uses initial block with conv -> batchnorm -> relu """

    def __init__(self, inp, out, kernel, stride, pad, bias, act):
        super().init__()
        if act:
            self.conv = nn.Conv2d(inp, out, kernel, stride, pad, bias=bias)
            self.bn = nn.BatchNorm2d(num_features=out)
            self.relu = nn.ReLU()
        else:
            self.conv = nn.Conv2d(inp, out, kernel, stride, pad, bias=bias)
            self.bn = nn.BatchNorm2d(num_features=out)

    def forward(self, x):
        conv_r = self.conv(x)
        self.bn_r = self.bn(conv_r)
        if act:
            return self.relu(self.bn_r)
        return self.bn_r
```

DeconvBlock

DeconvBlock은 LinkNet에서 디코더의 구성 블록이다. 합성곱 블록을 만드는 방법과 마찬가지로 역합성곱 블록은 전치 합성곱(transpose convolution), BatchNorm, ReLU이 세 가지 기본 모듈로 구성되어 있다. 이 경우, 합성곱 블록과 역합성곱 블록 사이의 유일한 차이점은 `torch.nn.Conv2d`를 `torch.nn.ConvTranspose2d`로 대체했다는 것이다. 이전에 보았듯이 전치 합성곱은 합성곱과 동일한 연산을 수행하지만 반대 결과를 제공한다.

```
class DeconvBlock(nn.Module):
    """ LinkNet uses Deconv block with transposeconv -> batchnorm
        -> relu """

    def __init__(self, inp, out, kernal, stride, pad):
        super().__init__()
        self.conv_transpose = nn.ConvTranspose2d(inp, out, kernal, stride, pad)
        self.batchnorm = nn.BatchNorm2d(out)
        self.relu = nn.ReLU()
```

```
    def forward(self, x, output_size):
        convt_out = self.conv_transpose(x, output_size=output_size)
        batchnormout = self.batchnorm(convt_out)
        return self.relu(batchnormout)
```

DeconvBlock의 순방향 호출에는 torch.nn.Sequential이 사용되지 않으며 ConvBlock에서 Conv2d로 수행한 작업에 추가 작업을 수행하고 있다. 차원을 안정적으로 만들기 위해 예상 output_size를 전치 합성곱의 순방향 호출로 전달한다. 전체 역합성곱 블록을 단일 변수로 만들기 위해 torch.nn.Sequential을 사용하면 변수를 전치 합성곱으로 전달하지 않아도 된다.

Pooling

파이토치에는 풀링 연산에 대한 몇 가지 옵션을 제공하는데 여기서는 MaxPool을 사용한다. SimpleCNN의 예제에서 보았듯이 이것은 가장 두드러진 특징만을 추출하여 입력의 차원을 줄이는 데 사용할 수 있는 연산이다. MaxPool2d는 Conv2d와 마찬가지로 커널 크기, 패딩 및 스트라이드를 인자값으로 받을 수 있다. 그러나 이러한 인자 외에도 MaxPool2d는 인덱스 반환과 ceil를 추가 인자값으로 가진다. 인덱스 반환은 최댓값의 인덱스를 반환하며 일부 네트워크 아키텍처에서 언풀링(unpooling)하는 동안 사용할 수 있다. ceil은 차원을 증가하거나 감소시킴으로써 출력 형태를 결정하게 하는 불린(boolean) 인자값이다.

EncoderBlock

인코더 블록은 네트워크 일부를 인코딩하고, 입력을 다운 샘플링하고, 입력의 중요정보를 포함하는 압축된 버전의 입력을 얻기 위해 작동한다. 인코더의 기본 빌딩 블록은 전에 우리가 개발한 ConvBlock이다.

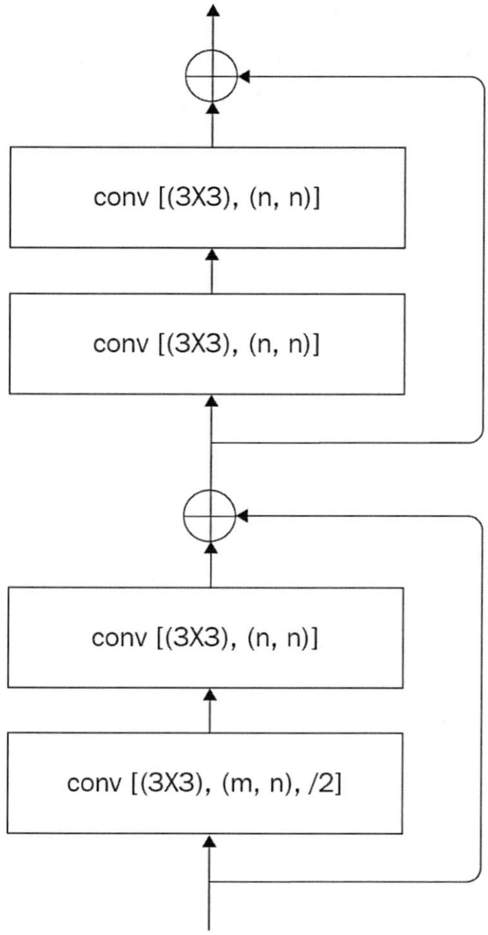

그림 4.10 인코더

그림 4.10에서 볼 수 있듯이 LinkNet의 각 인코더 블록은 4개의 합성곱 블록으로 구성되어 있다. 처음 두 개와 마지막 두 개의 ConvBlock은 각각 한 개의 Residual Block으로 그룹화된다. Residual Block은 대표적인 딥러닝 모델 중 하나인 ResNet 논문에서 제안된 아키텍처이며, 두 개의 ConvBlock으로부터 추출된 특징맵과 입력값의 합을 출력하는 구조이다.

구체적으로, Residual Block은 두 개의 ConvBlock을 통해 얻어진 특징 맵과 입력값의 합을 출력한다. 첫 번째 Residual block에서 첫 ConvBlock은 입력 차원의 변환을 위해 2의 계수로 다운 샘플링하는 반면, 두 번째 ConvBlock은 별도의 차원 변경이 존재하지 않는다. 두 번째 Residual Block도 비슷한 구조이지만 다운 샘플링 연산이 제거되어 있다. 아키텍처를 구현하는 코드는 다음과 같다. init 함수는 본질적으로 Convblock과 Residual Blcok을 초기화하는 것이다. 파이토치에서는 텐서의 합을 구할 때 일반적인 파이썬 변수에서 사용 가능한 원하는 수학 연산을 사용할 수 있다. 그러한 연산을 받아서 autograd가 수행되어 진다.

```
class EncoderBlock(nn.Module):
    """ Residual Block in linknet that does Encoding - layers in
        ResNet18 """

    def __init__(self, inp, out):
        """
        Resnet18 has first layer without downsampling.
        The parameter ''downsampling'' decides that
        # TODO - mention about how n - f/s + 1 is handling output size in
        # in downsample
        """
        super().__init__()
        self.block1 = nn.Sequential(
            ConvBlock(inp=inp, out=out, kernal=3, stride=2, pad=1
                      bias=True, act=True),
            ConvBlock(inp=out, out=out, kernal=3, stride=1, pad=1,
                      bias=True, act=True))
        self.block2 = nn.Sequential(
            ConvBlock(inp=out, out=out, kernal=3, stride=1, pad=1,
                      bias=True, act=True),
            ConvBlock(inp=out, out=out, kernal=3, stride=1, pad=1,
                      bias=True, act=True))
        self.residue = ConvBlock(
            inp=inp, out=out, kernal=3, stride=2, pad=1, bias=True,
            act=True)

    def forward(self, x):
        out1 = self.block1(x)
        residue = self.residue(x)
        out2 = self.block2(out1 + residue)
        return out2 + out1
```

DecoderBlock

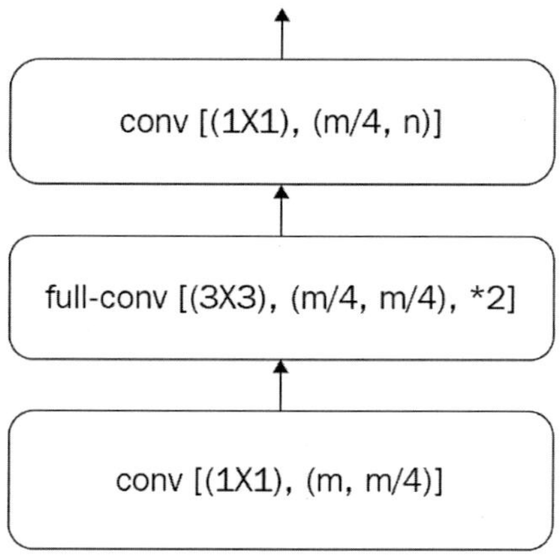

그림 4.11 LinkNet 의 디코더

디코더는 DeconvBlock 위에 구축된 블록으로 EncoderBlock보다 훨씬 간단하다. 네트워크와 함께 실행되는 residue는 없지만 역합성곱 블록을 통해 두 합성곱 블록 사이에 직접 체인 연결이 있다. 하나의 인코더 블록이 입력을 2의 계수로 다운 샘플링하는 것과 마찬가지로 DecoderBlock은 입력을 2의 계수로 업 샘플링한다. 따라서 동일한 크기의 출력을 다시 얻기 위한 같은 수의 인코더 및 디코더 블록이 있다.

```
class DecoderBlock(nn.Module):
    """ Residual Block in linknet that does Encoding """

    def __init__(self, inp, out):
        super().__init__()
        self.conv1 = ConvBlock(
            inp=inp, out=inp // 4, kernal=1, stride=1, pad=0, bias=True,
            act=True)
        self.deconv = DeconvBlock(
            inp=inp // 4, out=inp // 4, kernal=3, stride=2, pad=1)
        self.conv2 = ConvBlock(
            inp=inp // 4, out=out, kernal=1, stride=1, pad=0, bias=True,
            act=True)

    def forward(self, x, output_size):
```

```
        conv1 = self.conv1(x)
        deconv = self.deconv(conv1, output_size=output_size)
        conv2 = self.conv2(deconv)
        return conv2
```

이를 통해 LinkNet 모델 설계가 완료되었다. LinkNet 모델을 만들기 위해 모든 빌딩 블록을 구성한 다음 학습을 시작하기 전에 torchvision을 사용하여 입력을 전처리 한다. __init__는 전체 네트워크 아키텍처를 초기화한다. 초기 블록 및 최대 풀링 레이어, 4개의 인코더 블록, 4개의 디코더 블록 및 다른 conv 블록을 감싸는 2개의 deconv 블록을 만든다. 4개의 디코더는 4개의 인코더에 의해 수행된 다운 샘플링을 다시 반대 방향으로 수행하기 위해 이미지를 업 샘플링한다. 여러 인코더 블록 앞의 스트라이드 합성곱 및 최대 풀링 레이어도 이미지를 두 번 다운 샘플링 한다. 마찬가지로 다시 역으로 수행하기 위해 우리는 2개의 DeconvBlock를 가지며, DeconvBlock 사이에 위치한 ConvBlock는 차원에 전혀 영향을 미치지 않는다.

순방향 호출은 초기화된 모든 변수를 함께 연결하지만, 주의가 필요한 부분은 DecoderBlock이다. 예상된 출력을 DecoderBlock으로 전달해야 하며, 이는 다시 torch.nn.ConvTranspose2d로 이동한다. 또한 인코더의 출력을 다음 단계에서의 디코더의 입력으로 추가한다. 이는 우리가 전에 본 skip connection이다. 인코더 출력을 디코더로 직접 전달하기 때문에 이미지를 재생성하는 데 필요한 몇 가지 정보를 전달할 수 있다. 이것이 속도 저하 없이 LinkNet이 잘 작동하는 근본적인 이유이다.

```
class SegmentationModel(nn.Module):
    """
    LinkNet for Semantic segmentation. Inspired heavily by
    https://github.com/meetshah1995/pytorch-semseg
    # TODO -> pad = kernal // 2
    # TODO -> change the var names
    # find size > a = lambda n, f, p, s: (((n + (2 * p)) - f) / s) + 1
    # Cannot have resnet18 architecture because it doesn't do
      downsampling on first layer
    """

    def __init__(self):
```

```
        super().__init__()
        self.init_conv = ConvBlock(
            inp=3, out=64, kernal=7, stride=2, pad=3, bias=True, act=True)
        self.init_maxpool = nn.MaxPool2d(kernel_size=3, stride=2, padding=1)

        self.encoder1 = EncoderBlock(inp=64, out=64)
        self.encoder2 = EncoderBlock(inp=64, out=128)
        self.encoder3 = EncoderBlock(inp=128, out=256)
        self.encoder4 = EncoderBlock(inp=256, out=512)
        self.decoder4 = DecoderBlock(inp=512, out=256)
        self.decoder3 = DecoderBlock(inp=256, out=128)
        self.decoder2 = DecoderBlock(inp=128, out=64)
        self.decoder1 = DecoderBlock(inp=64, out=64)

        self.final_deconv1 = DeconvBlock(inp=64, out=32, kernal=3,
                                         stride=2, pad=1)
        self.final_conv = ConvBlock(
            inp=32, out=32, kernal=3, stride=1, pad=1, bias=True, act=True)
        self.final_deconv2 = DeconvBlock(inp=32, out=2, kernal=2,
                                         stride=2, pad=0)

    def forward(self, x):
        init_conv = self.init_conv(x)
        init_maxpool = self.init_maxpool(init_conv)
        e1 = self.encoder1(init_maxpool)
        e2 = self.encoder2(e1)
        e3 = self.encoder3(e2)
        e4 = self.encoder4(e3)

        d4 = self.decoder4(e4, e3.size()) + e3
        d3 = self.decoder3(d4, e2.size()) + e2
        d2 = self.decoder2(d3, e1.size()) + e1
        d1 = self.decoder1(d2, init_maxpool.size())

        final_deconv1 = self.final_deconv1(d1, init_conv.size())
        final_conv = self.final_conv(final_deconv1)
        final_deconv2 = self.final_deconv2(final_conv, x.size())

        return final_deconv2
```

4.3 요약

컴퓨터 비전 분야는 인공지능의 도움으로 지난 10년 동안 극적으로 개선되었다. 이제는 객체 감지/인식과 같은 전통적인 사용 사례뿐만 아니라 이미지 품질 개선, 이미지/비디오에서 풍부한 검색, 이미지/비디오에서 텍스트 생성, 3D 모델링 등을 위해 사용한다.

이 챕터에서는 지금까지 컴퓨터 비전 분야에서의 핵심이 되어온 CNN을 살펴보았다. 서로 다른 목적으로 사용된 CNN의 여러 아키텍처 변형이 있지만 이러한 모든 구현의 핵심은 CNN의 기본 빌딩 블록이다. 인간의 눈의 작동 관점에서 보았을 때의 CNN의 기술적 한계에 관한 많은 연구가 있었다. CNN이 인간 눈의 작동 방식을 정확하게 시뮬레이션하지 않는 것으로 입증되었다. 이로 인해 많은 연구 그룹이 대안이 있어야 한다고 믿었다. CNN을 대체하기 위한 가장 인기 있는 한 가지 방법은 Geoffrey Hinton의 캡슐 네트워크를 사용하는 것이다. 그러나 현재 CNN은 수천 개의 실시간 및 중요한 컴퓨터 비전 응용 프로그램의 핵심 역할을 하고 있다.

다음 챕터에서는 또 다른 기본 네트워크 아키텍처인 순환 신경망(recurrent neural networks)을 살펴보겠다.

참고문헌

1. Convolutional network, Udacity, `https://www.youtube.com/watch?v=ISHGyvsT0QY`
2. LinkNet, `https://codeac29.github.io/projects/linknet/`
3. Matthew D. Zeiler and Rob Fergus, *Visualizing and Understanding Convolutional Networks*, `https://cs.nyu.edu/~fergus/papers/zeilerECCV2014.pdf`
4. *The One Hundred Layers Tiramisu: Fully Convolutional DenseNets for Semantic Segmentation*, `https://arxiv.org/pdf/1611.09326.pdf`

5. *A guide to convolution arithmetic for deep learning,* https://arxiv.org/pdf/1603.07285.pdf

6. GitHub repository for convolution arithmetic, https://github.com/vdumoulin/conv_arithmetic

7. *LinkNet: Exploiting Encoder Representations for Efficient Semantic Segmentation,* Abhishek Chaurasia, and Eugenio Culurciello, 2017, https://arxiv.org/ abs/1707.03718

제 **5** 장

순차 데이터 처리

오늘날 신경망이 해결하고자 하는 주요 과제는 순차 데이터의 처리, 이해, 압축, 생성이다. 순차 데이터는 이전 데이터와 다음 데이터 간에 종속성을 가진다. 순차 데이터 처리를 위한 기본적인 방법은 일반화되어 있지만, 다양한 종류의 순차적 데이터를 다루는 데는 여러 다른 기술들이 요구된다. 순차 데이터 처리 유닛의 기본적인 구조와 널리 알려진 문제점 그리고 이를 해결하는 방법 등을 알아보겠다.

이 챕터에서는 순차 데이터를 알아보겠다. 사람들이 순차 데이터 처리를 사용하는 표준적인 데이터로는 자연어, 시계열 데이터, 음악, 음성, 그리고 다른 순차 데이터라 여겨지는 것이다. **자연어 처리**(NLP)와 이해는 광범위하게 연구해왔으며 현재도 활발하게 연구하고 있다. 인간의 언어는 매우 복잡하고 모든 가능한 단어의 조합은 우주의 원자 개수보다 많다. 하지만 심층 네트워크는 임베딩(embedding)이나 어텐션(Attention) 기법을 사용하여 이러한 문제들을 상당히 잘 처리한다.

5.1 순환 신경망 소개

순환 신경망(Recurrent neural networks, RNNs)은 순차 데이터 처리를 하기 위한 현실적인 도구이다. 이름에서 알 수 있듯이, RNN은 이전의 실행 정보를 담고 있는 데이터를 반복해서 돌며, 인간이 하는 것처럼 시퀀스의 의미를 찾으려고 시도한다.

입력에서의 각 유닛을 처리하기 위해 RNN 셀을 펼치는 초기 RNN은 혁신적인 아이디어였지만 제품 개발에까지 사용 가능한 결과를 만들어내지는 못했다. 가장 큰 걸림돌은 장기 의존성(long-term dependency) 문제였다. 입력 시퀀스의 길이가 길어지면, 네트워크는 마지막 셀에 도달할 즈음에 초기 유닛(자연어의 경우 단어)의 정보를 기억할 수 없다. 우리는 RNN 셀이 무엇을 포함하는지 그리고 어떻게 펼쳐지는지를 다음 세션에서 알아보겠다.

몇 번의 시행착오와 수년간의 연구를 통해 RNN 아키텍처 설계를 위한 몇 가지 다른 접근 방식을 도출할 수 있었다. 현재 최신 모델은 LSTM(long short-term memory)나 GRU(gated recurrent units)를 사용한다. 이러한 도구들은 불필요한 정보들을 네트워크에서 지

워버리는 망각 게이트(forget gate)와 같은 다양한 목적을 위해 RNN 셀 내부에 게이트를 사용한다. 이러한 아키텍처들은 초기 RNN이 가지고 있던 장기 의존성 문제들과 함께 만들어졌다. 따라서 불필요한 정보를 제거할 뿐만 아니라 필요한 정보를 마지막 셀까지 기억하기 위해서도 사용한다.

어텐션(Attention)은 전체 입력값에 대해 검색하여 답을 찾는 대신 중요한 부분에만 집중하도록 네트워크를 돕는 혁신적인 발명이다. Google Brain팀과 토론토 대학의 연구팀은 어텐션이 LSTM과 GRU 네트워크의 성능을 능가한다는 것을 증명했다[1]. 그러나 대부분은 어텐션과 LSTM 혹은 GRU를 함께 사용해서 구현한다.

임베딩(Embedding)은 단어 군집 내의 단어의 분포를 비교함으로써 단어의 개념적 의미를 찾기 위한 또 다른 혁명적 아이디어이다. 임베딩은 단어 군집 내의 단어의 분포로부터 추출된 단어와의 관계에 대한 정보를 가지고 있고 이를 부동소수점 숫자의 집합으로 변환한다. 임베딩을 사용하면 입력 크기를 크게 줄이고, 성능과 정확도를 크게 향상할 수 있다. 우리의 실험에서는 word2vec를 사용할 것이다.

특히 자연어와 같은 순차 데이터를 다룰 때 데이터 처리는 큰 도전 과제 중 하나이다. 파이토치는 이를 처리하기 위한 여러 가지 유틸리티 패키지를 제공한다. 우리는 구현에 있어서 전처리된 데이터를 사용할 것이며 유틸리티 패키지가 어떻게 작동하는지도 알아볼 것이다. 이런 유틸리티 패키지와 함께 입력 데이터들을 처리할 때 발생하는 수많은 어려움을 제거하기 위해 `torchtext`를 사용할 것이다.

이 챕터는 모두 순차 데이터에 관한 것이지만, 우리는 그 중에 하나인 자연어에 초점을 맞출 것이다. 일부 자연어 처리 연구원들은 LSTM 또는 GRU가 유일한 방법이 되어야 하는 건 아니라고 생각한다. 자연어는 단어 사이에 트리와 같은 계층적 관계를 유지하며 우린 그것을 최대한 활용해야 한다. 스탠포드 NLP 그룹의 **SPINN**(Stack-augmented Parser-Interpreter Neural Network)은 그러한 구현의 하나이다. 트리와 같은 구조를 사용해서 시퀀스 데이터를 처리하는 이러한 특정한 네트워크를 재귀 신경망이라고 한다. 우리는 SPINN을 이번 챕터의 마지막 세션에서 자세하게 살펴볼 것이다.

5.2 문제 정의

이 챕터에서는 먼저 해결해야 할 문제를 설명하고, 가지고 있는 문제를 해결하면서 개념을 설명하겠다. 주어진 문제는 세 가지 다른 접근법을 사용해서 두 영어 문장의 유사점을 찾는 것이다.

공정한 비교를 위해 우리는 워드 임베딩(word embedding)을 모든 구현에 사용할 것이다. 또한 워드 임베딩에 대해서도 잘 살펴볼 것이다. 각각의 두 문장을 가지고 있고, 두 문장 사이의 유사성을 예측하는 이와 같은 문제를 **함의 문제**(entailment problem)라고 부른다. 우리는 다음 세 가지 범주로 문장을 분류할 수 있다.

- **함의**(Entailment): 두 문장 모두 같은 것을 의미한다:
    - A soccer game with multiple males playing.
      여러 명의 남자들이 축구를 하는 중이다.
    - Some men are playing a sport.
      몇몇 남자들이 스포츠를 하는 중이다.
- **중립**(Neutral): 두 문장 모두 공통점이 있다:
    - An older and younger man smiling.
      나이든 남성과 젊은 남성이 미소를 짓고 있다.
    - Two men are smiling and laughing at the cats playing on the floor.
      두 남성이 바닥에서 놀고 있는 고양이를 보고 웃고 있다.
- **모순**(Contradiction): 두 문장 모두 서로 다른 의미를 전달한다:
    - A black race car starts up in front of a crowd of people.
      검은색의 레이스 자동차가 수많은 관중 앞에서 출발한다.
    - A man is driving down a lonely road.
      한 남자가 외딴 길을 운전해서 내려오고 있다.

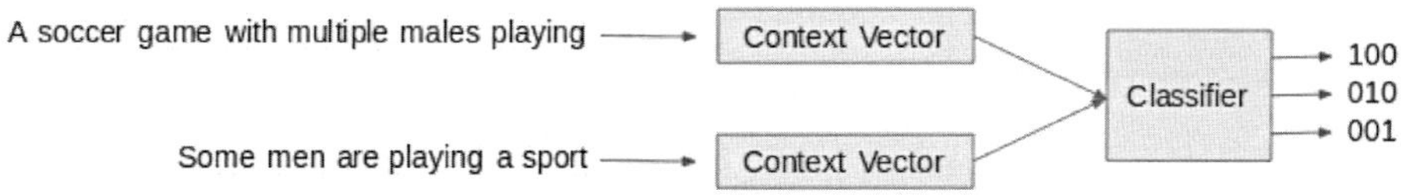

그림 5.1 문제 해결을 위한 모델 구조 예시

5.3 접근법

우리는 SNLI 데이터셋을 반복 처리하기 전에 세 가지 방법 모두 시행해 볼 것이다: 기본 RNN(basic RNN), LSTM 혹은 GRU와 같은 고급 RNN(advanced RNN), SPINN과 같은 재귀적 네트워크(recursive network)[1]. 각각의 데이터들은 우리에게 한 쌍의 문장, 전제, 가설 문장을 제공한다. 이 문장들은 임베딩 방식으로 먼저 변환되고 그 후에 각 구현으로 전달된다. 기본 RNN과 고급 RNN의 경우 처리 과정은 같지만 SPINN은 학습과 추론을 위해 전혀 다른 방법을 사용한다. 간단한 RNN부터 함께 시작해볼 것이다!

간단한 RNN

RNN은 데이터의 의미를 이해하기 위한 NLP 기법으로 사용됐으며, 우리는 여기서 발견된 순차적 관계에 기초하여 많고 다양한 작업을 완료할 수 있다. 간단한 RNN을 통해 어떻게 재귀적 문맥에 근거하여 의미의 축적과 단어의 의미 해석을 효과적으로 수행할 수 있는지 알아보겠다.

네트워크의 핵심 모듈을 구축하기 전에 데이터셋을 처리하고 사용하기 위해 수정해야 할 것이다. 우리는 스탠포드의 SNLI 데이터셋(entailment(or 함의), contradiction (or 모순), neutral(or 중립)을 분류하기 위해 라벨이 지정된 문장의 쌍을 포함하는 데이터셋)을 사용할 것이다. 이는 전처리 후 `torchtext`에 저장된다.

1 SNLI Dataset을 루핑(looping)하기 전에 실행할 것

불러온 데이터셋에는 데이터 인스턴스가 entailment(or 함의), contradiction(or 모순), neutral(or 중립)으로 라벨이 지정된 문장의 쌍으로 포함된다. 각 문장은 재귀 네트워크와 함께 사용될 변환(transformation) 세트로 연결된다. `BucketIterator`에서 불러온 데이터셋은 아래 코드를 통해 알 수 있다. 우리는 `batch.premise`와 `.hypothesis`를 호출함으로써 한 쌍의 문장에 접근할 수 있다. `get_data()` 함수는 긴 줄을 보이지 않게 하려고 유지되는 더미 코드이고, 데이터를 얻기 위한 실제 코드는 Github 레포지토리에서 사용할 수 있다.

```
>>> train_iter, dev_iter, test_iter = get_data()
>>> batch = next(iter(train_iter))
>>> batch
[torchtext.data.batch.Batch of size 64 from SNLI]
    [.premise]:[torch.LongTensor of size 32x64]
    [.hypothesis]:[torch.LongTensor of size 22x64]
    [.label]:[torch.LongTensor of size 64]
```

이제 우리가 필요로 하는 모든 것(각 데이터 인스턴스의 2개의 문장과 해당 라벨)을 가지고 있기에, 네트워크 코딩을 시작할 수 있다. 하지만 어떻게 우리 신경망이 영어를 처리할 수 있도록 만들까? 일반적인 신경망은 숫자 값에 대해 명령을 수행하지만 우리는 문자를 처리해야 한다. 기존의 접근 방식은 입력을 원-핫(one-hot) 인코딩된 시퀀스로 변환하는 것이다. 아래는 Numpy를 사용한 간단한 예이다.

```
>>> vocab = {
        'am': 0,
        'are': 1,
        'fine': 2,
        'hai': 3,
        'how': 4,
        'i': 5,
        'thanks': 6,
        'you': 7,
        ',': 8,
        '.': 9
    }

>>> # input = hai, how are you -> 3, 8, 4, 1, 7
    seq = [3, 8, 4, 1, 7]
```

```
>>> a = np.array(seq)
>>> b = np.zeros((len(seq), len(vocab)))
>>> b[np.arange(len(seq)), seq] = 1
>>> b
array([[0., 0., 0., 1., 0., 0., 0., 0., 0., 0.],
       [0., 0., 0., 0., 0., 0., 0., 0., 1., 0.],
       [0., 0., 0., 0., 1., 0., 0., 0., 0., 0.],
       [0., 1., 0., 0., 0., 0., 0., 0., 0., 0.],
       [0., 0., 0., 0., 0., 0., 0., 1., 0., 0.]])
```

이 예에서 변수 b는 우리가 신경망으로 전달하는 변수이다. 그래서, 우리의 신경망은 단어 크기에 해당하는 수많은 입력 뉴런들을 갖게 될 것이다. 각 인스턴스에 해당하는 위치에 1의 값을 갖는 희소 배열(sparse array)을 전달해준다. 그런데, 여기서 원-핫 인코딩의 문제가 보이는가? 단어의 크기가 커지는 만큼 여러분의 입력 레이어도 커질 것이다. 이럴 때 임베딩(embedding)이 도움이 된다.

워드 임베딩(Word Embedding)

자연어(또는 개별 단위로 구성된 임의의 시퀀스)를 사용하는 표준 접근 방식은 각 단어를 원-핫(one-hot)으로 인코딩된 벡터로 변환하여 네트워크의 마지막 단계에서 사용하는 것이다. 이러한 접근 방식의 뚜렷한 단점은 단어 수가 증가함에 따라 입력 레이어의 크기 또한 증가한다는 것이다.

워드 임베딩(Word Embedding)은 배열이나 텐서(tensor)의 크기를 줄이기 위한 수십 년된 아이디어이다. **LDA**(Latent Dirichlet allocation)와 **LSA**(Latent semantic analysis)는 임베딩에 사용되는 두 가지 방법이다. 그러나 임베딩은 2013년 페이스북 연구 과학자 Tomas Mikolov와 그의 팀이 word2vec를 발표한 이후 전제조건으로써 고려되기 시작했다.

Word2vec는 네트워크가 학습 없이 임베딩하는 비지도 학습 알고리즘이다. 즉, 하나의 영어 데이터셋으로 word2vec을 훈련할 수 있고 다른 데이터셋에 대한 임베딩을 생성하는 데 사용할 수도 있다. 스탠포드 NLP 그룹에서 나온 'GloVe'(이번 챕터에서는 이를 사용하겠다)라는 인기 있는 워드 임베딩 알고리즘도 있다.

두 개의 구현 모두 같은 문제를 해결하려고 하지만, 두 구현 모두 확실히 다른 접근 방식을 사용한다. Word2vec는 임베딩을 사용하여 예측 기능을 높이고 있다. 즉,

Word2vec 알고리즘은 문맥 단어를 사용함으로써 해당 단어를 예측하려고 한다. 예측 정확도가 올라갈수록 임베딩은 점점 강해진다.

GloVe는 다른 단어에 해당하는 각 단어의 빈도수를 보여 주는 거대한 테이블을 만드는 카운트 기반 모델이다. 확실히 어휘력이 높고 위키피디아 같은 대규모 문서를 사용한다면 GloVe는 큰 테이블을 만들 것이다. 따라서, 적절한 크기의 임베딩 행렬을 얻기 위해 크기를 축소한다.

파이토치는 다른 파이토치 레이어와 마찬가지로 `torch.nn`으로 만들어진 임베딩 레이어가 있다. 우리는 사전에 학습된 모델을 사용할 수도 있지만, 사용자 데이터셋을 학습할 수도 있다. 임베딩 레이어에는 우리가 보관하고자 하는 어휘의 크기와 임베딩 차원의 크기가 필요하다. 일반적으로 300을 임베딩 차원으로 사용한다.

```
>>> vocab_size = 100
>>> embedding_dim = 300
>>> embed = nn.Embedding(vocab_size, embedding_dim)
>>> input_tensor = torch.LongTensor([5])
>>> embed(input_tensor).size()
torch.Size([1, 300])
```

오늘날 임베딩 레이어는 자연어를 임베딩하는 것뿐만 아니라 모든 유형의 범주 입력에도 사용된다. 예를 들어, 만약 영국 프리미어리그 우승자 예측 변수를 만드는 경우, 원-핫 인코딩 벡터로 네트워크에 전달하는 대신에 팀 이름이나 그라운드 이름으로 임베딩하는 것이 좀 더 좋은 아이디어이다.

그러나 이용 사례에서 보면, `torchtext`가 입력을 임베딩으로 변환하기 쉬운 방식으로 예전 메소드를 래핑(wrapping)하고 있다. 다음은 구글 뉴스에서 60억 개의 토큰에 대해 미리 학습된 임베딩을 얻기 위해 GloVe 벡터로부터 학습된 것을 전송하는 예시이다.

```
inputs = data.Field(lower=True)
answers = data.Field(sequential=False)
train, dev, test = datasets.SNLI.splits(inputs, answers)
inputs.build_vocab(train, dev, test)
inputs.vocab.load_vectors('glove.6B.300d')
```

SNLI 데이터셋을 training, dev, test 셋으로 나누고, 이를 `build_vocab` 함수에 인수로 전달한다. `build_vocab` 함수는 주어진 데이터셋을 순환하고 단어의 수, 빈도, 다른 속성들을 찾아내고 `vocab` 객체를 생성한다. `vocab` 객체는 사전 학습된 모델이 전이 학습(transfer learning)을 할 수 있도록 허용하기 위해서 `load _vectors` API를 제공한다.

RNN 셀

다음으로, 우리는 네트워크의 가장 작은 핵심적인 기본 빌딩 블록인 RNN 셀을 생성할 것이다. 하나의 RNN 셀은 문장 내 모든 단어를 하나씩 처리하는 방식으로 작동한다. 처음에, 문장을 셀로 전달함으로써 첫 번째 단어를 통과시키는데, 이 과정에서 셀은 출력과 중간 상태를 생성하게 된다. 이러한 상태는 시퀀스의 실행 의미로서, 모든 시퀀스를 마치기 전까지 결과가 출력되지 않기 때문에 이 상태를 은닉 상태(hidden state)라고 부른다.

첫 번째 단어 이후, RNN 셀로부터 생성된 은닉 상태와 결과를 갖게 된다. 둘 다 나름의 목적을 가지며, 그 결과물(output)은 문장 내의 다음 특징 혹은 단어를 예측하기 위해 학습시킬 수 있다. 이것이 대부분 자연어 처리 모델이 작업을 수행하는 방법이다.

만약 여러분이 주식 가격과 같은 시계열 데이터를 예측하는 순차 데이터를 생성하려고 한다면, 대부분 이렇게 네트워크를 구축할 것이다. 하지만 우리의 경우 오직 문장의 전체적인 의미만을 걱정할 것이다. 따라서, 우리는 각각의 셀들이 만들어내는 출력값들은 그냥 무시하게 될 것이다. 우리는 출력값 대신 은닉 상태에 초점을 맞출 것이다. 이전에도 언급했듯이, 은닉 상태의 목적은 문장의 의미를 유지하는 것이다. 각각의 RNN 셀는 하나의 입력으로 은닉 상태를 취하고 주어진 그림 5.2처럼 또 다른 은닉 상태를 반환한다.

각 단어에 동일한 RNN 셀을 사용하고 현재 단어의 실행에 대한 입력으로 마지막 단어 처리에서 생성된 숨겨진 상태를 전달한다. 따라서 각 단어 처리 단계에서 RNN 셀은 단어 그 자체와 마지막 실행으로부터 은닉 상태라는 두 가지 입력값을 가진다.

위의 실행을 시작하면 어떻게 될까? 우리는 은닉 상태를 직접 갖고 있지는 않지만, 각 셀이 은닉 상태를 어느 정도 예상할 수 있도록 고안했다. 거의 대부분 우리는 첫 번째 단어에서도 같은 처리를 하기 위해 0의 값을 가지는 은닉 상태를 생성한다. 참고로 0의 값 대신에 다른 값들을 적용하는 연구도 행해졌다.

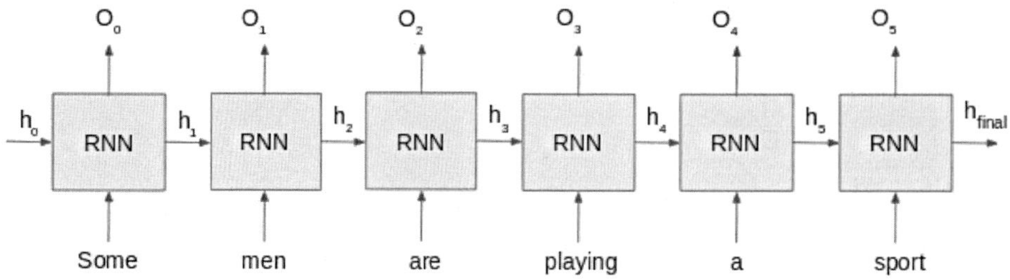

그림 5.2 입력, 은닉 상태, 출력을 가지는 일반적인 RNN 셀의 흐름도

그림 5.2는 문장의 각 단어를 어떻게 다루는지 시각화하기 위해 펼쳐진 동일한 RNN 셀을 보여 준다. 우리는 각 단어에 같은 RNN 셀을 사용하고 있어서 신경망에 필요한 파라미터의 수를 극적으로 줄여 미니 배치(mini-batch)의 단위를 크게 잡아 처리할 수 있게 된다. 시퀀스의 순서를 잘 처리할 수 있게 네트워크의 파라미터를 학습하는 것이 RNN의 핵심 원칙이다.

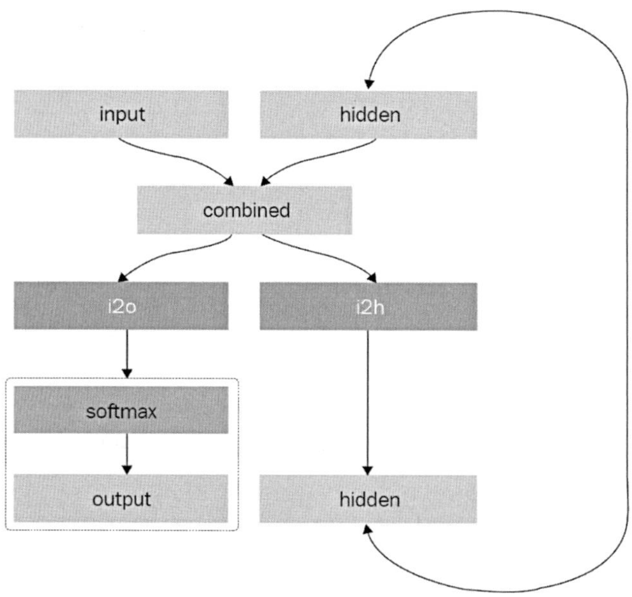

그림 5.3 RNN 셀 흐름도

가장 효율적인 출력을 얻기 위해 RNN 셀을 설계하기 위한 다양한 연결(wiring) 메커니즘이 시도되었다. 이번 섹션에서는 두 개의 완전 연결 레이어(fully connected layer)와 소프트맥스 레이어(softmax layer)로 구성된 가장 기본적인 레이어를 사용할 것이다. 그러나 실제로 사람들은 최고의 성능을 보여주는 LSTM이나 GRU를 RNN 셀로 사용한다. 우리는 다음 섹션에서 이에 대해 다룬다. 실제로, *LSTM:Search Space Odyssey*[3]에서와 같이 모든 순차적 작업에 가장 적합한 아키텍처를 찾기 위해 수많은 비교가 이루어져 왔다.

우리는 다음과 같은 Simple RNN을 개발하였다. 복잡한 게이트 메커니즘도 없고, 아키텍처 패턴도 없다.

```
class RNNCell(nn.Module):
    def __init__(self, embed_dim, hidden_size, vocab_dim):
        super().__init__()

        self.hidden_size = hidden_size
        self.input2hidden = nn.Linear(embed_dim + hidden_size, hidden_size)
        self.input2output = nn.Linear(embed_dim + hidden_size, vocab_dim)
        self.softmax = nn.LogSoftmax(dim=1)

    def forward(self, inputs, hidden):
        combined = torch.cat((inputs, hidden), 2)
        hidden = self.input2hidden(combined)
        # Since it's encoder
        # We are not concerned about output
        # output = self.input2output(combined)
        # output = self.softmax(output)
        return hidden

    def init_hidden(self, batch_size):
        return torch.zeros(1, batch_size, self.hidden_size)
```

그림 5.3를 보면, 두 개의 완전 연결 레이어가 있는데, 각 레이어는 입력으로부터 은닉 상태와 출력값을 생성한다. RNNCell의 `forward()` 함수는 현재 입력값과 이전 상태로부터 은닉 상태를 받아서 이 둘을 연결한다.

하나의 선형 레이어(Linear layer)는 연결된 텐서를 가져와서 다음 유닛에 대해 은닉 상태를 생성하며, 반면에 다른 선형 계층은 현재 유닛에 관한 결과를 생성한다. 학습 루프로 다시 돌아가기 전에 출력은 `softmax`를 통과한다. `RNNCell`에는 `init_hidden`이라는 클래스 메소드가 있으며, `RNNCell`에서 객체를 초기화하는 동안 우리가 전달한 은닉 상태의 크기와 함께 첫 번째 은닉 상태를 생성하게 한다. 0의 값으로 초기화될 첫 번째 은닉 상태를 얻기 위해 시퀀스를 통하여 루프를 순환하기 이전에 `init_hidden`을 호출한다.

이제 우리의 네트워크를 위한 작은 구성요소가 준비됐다. 다음 작업은 시퀀스를 통하여 순환하는 상위 레벨의 구성요소를 만들고 시퀀스 내의 각 단어를 처리하여 은닉 상태를 생성하기 위해 RNN 셀을 사용하는 것이다. 우리는 이것을 Encoder 노드라고 하는데, 이 노드는 어휘 크기와 은닉 상태의 크기를 가진 RNN 셀을 초기화한다. RNN 셀에는 임베딩 레이어로 인한 어휘 크기와 은닉 상태를 생성하기 위한 hidden size가 필요하다. `forward()` 함수에서 입력이 인수로서 얻어지며, 이것은 시퀀스의 미니배치가 된다. 이런 특정한 경우, 우리는 같은 길이의 시퀀스를 식별하고 그룹화하는 `torchtext`의 `BucketIterator`를 통하여 반복처리한다.

유틸리티

우리가 `BucketIterator`를 사용하지 않거나, 같은 길이의 시퀀스가 전혀 없다면 어떻게 할까? 두 가지 선택이 있다: 시퀀스를 하나씩 실행하거나, 가장 긴 문장을 제외한 모든 문장에 0의 값으로 패딩 처리하여 모든 문장의 길이가 가장 긴 문장과 같게 하는 것이다.

> 시퀀스의 길이가 다른 것은 문제가 되지는 않지만, 파이토치에서 하나씩 그것들을 전달한다면, 만약 우리의 프레임워크가 정적계산 그래프 기반의 프레임워크일 경우, 우리는 곤경에 처하게 될 것이다. 정적 계산 그래프에서 시퀀스의 길이도 정적이어야 하며, 그런 이유 때문에 정적 그래프 기반 프레임 워크와 NLP 기반 작업이 서로 호환되지 않게 만든다. 그러나 텐서플로우와 같은 고도로 정교한 프레임워크는 `dynamic_rnn`이라는 사용자를 위해 또 다른 API를 제공함으로써 이를 처리한다.

첫 번째 접근법은 각 문장에 대해 한 번에 한 단어를 처리하기 때문에 잘 작동하는 것으로 볼 수 있다. 그러나 한 번에 하나의 데이터 입력을 처리하여 손실 기능을 전체적으로 최솟값으로 수렴하는 것보다 입력을 최소화하는 것이 훨씬 효율적이다. 이를 실현하기 위한 뚜렷하고 효율적인 접근 방법은 패딩(padding)이다. 입력에 0의 값(또는 입력 데이터셋에 없는 사전 정의된 값)을 패딩 처리하면 이러한 특정 문제를 해결할 수 있다. 하지만 우리가 그것을 수작업으로 할 경우, 순차 데이터를 작업할 때마다 이러한 일을 반복해서 계속해야 하기에 점점 더 복잡하고 불필요해진다. 파이토치는 torch.nn 아래에 RNN에 필요한 몇몇 유틸리티 패키지를 가지고 있다.

Pad Sequence

pad_sequence 함수는 글자 그대로 배치에서 가장 긴 시퀀스를 확인하고 난 이후에, 0으로 시퀀스를 패딩 처리하고 다른 모든 문장을 그 길이로 패딩 처리한다.

```
>>> import torch.nn.utils.rnn as rnn_utils
>>> a = torch.Tensor([1, 2, 3])
>>> b = torch.Tensor([4, 5])
>>> c = torch.Tensor([6])
>>> rnn_utils.pad_sequence([a, b, c], True)


1 2 3
4 5 0
6 0 0


[torch.FloatTensor of size (3,3)]
```

주어진 예시에서, 우리는 세 개의 서로 다른 길이로 된 세 개의 시퀀스를 가지고 있는데, 여기서 가장 긴 시퀀스의 크기는 3이다. 파이토치는 나머지 두 시퀀스를 패딩 처리하여 모든 시퀀스의의 길이가 3이 되도록 한다. pad_sequence 함수는 하나의 위치 인수를 받아들인다. 그리고 이 인수는 시퀀스들 중 정렬된 시퀀스(즉, 가장 긴 시퀀스(a), 첫 번째 및 가장 짧은 시퀀스(b), 마지막 시퀀스(c))이고 또 다른 인수는 batch_first 여부에 관한 것이다.

Pack sequence

특히, 마지막 은닉 상태와 관련해 걱정하는 경우, 입력 내용을 0으로 채워 패딩하고 그것으로 RNN을 처리하는 것에 문제가 있다고 생각하는가? 매우 큰 문장을 포함하는 배치 내의 짧은 문장은 패딩된 0이 많이 붙게 될 것이다. 또한, 은닉 상태를 만드는 동안 우리는 이 0의 값을 순환시켜야 한다.

다음 그림은 3문장으로 일괄 입력된 예를 보여 준다. 짧은 문장은 길이가 가장 긴 문장과 같도록 0의 값으로 채워져 있다. 하지만 그것들을 처리하는 동안, 우리는 0의 값도 처리하게 될 것이다. 양방향 RNN의 경우, 양방향에서 처리해야 하므로 더욱 복잡해진다.

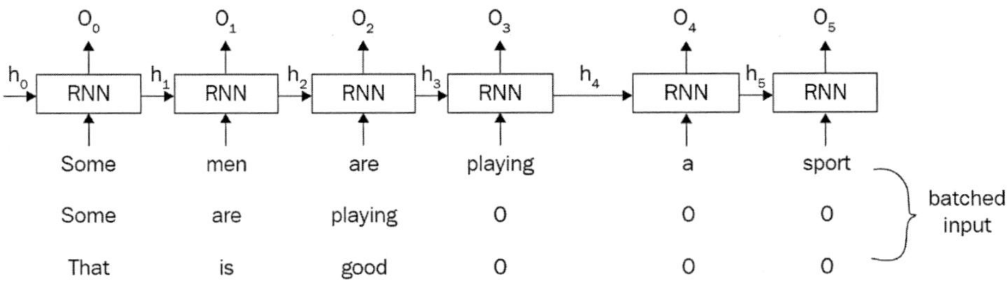

그림 5.4 0을 가진 문장은 0을 다시 처리하기 위한 은닉 상태를 가진다.

입력에 0을 추가하는 것은 결과물에 악영향을 미치기 때문에 매우 바람직하지 않다. 이러한 것을 막기 위해 우리는 시퀀스를 패킹(packing)한다. 파이토치는 이러한 목적을 위해 pack_sequence라는 유틸리티 함수를 가지고 있다.

```
>>> import torch.nn.utils.rnn as rnn_utils
>>> import torch
>>> a = torch.Tensor([1, 2, 3])
>>> b = torch.Tensor([1, 2])
>>> c = torch.Tensor([1])
>>> packed = rnn_utils.pack_sequence([a, b, c])
>>> packed
PackedSequence(data=tensor([1., 1., 1., 2., 2., 3.]),
batch_sizes=tensor([3, 2, 1]))
```

pack_sequence 함수는 PackedSequence 클래스의 인스턴스를 반환하며, 파이토치에서 작성된 모든 RNN 모듈에서 사용할 수 있다. Packed Sequence는 입력에서 원하지 않는 부분을 가려주기 때문에 모델의 효율성과 정확도를 높여준다. 앞의 예시는 PackedSequence의 내용을 보여 준다. 하지만, 단순화를 위해 모델에서 패킹된(packed) 시퀀스 사용을 자제하고 패딩된(padded) 시퀀스나 BucketIterator의 출력을 사용해야 할 것이다.

인코더

```
class Encoder(nn.Module):

    def __init__(self, embed_dim, vocab_dim, hidden_size):
        super(Encoder, self).__init__()
        self.rnn = RNNCell(embed_dim, hidden_size, vocab_dim)

    def forward(self, inputs):
        # .size(1) dimension is batch size
        ht = self.rnn.init_hidden(inputs.size(1))
        for word in inputs.split(1, dim=0):
            ht = self.rnn(word, ht)
        return ht
```

forward 함수에서는, 먼저 0의 값으로 RNN 셀의 은닉 상태를 초기화한다. 이것은 init_hidden을 호출하여 수행된다. 그리고 첫 번째 차원 위로 크기가 1이 될 수 있게 입력 시퀀스를 나누어서 반복 처리한다. 이것은 입력이 batch_first 형태라는 것을 가정한 것이며 첫 번째 차원의 크기가 시퀀스의 길이가 될 것이다. 각 단어를 반복 처리하기 위해, 첫 번째 차원을 반복해야 할 것이다.

각 단어에 대해, 현재 단어(입력)와 이전 상태로부터의 은닉 상태(hidden state)와 함께 forward 함수의 self.rnn을 호출한다. self.rnn은 다음 단위를 위한 은닉 상태와 결과물을 반환하고 시퀀스가 끝날 때까지 반복을 유지한다. 우리의 문제의 경우, 결과물에 대해서 걱정할 필요가 없고 결과물로부터 얻은 손실을 역전파 하지 않아도 된다. 대신에, 마지막 은닉 상태가 문장의 의미를 지닌다고 가정해야 한다.

만약 한 쌍에서의 다른 문장의 의미도 얻을 수 있다면 우리는 클래스를 모순, 함의, 또는 중립으로 예측하기 위해 그 의미들을 비교하며 손실을 역전파할 수 있을 것이다. 어떻게 두 개의 의미를 비교할 수 있을까? 그것은 다음에서 살펴보도록 한다.

분류기

네트워크의 마지막 구성요소는 분류기(classifier)이다. 인코더를 통하여 전달된 두 개의 문장을 가지고 있고, 두 문장 모두 마지막 은닉 상태를 얻었다. 이제 손실 함수를 정의할 때가 되었다. 한 가지 접근법은 두 문장으로부터 고차원의 은닉 상태 사이의 거리를 찾아내는 것이다. 손실은 아래와 같이 다루어지게 된다.

1. 함의(entailment)되는 경우, 손실을 가장 큰 양의 값으로 최대화한다.
2. 모순(contradiction)되는 경우, 손실을 가장 작은 음의 값으로 최소화한다.
3. 중립(neutral)의 경우, 손실량을 0 주위 값(마진이 2~3 이내)으로 유지한다.

또 다른 접근은 두 문장의 은닉 상태를 서로 결합해 다른 레이어에 전달하고, 우리가 원하는 세 가지 클래스로 결합한 값을 분류할 수 있는 마지막 분류기 레이어(classifier layer)를 정의하는 것이다. 이 접근 방식은 실제 SPINN 구현에서 사용되지만 단순한 결합보다 더 복잡한 병합 메커니즘에 사용된다.

```
class Merger(nn.Module):

    def __init__(self, size, dropout=0.5):
        super().__init__()
        self.bn = nn.BatchNorm1d(size)
        self.dropout = nn.Dropout(p=dropout)

    def forward(self, data):
        prem = data[0]
        hypo = data[1]
        diff = prem - hypo
        prod = prem * hypo
        cated_data = torch.cat([prem, hypo, diff, prod], 2)
        cated_data = cated_data.squeeze()
        return self.dropout(self.bn(cated_data))
```

여기서 Merger 노드는 SPINN의 실제 구현을 시뮬레이션하기 위해 구축된다. Merger의 forward 함수는 두 개의 시퀀스, 즉 prem과 hypo를 갖는다. 먼저 일반적인 뺄셈으로 두 가지 문장 사이의 차이점을 확인한 다음 한 요소의 곱셈으로 그 문장들 사이에서 한 번에 값을 얻는다. 그러고 나서 실제 문장과 우리가 찾아낸 결과를 서로 연결하여 배치 정규화 레이어(batch normalization layer)와 드롭아웃(dropout) 레이어를 통해 전달한다.

또한 Merger 노드는 여러 다른 노드로 구성된 단순 RNN의 최종 분류기 레이어의 일부이다.

래퍼(wrapper) 클래스 RNNClassifier는 지금까지 정의한 모든 구성요소를 래핑하고 torch.nn.Sequential의 인스턴스로 최종 분류기 레이어(final classifier layer)를 생성한다. 전체 네트워크의 흐름은 그림 5.3에 나타나 있으며 코드는 아래와 같다.

```
class RNNClassifier(nn.Module)

    def __init__(self, config):
        super(). init ()
        self.embed = nn.Embedding(config.vocab_dim, config.embed_dim)
        self.encoder = Encoder(
            config.embed_dim, config.vocab_dim, config.hidden_size)
        self.classifier = nn.Sequential(
            Merger(4 * config.hidden_size, config.dropout),
            nn.Linear(4 * config.hidden_size, config.fc1_dim),
            nn.ReLU(),
            nn.BatchNorm1d(config.fc1_dim),
            nn.Dropout(p=config.dropout),
            nn.Linear(config.fc1_dim, config.fc2_dim)
        )

    def forward(self, batch):
        prem_embed = self.embed(batch.premise)
        hypo_embed = self.embed(batch.hypothesis)
        premise = self.encoder(prem_embed)
        hypothesis = self.encoder(hypo_embed)
        scores = self.classifier((premise, hypothesis))
        return scores
```

RNNClassifier 모듈에는 세 가지 주요 레이어가 있으며, 앞에서 설명한 바와 같다.

- self.embed에 저장된 임베딩 레이어
- self.encoder에 저장된 RNNCell을 사용하는 인코더 레이어
- self.classifier에 저장된 nn.Sequential 레이어의 인스턴스

최종 순차 레이어는 `Merger` 노드로 시작한다. 결합된 결과물은 4배 증가된 시퀀스 길이의 크기를 가질 것이다. 왜냐하면, 두 문장과 문장의 차이, 문장의 곱을 `Merger`의 결과물에 추가했기 때문이다. 그런 다음 완전 연결 레이어를 거친 다음 ReLU 비선형성 함수 및 `batchnorm1d`를 사용하여 정규화된다. 이후 드롭아웃(dropout) 연산을 수행하여 과적합(overfitting)을 피한다. 그 이후 또 다른 완전 연결 레이어로 전달하여 입력 데이터에 대한 점수를 생성한다. 입력 데이터는 함의(entailment), 모순(contradiction), 중립(neutral) 중 데이터가 어떤 클래스에 속하는지 결정한다.

드롭아웃

드롭아웃(Dropout)은 Apple 사의 머신러닝 엔지니어인 Nitish Srivastava가 소개한 혁명적인 아이디어였다. 드롭아웃이 도입되기 전까지 널리 사용되었던 일반적인 정규화 기술의 필요성을 없애준다. 우리는 드롭아웃을 사용해 네트워크의 뉴런들 사이에 무작위적인 연결을 제거하여 네트워크가 일반화되고 어떤 종류의 외부적 요인에 편향되지 않도록 하였다. 뉴런을 제거하기 위해 우리는 출력을 0으로 설정하는 일만 하면 된다. 무작위 뉴런을 제거하는 것은 네트워크가 상호 적응(co-adapting)하는 것을 방지하고 과적합(overfitting)을 줄여준다.

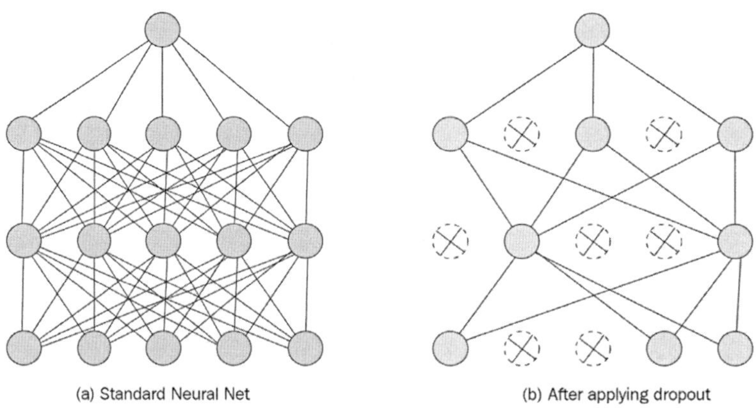

그림 5.5 드롭아웃

파이토치는 `torch.nn` 패키지의 일부인 고수준의 dropout 레이어를 제공하며, 초기화하는 동안 dropout의 사용 유무를 설정할 수 있다. 이를 통해 `forward` 함수의 입력으로 들어가는 입력 중의 일부를 차단할 수 있다.

학습

우리는 RNNClassifier라고 불리는 작은 컴포넌트들을 위한 단일 래핑 모듈(single wrapper module)을 가지고 있다. 학습 과정은 여태껏 책에서 따라온 것과 비슷하다. 모델 클래스를 초기화하고, 손실 함수를 정의한 후 옵티마이저(optimizer)를 정의한다. 이 모든 설정을 완료하고 하이퍼 파라미터가 초기화되면 ignite가 나머지 과정을 수행하도록 한다. 그러나 간단한 RNN에서 우리는 GloVe 벡터로부터 학습된 임베딩으로부터 전이학습을 하므로, 학습된 가중치를 임베딩 레이어(embed layer)의 가중치 행렬로 전달해야 한다. 이러한 작업은 아래의 코드의 두 번째 줄에 의해 수행된다.

```
model = RNNClassifier(config)
model.embed.weight.data = inputs.vocab.vectors
criterion = nn.CrossEntropyLoss()
opt = optim.Adam(model.parameters(), lr=lr)
```

파이토치는 사용자들을 위해서 역전파를 실행하고 역전파는 개념적으로 항상 동일하지만, 순차 네트워크를 위한 역전파는 일반적인 네트워크에서 보았던 역전파와는 정확히 유사하지는 않다. 여기서 우리는 시간에 따른 역전파를 하고 이를 **BPTT**(back-propagation through time)라고 한다. BPTT가 어떻게 작동하는지 이해하기 위해, 우리는 같은 RNN 셀을 통과하는 같은 입력을 고려하는 대신 RNN을 유사한 RNN 셀들의 길고 반복적인 유닛으로 가정해야 한다.

만약 문장 내 5개 단어가 있다면, 우리는 5개의 RNN 유닛을 가지고 있지만, 모든 유닛은 같은 가중치를 가지며, 우리가 하나의 RNN 셀의 가중치를 업데이트 할 때 모든 RNN Cell의 가중치를 업데이트한다. 이제 각각의 단어가 각각의 시간 단계에 놓여 있는 입력을 5개의 시간 단계로 나누면 각 단어가 각 RNN 유닛을 통해 어떻게 전달되고 있는지 쉽게 알 수 있다. 역전파를 하는 동안 각 RNN 유닛을 거슬러 올라갈 것이고, 각 시간 단계에서 기울기를 축적한다. 하나의 RNN 유닛의 가중치를 업데이트하면 다른 RNN 유닛의 가중치 또한 업데이트된다. 5개의 모든 유닛이 기울기를 갖고 있고 각각 업데이트할 때마다 다섯 개의 가중치가 모두 업데이트되기 때문에, 우리는 각 RNN Cell의 가중치를 다섯 번 업데이트하는 셈이다. 다섯 번을 업데이트하는 대신에,

기울기를 함께 축적하고 한번 업데이트한다. 이것이 바로 BPTT이다.

고급 RNN

고급 RNN은 어쩌면 LSTM와 GRU를 기반으로 한 네트워크를 표현하기에는 모호한 용어일 수 있는데, 이는 지금까지 이러한 네트워크 아키텍처들이 기본적으로 모든 순차 데이터 처리 네트워크에서 사용되어 왔기 때문이다. GRU 네트워크는 1990년대에 처음 구상된 LSTM 네트워크와 비교하면 상대적으로 새로운 아키텍처이다. 두 네트워크는 서로 다른 형태의 게이트 순환 네트워크인데, LSTM 네트워크는 GRU 네트워크보다 더 복잡한 아키텍처로 구축되어 있다. 이러한 아키텍처들은, 네트워크의 입력과 가중치(or 기울기)를 처리하는 게이트(gate)들을 가지고 있으므로 게이트 순환 네트워크로 일반화되어 왔다. 게이트들은 데이터의 양을 결정하기 위한 시그모이드(sigmoid)와 같은 활성화 함수이다. 이 챕터에서 우리는 LSTM과 GRU의 아키텍처를 자세히 알아보고 파이토치가 어떻게 LSTM과 GRU의 API에 접근하는지 알아보겠다.

LSTM

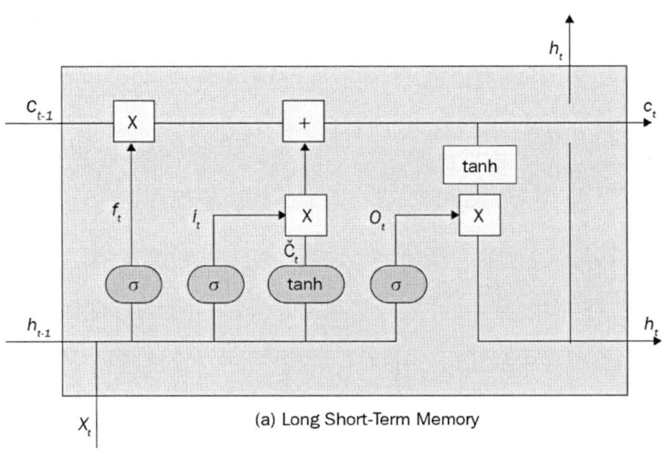

그림 5.6 LSTM 유닛

LSTM 네트워크는 1991년 Sepp Hochreiter 의해 소개되었고 1997년에 논문으로 발행되었다. LSTM 네트워크는 일반 `RNNCell`이 `softmax` 레이어를 통해 상호작용하는

Linear 레이어를 가지는 순환 유닛으로 구축하며, 이는 출력과 은닉 상태를 생성하는 또 다른 Linear 레이어를 생성하기 위함이다. LSTM에 대한 자세한 설명은 Christopher Olah의 블로그에 있는 *Understanding LSTM Networks*라는 글에 나와 있다[4].

LSTM은 주로 망각 게이트(forget gate), 업데이트 게이트(update gate), 셀의 상태로 구성되어 있다. 이는 일반 RNN Cell과는 다르다. 이 아키텍처는 특정 작업을 수행하도록 세심하게 설계된다. 망각 게이트는 입력 벡터와 이전 상태의 은닉 상태를 사용해서 잊어버릴 항목을 결정한다. 업데이트 게이트는 현재 입력과 이전 은닉 상태를 사용해서 정보 레포지토리에 추가할 항목을 결정한다.

이러한 결정들은 항상 0~1 범위의 값을 출력하는 시그모이드 레이어의 출력을 기반으로 한다. 따라서, 망각 게이트에서 값 1은 모든 것을 기억함을 의미하고, 값 0은 모든 것을 잊는다는 것을 의미한다. 이는 업데이트 게이트에도 같게 적용된다.

모든 연산은 네트워크를 통해서 병렬적으로 흐르는 셀 상태에서 수행되고, 이는 네트워크 내에서 정보와 선형적인 상호작용만 있을 뿐이므로 데이터가 앞뒤로 원활하게 흐를 수 있게 된다.

GRU

GRU는 LSTM보다 상대적으로 덜 복잡하고 효율적인 새로운 아키텍처이다. 간단히 말해서 GRU는 망각게이트(forget gate)와 업데이트 게이트(update gate)를 병합하고 셀 상태에

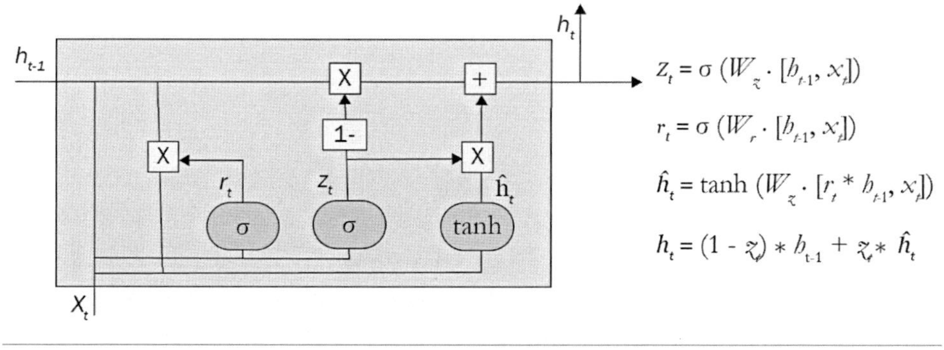

그림 5.7 GRU 셀

서만 일회성 업데이트를 한다. 사실, GRU는 분리된 셀 상태와 은닉 상태를 갖고 있지 않다. 이 두 가지 상태는 함께 합쳐져 하나의 상태를 만들어낸다. 이런 단순화는 네트워크의 정확성을 훼손하지 않으면서 GRU의 복잡성을 심하게 감소시킨다. 요즘은 GRU가 LSTM에 비해 성능이 향상되었기 때문에 널리 사용되고 있다.

아키텍처

우리의 모델 구조는 RNNClassifier와 비슷하지만, RNNCell은 LSTM 혹은 GRU 셀로 대체된다. 파이토치는 LSTM셀 혹은 GRU셀을 순환(recurrent) 네트워크의 가장 작은 단위로 사용할 수 있는 함수형 API를 갖고 있다. 동적 그래프 기능을 사용하면 시퀀스를 순환하고 파이토치에서 셀 호출이 가능하다.

기본 RNN(simple RNN)과 고급 RNN(Advanced RNN)의 유일한 차이점은 인코더 네트워크에 있다. RNNCell 클래스가 torch.nn.LSTMCell 혹은 torch.nn.GRUCell로 대체되고 Encoder 클래스는 우리가 전에 만든 사용자 정의(custom) RNNCell 대신에 미리 만들어진 셀들을 사용한다.

```
class Encoder(nn.Module):

    def __init__(self, config):
        super(Encoder, self).__init__()
        self.config = config
        if config.type == 'LSTM':
            self.rnn = nn.LSTMCell(config.embed_dim, config.hidden_size)
        elif config.type == 'GRU':
            self.rnn = nn.GRUCell(config.embed_dim, config.hidden_size)

    def forward(self, inputs):
        ht = self.rnn.init_hidden()
        for word in inputs.split(1, dim=1):
            ht, ct = self.rnn(word, (ht, ct))
```

LSTM 셀과 GRU 셀

LSTMCell과 GRUCell의 함수형 API는 매우 유사하며, 이는 정확히 사용자 정의 RNNCell이 어떻게 만들어지는지를 알려준다. 이들은 입력 크기와 은닉 상태의 크기를 생성자(initializer)의 인자 값으로 받을 수 있다. forward 호출은 입력 크기와 함께 입력의 미니 배치를 받아들이고 해당 인스턴스에 대한 셀 상태와 은닉 상태를 생성하며, 이는 다음 실행 입력으로 전달된다. 이것은 그래프가 미리 컴파일되고 실행되는 동안 정적이기 때문에 정적인 그래프 프레임워크에서 실행하기에는 무리가 있다. 루프문 또한 그래프 노드로써 그래프 일부가 되어야 한다. 이는 사용자가 루프를 내부적으로 처리하는 다른 함수형 API 혹은 추가 연산 노드들을 학습해야 할 필요가 있다.

LSTM와 GRU

파이토치는 세분화된 LSTMCell 및 GRUCell API를 제공하는 동시에 사용자가 세분화할 필요가 없는 상황도 처리한다. 특히 파이썬 루프는 느린 것으로 잘 알려져 있으므로, 이는 사용자가 LSTM의 작동 방식을 변경할 필요가 없지만 성능이 가장 중요한 경우에 유용하다. torch.nn 모듈은 LSTM과 GRU 넷을 위한 고수준의 API들을 가지고 있다. 이는 LSTMCell과 GRUCell을 감싸고 있고 **cuDNN**(CUDA Deep Neural Network) LSTM와 cuDNN GRU를 사용하여 효율적인 실행을 수행한다.

```
class Encoder(nn.Module):

    def __init__(self, config):
        super(Encoder, self).__init__()
        self.config = config
        if config.type == 'LSTM':
            self.rnn = nn.LSTM(input_size=config.embed_dim, hidden_
                               size=config.hidden_size,
                               num_layers=config.n_layers,
                               dropout=config.dropout,
                               bidirectional=config.birnn)
        elif config.type == 'GRU':
            self.rnn = nn.GRU(input_size=config.embed_dim, hidden_
                              size=config.hidden_size,
                              num_layers=config.n_layers,
                              dropout=config.dropout,
                              bidirectional=config.birnn)

    def forward(self, inputs):
        batch_size = inputs.size()[1]
```

```
        state_shape = self.config.cells, batch_size,
                      self.config.hidden_size
        h0 = c0 = inputs.new(*state_shape).zero_()
        outputs, (ht, ct) = self.rnn(inputs, (h0, c0))
        if not self.config.birnn:
            return ht[-1]
        else:
            return ht[-2:].transpose(0, 1).contiguous().view(
            batch_size, -1)
```

LSTMCell, GRUCell과 마찬가지로, LSTM와 GRU는 서로 호환이 가능한 유사한 함수형 API를 가지고 있다. 또한, LSTM와 GRU 셀 상대(cell counterpart)보다 더 많은 파라미터를 수용하며, 그 중 num_layer, dropout, 양방향 파라미터가 중요하다.

Dropout 인수가 True인 경우, 네트워크 구현에 드롭아웃 레이어를 추가하므로 네트워크의 과적합을 방지하고 정규화하는 데 도움이 된다. LSTM과 같은 고수준 API를 사용하면 파이썬 루프가 필요하지 않고 한 번에 전체 시퀀스를 입력으로 사용할 수 있다. 일반 시퀀스는 입력으로 허용되지만, 성능을 향상하기 위해 패킹된(packed or masked) 입력을 항상 전달하는 것이 좋다. 그 이유는 cuDNN 백엔드가 이러한 입력 형태를 받아들일 준비를 하고 있기 때문이다.

레이어 늘리기

RNN의 레이어 수는 모든 유형의 신경망에서 증가하는 레이어 수와 의미적으로 유사하다. 이것은 데이터셋에 대한 더 많은 정보를 보유할 수 있으므로 네트워크의 학습 능력을 증가시킨다.

파이토치의 LSTM에서 여러 레이어를 추가하는 작업은 num_layer라는 객체를 초기화하는 하나의 파라미터와 역할이 같다. 그러나 이렇게 하려면 셀 상태와 은닉 상태가 [num_layers * num_directions, batch, hidden_size]가 되어야 한다. 여기서 num_layer는 레이어 수를 나타내고 num_direction은 단일 방향의 경우 1이며, 양방향은 2가 된다. 많은 수의 레이어와 양방향 RNN을 사용하여 예제의 성능 개선을 유지한다.

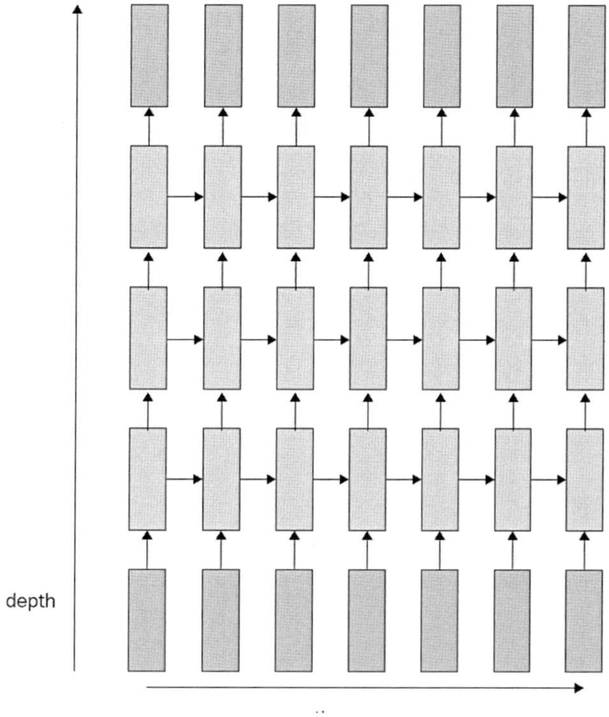

그림 5.8 다중 레이어 RNN

양방향 RNN

RNN 구현은 일반적으로 단일 방향이며, 지금까지 구현한 것도 마찬가지이다. 단방향 RNN과 양방향 RNN의 차이점은 양방향 RNN에서 backward는 반대 방향의 forward와 같다는 것이다. 즉, 역방향의 입력은 같은 순서이지만 역순이다.

양방향 RNN은 단일 방향보다 더 우수한 성능을 발휘하는 것으로 입증되었으며, 특히 NLP의 경우 그 이유를 쉽게 이해할 수 있다. 그러나 이것은 일반화될 수 없으며 모든 상황에 해당하지 않는다. 이론적으로, 양방향 RNN은 현재 당면한 작업이 과거와 미래의 정보가 있어야 하는 경우 더 잘 작동하는 경향이 있다. 예를 들어, 공백을 메우기 위해 단어를 예측하려면 이전 시퀀스와 다음 시퀀스가 모두 필요하다.

분류 작업에서 양방향 RNN은 RNN이 시퀀스의 맥락과 관련한 의미를 만들 때, 양쪽 모두의 시퀀스의 흐름을 사용하기 때문에 더 잘 작동한다. 파이토치의 LSTM이나 `bidirectional` 인자에 대해 불린(Boolean) 값을 수용한다. 이는 네트워크가 양방향

인지 아닌지 결정한다.

양방향 플래그와 함께 은닉 상태와 셀 상태는 이전 섹션에서 설명했듯이 [num_layers * num_directions, batch, hidden_size]의 형태를 유지해야 한다. 여기서 만약에 양방향일 경우 num_directions는 값이 2이어야 한다. 또한, 양방향 RNN이 항상 선택되는 것은 아니며, 특히 주가 예측 등 미래의 정보가 확보되지 않은 데이터셋의 경우 더욱 그렇다.

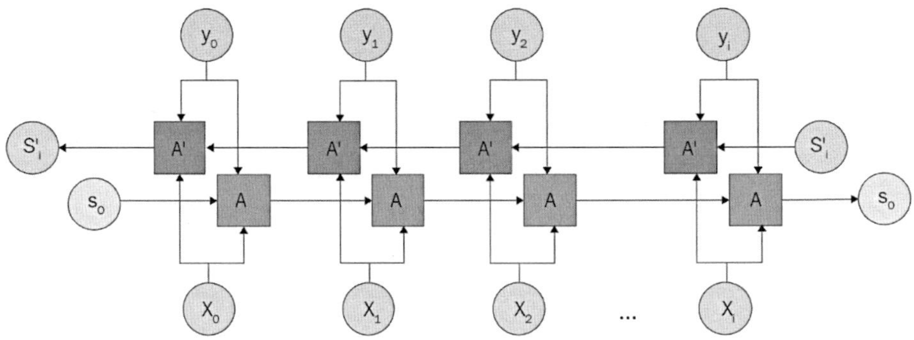

그림 5.9 양방향 RNN

분류기(Classifier)

고급(advanced) RNNClassifier는 단순 RNNClassifier와 같지만, RNN 인코더가 LSTM 또는 GRU 인코더로 교체된다는 것이 유일한 차이점이다. 그러나 고급 classifier는 특히 고도로 최적화된 cuDNN 백엔드를 사용하기 때문에 GPU에서 네트워크의 성능을 상당히 향상시킨다.

고급 RNN을 위해 개발된 모델은 다층(multilayered) 양방향(bidirectional) LSTM/GRU 네트워크이다. 방법에 주의를 더하면 성능이 크게 향상된다. 하지만 이러한 모든 구성요소는 Encoder 메소드에 의해 래핑(or wrapping)되며 분류자는 변경되지 않는 Encoder의 함수형 API만 걱정하므로 분류자는 변경되지 않는다.

어텐션

앞서 언급했듯, 어텐션(attention)은 일반 신경망 처리와 함께 중요한 부분에 집중하는 과정이다. 어텐션은 기존 구현의 일부분이 아니라, 오히려 항상 입력을 관찰하고 현재 네트워크에 대한 추가 입력으로 전달되는 또 다른 모듈로써 작동한다.

어텐션의 이면에 숨겨진 생각은 우리가 읽을 때 문장의 중요한 부분에 초점을 맞춘다는 것이다. 예를 들어, 문장을 한 언어에서 다른 언어로 번역하면, 우리는 문장을 만드는 글이나 다른 단어보다 문맥 정보에 더 초점을 맞출 것이다.

일단 개념이 명확해지면, 파이토치에서의 어텐션은 아주 간단하다. 어텐션은 효과적으로 음성 프로세싱, 오토인코더를 사용해서 이전에 구현되었던 번역, 이미지 캡션에 사용되는 CNN과 RNN 등 수많은 애플리케이션에 사용된다.

사실, *Attention Is All You Need*[5]는 저자들이 어텐션을 사용하고 LSTMs와 같은 모든 다른 복잡한 네트워크 아키텍처를 제거함으로써 최첨단의 결과를 얻을 수 있었던 논문이다.

재귀적 신경망(Recursive Neural Networks)

일부 언어학자들은 RNN의 작동 방식을 절대 인정하지 않는다. 수많은 인간이 문장을 읽는 방법처럼 RNN의 작동 방식은 왼쪽에서 오른쪽으로 순차적이다. 어떤 사람들은 언어가 계층적 구조로 되어 있고, 그 구조를 이용하는 것이 NLP 문제를 쉽게 해결해 주는 데 도움이 된다고 강하게 믿는다. 재귀적(recursive) 신경망은 그 접근 방식으로 NLP 문제를 해결하려는 시도이며, 여기서 시퀀스는 처리될 언어의 구문을 기초로 한 트리로써 배열된다. SNLI는 이를 위해 만들어진 데이터셋(dataset)으로, 각 문장이 트리로 배열되어 진다.

우리가 만들고자 하는 구체적인 재귀적 네트워크는 SPINN이다. SPINN은 인간이 읽는 방식과 마찬가지로 왼쪽에서 오른쪽으로 데이터를 처리하지만, 여전히 계층적 흐름을 온전히 유지한다. 왼쪽에서 오른쪽으로 읽는 방식은 계층적으로 분석하는 것에 비해 또 다른 이점을 갖고 있다: 네트워크는 왼쪽에서 오른쪽으로 읽는 것처럼 파스 트리(parse tree)를 생성하는 것을 배울 수 있다. 이것은 스택(stack) 및 버퍼 데이터 구조의 사용과 함께 시프트 환원 파서(shift-reduce parser)라고 불리는 특별한 구현을 통해 가능하다.

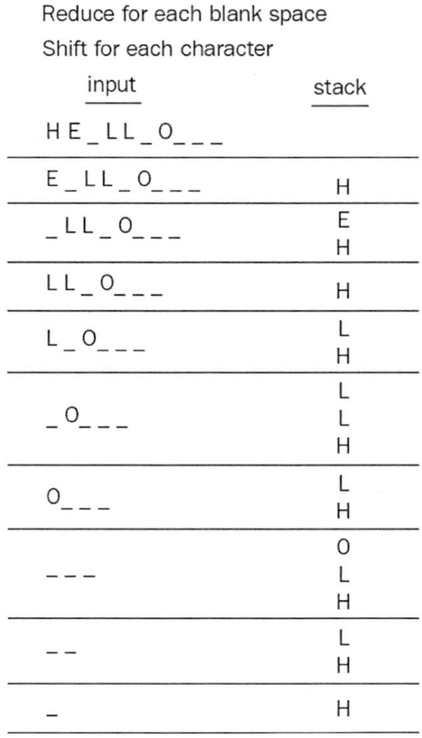

그림 5.10 시프트 환원 파서

SPINN은 RNN 기반 인코더가 각 시퀀스로부터 "의미" 벡터를 생성하는 방법과 마찬가지로 입력 문장을 고정된 길이 벡터로 인코딩한다. 각 데이터 포인트의 두 문장은 SPINN을 통해 전달되고 각 문장에 대해 인코딩된 벡터를 만든다. 그리고서 각 세 개의 등급에 대한 점수를 얻기 위해서 합병 네트워크(merger network)와 분류기 네트워크(classifier network)와 함께 처리된다.

파이토치의 다른 함수형 API를 사용하지 않는 SPINN 구현에 대한 필요성이 무엇인지 궁금하다고 할 때, SPINN은 파이토치가 개발하는 신경망 아키텍처에 얼마나 유연한지 보여주는 가장 좋은 예이다. 파이토치는 여러분이 염두에 두고 있는 아키텍처적 요구 사항과 관계없이 여러분의 앞을 가로막지 않는다.

정적 계산 그래프의 위에 구축된 프레임워크는 복잡한 고려 없이는 SPINN과 같은 네트워크 아키텍처를 구현할 수 없다. 이것이 아마도 모든 대중적인 프레임워크가 코어 구현을 중심으로 텐서플로우의 eager, MXNet, CNTK의 Gluon API 등과 같은 동적 계산 그래프 래퍼를 구축한 이유일 것이다. 모든 조건 또는 루프를 계산 그래프로 구현하기 위한 파이토치의 API가 얼마나 직관적인지 확인할 수 있다. SPINN은 이러한 것들을 보여주는 완벽한 예이다.

Reduce

감소 네트워크(reduction network)는 가장 왼쪽의 단어, 가장 오른쪽의 단어 및 문장 맥락을 입력으로 하고, `forward` 호출에서 감소된 단일 출력을 생성한다. 문장 맥락은 `Tracker`라고 불리는 또 다른 심층 네트워크에 의해 주어진다. `Reduce`는 네트워크 안에서 일어나는 일에 신경쓰지 않는다; 항상 세 개의 입력을 받아들이고 이를 통해 출력 값을 줄인다. 표준 LSTM의 변형인 tree-LSTM은 `bundle`과 `unbundle`과 같은 다른 헬퍼(helper) 함수들과 함께 `Reduce` 네트워크 안에서 무거운 연산을 반복 처리하는 데 사용된다.

```
class Reduce(nn.Module):

    def __init__(self, size, tracker_size=None):
        super().__init__()
        self.left = nn.Linear(size, 5 * size)
        self.right = nn.Linear(size, 5 * size, bias=False)
        if tracker_size is not None:
            self.track = nn.Linear(tracker_size, 5 * size, bias=False)
    def forward(self, left_in, right_in, tracking=None):
        left, right = bundle(left_in), bundle(right_in)
        tracking = bundle(tracking)
        lstm_in = self.left(left[0])
        lstm_in += self.right(right[0])
        if hasattr(self, 'track'):
            lstm_in += self.track(tracking[0])
        out = unbundle(tree_lstm(left[1], right[1], lstm_in))
        return out
```

`Reduce`는 기본적으로 전달 인자 3개를 받는 입력으로 LSTM 작동을 수행하는 일반적인 신경 네트워크 모듈이다.

트래커(Tracker)

Tracker의 forward 메소드는 루프 내 SPINN의 각 forward 호출에서 호출된다. 감소 연산이 시작되기 전에 우리는 문맥 벡터를 Reduce 네트워크로 전달해야 한다. 따라서 SPINN의 forward() 함수에서 어떤 것을 하기 이전에 transition 벡터를 통해 순환하고 버퍼, 스택, 문맥 벡터를 만들어낸다. 파이토치는 과거 이벤트를 추적하므로, 모든 루프 작동이 추적되고 역전파(backpropagated)될 수 있다.

```
class Tracker(nn.Module):

    def __init__(self, size, tracker_size, predict):
        super().__init__()
        self.rnn = nn.LSTMCell(3 * size, tracker_size)
        if predict:
            self.transition = nn.Linear(tracker_size, 4)
        self.state_size = tracker_size

    def reset_state(self):
        self.state = None

    def forward(self, bufs, stacks):
        buf = bundle(buf[-1] for buf in bufs)[0]
        stack1 = bundle(stack[-1] for stack in stacks)[0]
        stack2 = bundle(stack[-2] for stack in stacks)[0]
        x = torch.cat((buf, stack1, stack2), 1)
        if self.state is None:
            self.state = 2 * [x.data.new(x.size(0), self.state_size).zero_()]
        self.state = self.rnn(x, self.state)
        if hasattr(self, 'transition'):
            return unbundle(self.state), self.transition(self.state[0])
        return unbundle(self.state), None
```

SPINN

SPINN 모듈은 모든 작은 구성요소에 대한 래퍼 클래스(wrapper class)이다. SPINN의 생성자(initializer)는 컴포넌트 모듈인 Reduce와 Tracker의 초기화만큼 간단하다. 내부 노드들 사이에 무거운 리프팅(lifting)과 조정(coordination) 작업은 SPINN의 forward 호출을 통해 관리된다.

```
class SPINN(nn.Module):

    def __init__(self, config):
        super().__init__()
        self.config = config
        assert config.d_hidden == config.d_proj / 2
        self.reduce = Reduce(config.d_hidden, config.d_tracker)
        self.tracker = Tracker(config.d_hidden, config.d_tracker,
                               predict=config.predict)
```

forward 호출의 주요 부분은 루프 안에 있을 forward 메소드의 Tracker에 대한 호출이다. 우리는 입력 시퀀스를 반복하고 트랜지션(transition) 시퀀스 안의 각각의 단어에 대해 forward 메소드의 Tracker를 호출하고 트랜지션 인스턴스를 기반으로 한 문맥 벡터 목록에 결과물을 저장한다. 만약 트랜지션이 "shift"이면 스택에 현재 단어가 추가되고, 트랜지션이 "reduce"이면 이미 생성된 트래킹과 좌우 목록으로부터 튀어나온 가장 왼쪽 단어와 가장 오른쪽 단어와 함께 Reduce가 호출된다.

```
def forward(self, buffers, transitions):
    buffers = [list(torch.split(b.squeeze(1), 1, 0))
               for b in torch.split(buffers, 1, 1)]
    stacks = [[buf[0], buf[0]] for buf in buffers]
    if hasattr(self, 'tracker'):
        self.tracker.reset_state()
    else:
        assert transitions is not None
    if transitions is not None:
        num_transitions = transitions.size(0)
    else:
        num_transitions = len(buffers[0]) * 2 - 3
    for i in range(num_transitions):
        if transitions is not None:
            trans = transitions[i]
        if hasattr(self, 'tracker'):
            tracker_states, trans_hyp = self.tracker(buffers, stacks)
            if trans_hyp is not None:
                trans = trans_hyp.max(1)[1]
        else:
            tracker_states = itertools.repeat(None)
        lefts, rights, trackings = [], [], []
```

```
        batch = zip(trans.data, buffers, stacks, tracker_states)
        for transition, buf, stack, tracking in batch:
            if transition == 3: # shift
                stack.append(buf.pop())
            elif transition == 2: # reduce
                rights.append(stack.pop())
                lefts.append(stack.pop())
                trackings.append(tracking)
        if rights:
            reduced = iter(self.reduce(lefts, rights, trackings))
            for transition, stack in zip(trans.data, stacks):
                if transition == 2:
                    stack.append(next(reduced))
    return bundle([stack.pop() for stack in stacks])[0]
```

5.4 요약

순차 데이터 처리는 딥러닝에서 가장 활발한 연구 분야 중 하나이다. 특히, 자연어 데이터가 순차적이기 때문이다. 그러나 순차 데이터 처리는 단지 그것에만 국한되는 것이 아니다. 소리, 다른 파형 등을 포함한 우리 주변에서 일어나는 모든 시계열 데이터(Time Series Data)는 사실상 모두 순차적이다.

순차 데이터를 처리하는 데 가장 어려운 문제점은 장기 의존성(or long-term dependency)이며 순차 데이터는 더욱 복잡하다. RNN은 순차 데이터 처리 분야에서 돌파구였다. 수천 가지의 RNN 변형이 연구원들에 의해 고안되었고, 여전히 활발하게 성장하고 있는 분야이다.

이번 챕터에서, 순차 데이터 처리의 기본 구성요소를 살펴보았다. 비록 우리는 영어로만 작업해왔지만, 여기서 배운 기술은 일반적으로 어떤 종류의 데이터에도 적용이 된다. 이런 구성요소들을 이해하는 것은 초보자들에게 매우 중요하다. 왜냐하면, 그 후에 오는 모든 것들이 그 바탕 위에 만들어지기 때문이다.

좀 더 고급스러운 주제에 관해서 자세하게 설명하지는 않았지만, 이번 챕터에서 제시된 설명은 좀 더 발전된 설명과 튜토리얼에 뛰어들기에 충분히 잘 갖추어져 있다. 존재하는 RNN들은 서로 다른 조합이 있고 심지어 순차 데이터 처리를 위해 CNNs와 RNN를 조합할 수 있다. 책에 나온 개념들을 이해하기 위해서는 사람들이 시도해본 다른 접근 방식도 알아보는 것이 도움이 된다.

다음 챕터에서는, 딥러닝에서 최근 가장 큰 발전이 있는, 생성적 적대 신경망(generative adversarial network)에 관해서 탐구해 볼 것이다.

참고문헌

1. `https://arxiv.org/pdf/1706.03762.pdf`
2. `https://github.com/stanfordnlp/spinn`
3. *LSTM: A Search Space Odyssey*, Greff, Klaus, Rupesh Kumar Srivastava, Jan Koutník, Bas R. Steunebrink, and Jürgen Schmidhuber, IEEE Transactions on Neural Networks and Learning Systems, Vol. 28, 2017, pp. 2222-2232, *https://arxiv.org/abs/1503.04069*
4. `http://colah.github.io/posts/2015-08-Understanding-LSTMs/`
5. *Attention Is All You Need*, Vaswani, Ashish, Noam Shazeer, Niki Parmar, Jakob Uszkoreit, Llion Jones, Aidan N. Gomez, Lukasz Kaiser, and Illia Polosukhin, NIPS, 2017

제 6 장

생성 네트워크

생성 네트워크는 Richard Feynman이라는 교수가 인용한 "내가 만들 수 없는 것은, 내가 이해할 수 없다"라는 말을 통해 잘 표현된다. 생성 네트워크는 세상을 이해하고 지식을 저장할 수 있는 시스템을 갖는 가장 유망한 접근법 중 하나이다. 이름에서 알 수 있듯이, 생성 네트워크는 실제 데이터 분포의 패턴을 배우고, 이 실제 데이터 분포의 샘플과 유사한 새 샘플을 생성하려고 한다.

생성 네트워크는 샘플을 생성하여 기본 패턴을 학습하기 때문에 비지도 학습(unsupervised learning)의 하위 범주이다. 저차원 잠재 벡터 및 파라미터 벡터를 푸싱(pushing)하고 이미지를 다시 생성하는 데 필요한 중요한 기능을 학습하는 것으로 이를 수행한다. 네트워크가 이미지를 생성하는 동안 획득한 지식은 시스템과 환경에 대한 지식이다. 우리는 무언가를 하도록 요청함으로써 네트워크를 속이는 것이지만, 네트워크는 자신이 학습하고 있다는 사실을 모른 채 우리에게 필요한 것들을 배워야 한다.

생성 네트워크는 다양한 딥러닝 영역, 특히 컴퓨터 비전에서 유망한 결과를 보여주었다. 이미지의 흐린 것을 선명하게(deblurring)하거나 해상도를 증가시키거나, 비어 있는 이미지 채우기, 오디오 클립에서의 노이즈 제거, 텍스트에서 음성 생성, 메시지에 자동 답장, 그리고 이미지나 비디오를 텍스트로부터 생성하기 등이 주된 연구 분야이다.

이 챕터에서는 주요 생성 네트워크의 구조 중 일부에 관해 설명한다. 더 정확하게는 자기 회귀 모델(autoregressive model)과 **생성적 적대 신경망**(Generative Adversarial Network: GAN)을 보게 될 것이다. 먼저 두 아키텍처의 기본적인 빌딩 블록(Building block)이 무엇이며 각각의 차이점에 대해 이해한다. 이 설명과 함께 몇 가지 예제와 파이토치 코드를 살펴보겠다.

6.1 접근법 정의

생성 네트워크는 스타일 전송, 이미지 최적화, 선명화(deblurring), 해상도 개선 등 오늘날 대부분 예술 응용 프로그램에서 사용된다. 다음은 컴퓨터 비전에 사용되는 생성 모델의 두 가지의 예이다.

그림 6.1 이미지 채색과 초해상도 이미징과 같은 생성 네트워크 어플리케이션의 예시들

출처 : Generative Image Inpainting with Contextual Attention, Jiahui Yu and others and Photo-Realistic Single Image Super-Resolution Using a Generative Adversarial Network, Christian Ledig and others

GAN의 창시자인 Ian Goodfellow가 기술한 몇 가지 범주의 생성 네트워크가 있다.

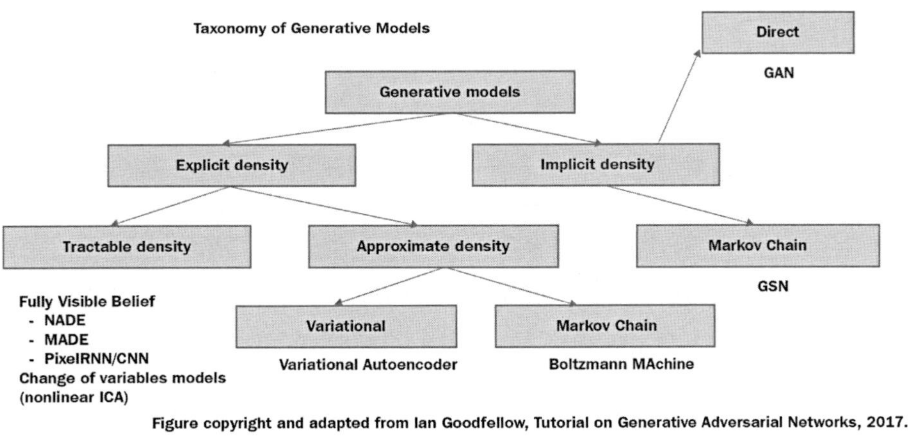

그림 6.2 생성 네트워크의 계층

우리는 과거에 많이 논의되었으며 여전히 활발한 연구 분야인 두 가지 주요 범주에 대해 논의할 것이다.

- 자기 회귀 모델(autoregressive model)
- 생성적 적대 신경망(GAN)

자기 회귀 모델은 챕터 5 RNN을 사용한 순차적 데이터 처리에서 설명한 대로 현재 값이 이전 값에서 유추된 모델이다. **VAE**(variational autoencoder)는 인코더와 디코더로 구성된 오토 인코더(auto-encoder)의 변형으로, 인코더는 입력을 저차원 잠재 공간인 벡터로 인코딩하고 디코더는 잠재 벡터를 디코딩하여 입력과 유사한 출력을 생성한다.

거의 모든 연구 커뮤니티는 GAN이 인공지능 세계에서 다음으로 중요한 파트 중 하나가 될 것이라는 데 동의한다. GAN에는 생성 네트워크(generative network)와 적대적 네트워크(adversarial network)가 있으며, 둘 다 고품질 출력 이미지를 생성하기 위해 서로 경쟁한다. GAN과 자기 회귀 모델은 서로 다른 원칙에 따라 동작하지만, 각각의 방법마다 고유한 장단점이 있다. 이 챕터에서는 두 가지 접근 방식으로 부터 하나의 기본적인 예제를 개발하겠다.

6.2 자기 회귀 모델

자기 회귀 모델은 이전 단계의 정보를 사용하여 다음 출력을 생성한다. 언어 모델링 작업을 위한 텍스트를 생성하는 RNN은 자기 회귀 모델의 전형적인 예이다.

자기 회귀 모델은 첫 번째 입력을 독립적으로 생성하거나 네트워크에 제공한다. 예를 들어 RNN의 경우 첫 번째 단어를 네트워크에 제공하고, 네트워크는 첫 번째 단어를 사용하여 두 번째 단어가 무엇인지 가정한다. 그런 다음 첫 번째 단어와 두 번째 단어를 사용하여 세 번째 단어 등을 예측한다.

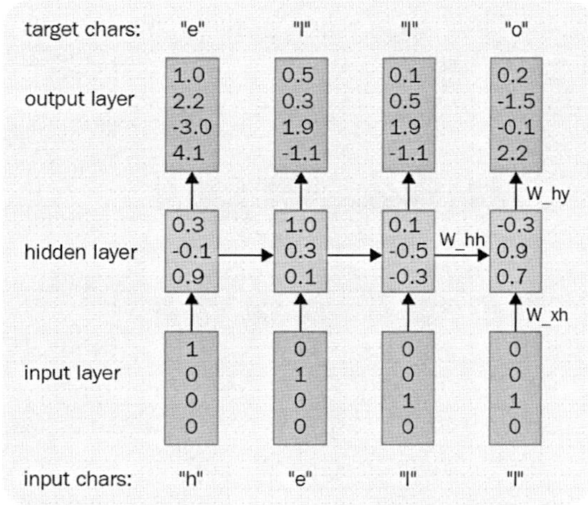

그림 6.3 RNN 언어 모델링을 위한 자기 회귀 모델

대부분의 생성 작업은 이미지에서 수행되지만, 우리의 자기 회귀 생성은 오디오에서 수행된다. 구글(Google)은 최신 오디오 생성, 특히 텍스트 음성 처리를 위한 구글 딥마인드(Google DeepMind)의 연구 결과인 웨이브넷(WaveNet)을 개발하였고 우리는 이를 통해 오디오 처리를 위한 파이토치 API가 무엇인지 살펴볼 것이다. 그러나 웨이브넷을 보기 전에 자기 회기 **합성곱 신경망**(CNN)을 기반으로 하는 PixelCNN이라는 웨이브넷의 기본 블록을 구현해야 한다.

각 회귀 접근법에는 고유한 단점이 있으므로 자기 회귀 모델은 많이 사용되고 탐구되어 왔다. 자기 회귀 모델은 출력을 순차적으로 생성하기 때문에 회귀 모델의 가장 큰 단점은 속도였다. 또한, 순전파도 순차적이기 때문에 PixelRNN에서의 속도는 더 나빠진다.

PixelCNN

PixelCNN은 딥마인드가 소개한 세 가지 자기 회귀 모델 중 하나이다. PixelCNN을 처음 도입한 이래 속도와 효율성 개선을 위한 여러 발표가 있었지만 우리는 웨이브넷을 구축하는 데 필요한 기본 PixelCNN을 살펴보겠다.

그림 6.4 PixelCNN에서 생성된 이미지

출처 : PixelCNN 디코더, Aäron van den Oord 등을 사용한 조건부 이미지 생성

PixelCNN은 한 번에 하나의 픽셀만 생성하고, 이를 사용하여 다음 픽셀을 생성한다. 그런 다음 이전 두 픽셀을 사용하여 다음 픽셀을 생성한다. PixelCNN에는 모든 이미지의 밀도 분포(density distribution)를 학습하고, 그 분포에서 이미지를 생성할 수 있는 확률 밀도 모델이 있다. 그러나 여기서는 모든 이전 예측의 결합 확률을 취하여, 이전에 생성된 모든 픽셀에서 생성된 각 픽셀을 조정하려고 한다.

PixelRNN과 달리 PixelCNN은 합성곱 레이어를 수용 필드(or receptive field)로 사용하여 입력의 판독 시간을 향상한다. 무언가에 의해 부분적으로 가려진 이미지를 생각해 보자. 우리는 이미지의 절반만 가지고 있으므로, 우리의 알고리즘은 나머지 절반을 생성해야 한다.

PixelRNN에서 네트워크는 이미지의 절반에 대해 단어들의 시퀀스처럼 각 픽셀을 하나씩 가져와야 하며, 나머지 절반에 대해서도 한 픽셀씩 생성한다. 그에 반해 PixelCNN은 합성곱 레이어를 통해 한 번에 이미지를 가져온다. 그러나 생성만큼은 PixelCNN이라도 순차적이어야 한다. 어떻게 절반뿐인 이미지가 합성곱으로 처리되는지 궁금할 것이다. 해답은 마스크 컨볼루션(masked convolution)에 있으며 이는 뒤에 설명하겠다.

그림 6.5는 합성곱 연산이 픽셀 집합에 적용되어 중심 픽셀을 예측하는 방법을 보여준다. 다른 모델에 비해 자기 회귀 모델의 주요 장점은 결합 확률 학습 기술(joint probability learning technique)이 다루기 쉽고 경사 하강법을 사용하여 학습할 수 있다는 것이다. 여기에는 근삿값이 없고 해결 방법이 없다. 우리는 단지 이전의 모든 픽셀값이 주어지면 각 픽셀값을 예측하려고 시도하는 것이며 학습은 역전파를 통해 이루어진다. 그러나 생성은 항상 순차적이기 때문에 자기 회귀 모델을 사용한 확장성에 있어 어려움이 존재한다. PixelCNN은 새로운 픽셀을 생성하면서 개별 확률의 곱을 이전의 모든 픽셀의 결합 확률로 계산하는 잘 설계된 모델이다. RNN 모델에서는 이것이 기본 동작이지만 CNN 모델은 앞에서 언급한 것처럼 똑똑하게 설계된 마스크를 사용하여 이를 달성한다.

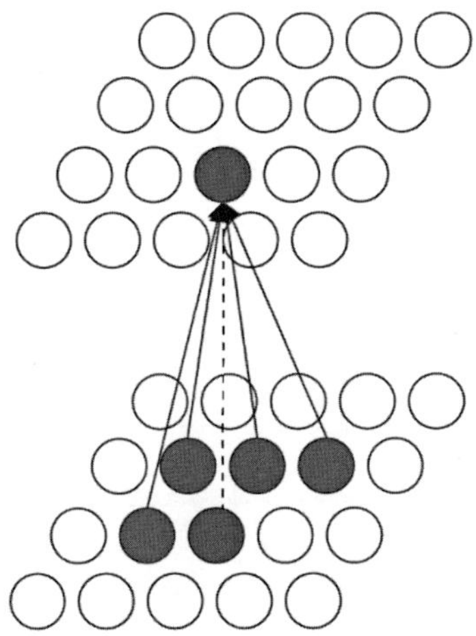

그림 6.5 주변 픽셀에서 픽셀 값 예측

PixelCNN은 다른 접근 방식과 달리 파라미터 내의 픽셀 간 종속성 분포를 수집한다. VAE는 숨겨진 잠재 벡터를 생성하여 이 분포를 배우며, 이는 독립적인 가정을 도입한다. PixelCNN에서 학습된 종속성은 이전 픽셀뿐만 아니라 다른 채널 간에도 발생한다. 일반 컬러 이미지에서는 빨강, 녹색 및 파랑(RGB)이다.

하지만 근본적인 문제가 있다. CNN이 현재 픽셀 또는 미래 픽셀을 사용하여 현재 픽셀을 배우려고 하면 어떻게 될까? 이것은 또한 마스크에 의해 관리되며, 이는 자기 자신의 기본 단위를 채널 단위로 가져온다. 예를 들어 현재 픽셀의 빨간색 채널은 현재 픽셀에서 배우지 않고 이전 픽셀에서 배우게 된다. 그러나 녹색 채널은 현재 빨간색 채널과 모든 이전 픽셀을 사용할 수 있다. 이와 유사하게, 청색 채널은 모든 이전 픽셀뿐만 아니라 현재 픽셀의 녹색 및 적색 채널 모두로부터 학습할 수 있다.

전체 네트워크에 사용되는 마스크에는 두 가지 유형이 있지만 이후 레이어에는 병렬 합성곱 작업을 수행하는 동안 순차적 학습을 모방해야 하지만, 이 방법은 하지 않아도 된다. 따라서 PixelCNN 논문 [1]은 타입 A와 타입 B의 두 가지 유형의 마스크를 소개한다.

PixelCNN이 다른 전통적인 CNN 모델과 차별화되는 주요한 구조 차이는 풀링 레이어(Pooling layer)가 없다는 것이다. PixelCNN의 목표는 차원이 축소된 이미지의 속성을 포착하는 것이 아니며, 풀링을 통해 잃어버린 맥락에 접근할 수 없으므로, 논문 저자들은 일부러 풀링 레이어를 제거했다.

```
fm = 64

    net = nn.Sequential(
        MaskedConv2d('A', 1, fm, 7, 1, 3, bias=False),
        nn.BatchNorm2d(fm), nn.ReLU(True),
        MaskedConv2d('B', fm, fm, 7, 1, 3, bias=False),
        nn.BatchNorm2d(fm), nn.ReLU(True),
        MaskedConv2d('B', fm, fm, 7, 1, 3, bias=False),
        nn.BatchNorm2d(fm), nn.ReLU(True),
        MaskedConv2d('B', fm, fm, 7, 1, 3, bias=False),
        nn.BatchNorm2d(fm), nn.ReLU(True),
        MaskedConv2d('B', fm, fm, 7, 1, 3, bias=False),
        nn.BatchNorm2d(fm), nn.ReLU(True),
        MaskedConv2d('B', fm, fm, 7, 1, 3, bias=False),
        nn.BatchNorm2d(fm), nn.ReLU(True),
        MaskedConv2d('B', fm, fm, 7, 1, 3, bias=False),
        nn.BatchNorm2d(fm), nn.ReLU(True),
```

```
    MaskedConv2d('B', fm, fm, 7, 1, 3, bias=False),
    nn.BatchNorm2d(fm), nn.ReLU(True),
    nn.Conv2d(fm, 256, 1))
```

앞의 코드는 완전한 PixelCNN 모델이며, 순차(Sequential) 유닛으로 래핑된다. 이 모델은 torch. nn.Conv2d에서 상속된 MaskedConv2d 인스턴스로 구성되며, torch.nn에서 Conv2d의 모든 * args 및 ** kwargs를 사용한다. 각 합성곱 유닛 뒤에는 배치 정규화(batch norm) 레이어와 ReLU 레이어가 있으며, 이는 합성곱 레이어와의 성공적인 조합으로 알려져 있다. 최종 레이어에서 선형 레이어를 사용하는 대신에, 저자는 선형 2차원 합성곱을 사용하기로 했는데, 이는 선형 레이어보다 더 잘 작동하는 것으로 입증되었다.

마스크 합성곱

마스크 합성곱(Masked Convolution)은 PixelCNN에서 네트워크를 학습시키는 동안 미래와 현재 픽셀에서 생성 작업으로의 정보 흐름을 방지하는 데 사용된다. 이는 픽셀을 생성하는 동안 미래 픽셀 또는 현재 픽셀에 접근할 수 없으므로 필수적이다. 그러나 앞에서 설명한 한 가지 예외가 있다. 현재 녹색 채널 값의 생성은 적색 채널의 예측에 사용할 수 있고, 현재 블루 채널의 생성은 녹색 및 적색 채널 모두의 예측에 사용할 수 있다.

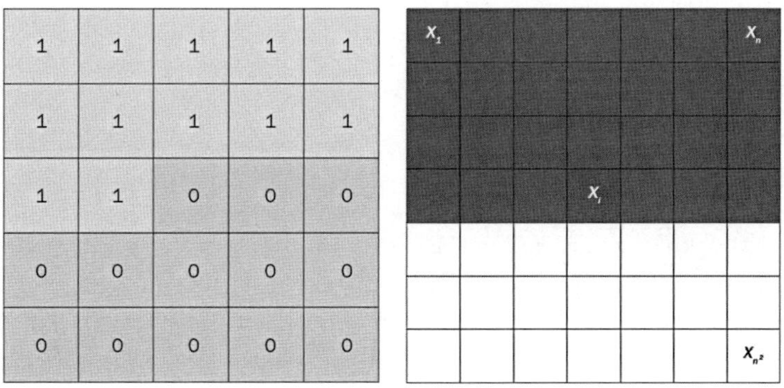

그림 6.6 왼쪽은 마스크, 오른쪽은 PixelCNN의 컨텍스트

마스킹(Masking)은 필요하지 않은 모든 픽셀의 값을 0으로 하여 수행된다. 값이 1과 0인 커널 크기와 같은 크기의 마스크 텐서가 생성되며, 불필요한 픽셀은 모두 0의 값을 가진다. 그런 다음 이 마스크 텐서는 합성곱 연산을 수행하기 전에 가중치 텐서와 곱한다.

PixelCNN은 풀링 레이어와 역합성곱 레이어를 사용하지 않기 때문에 채널 크기는 일정하게 유지되어야 한다. 마스크 A는 네트워크가 현재 픽셀의 값을 학습하지 못하도록 막지만, 마스크 B는 채널 크기를 3(RGB)으로 유지하고, 자체 값에 따라 현재 픽셀 값을 허용하여 네트워크에서 더 많은 유연성을 허용한다.

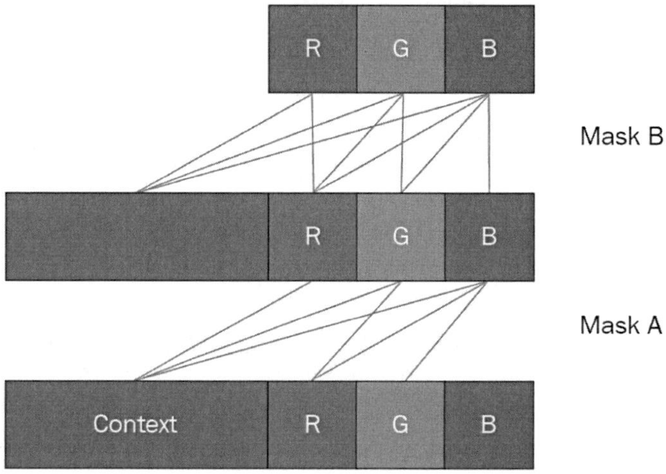

그림 6.7 마스크 A와 마스크 B

```
class MaskedConv2d(nn.Conv2d):
    def __init__(self, mask_type, *args, **kwargs):
        super().__init__(*args, **kwargs)
        assert mask_type in ('A', 'B')
        self.register_buffer('mask', self.weight.data.clone())
        _, _, kH, kW = self.weight.size()
        self.mask.fill_(1)
        self.mask[:, :, kH // 2, kW // 2 + (mask_type == 'B'):] = 0
        self.mask[:, :, kH // 2 + 1:] = 0

    def forward(self, x):
        self.weight.data *= self.mask
        return super(MaskedConv2d, self).forward(x)
```

앞의 클래스 MaskedConv2d는 torch.nn.Module에서 상속하는 대신 torch.nn.Conv2d에서 상속된다. 사용자 정의 모델 클래스를 생성하기 위해 일반적으로 'torch. nn.Module'을 상속하지만, Conv2d가 마스크를 사용해서 연산을 향상하려고 하므로 우리는 'torch.nn.Conv2D'로부터 상속한다. 이는 다시 'torch.nn.Module'에서 상속된다. register_buffer 클래스 메소드는 파이토치가 state_dict 딕셔너리 객체에 텐서를 추가하기 위해 제공하는 편리한 API 중 하나이며, 모델을 디스크에 저장하려고 할 때, 모델과 함께 디스크에 저장된다.

forward 함수에서 재사용할 수 있는 상태 저장 변수를 추가하는 명백한 방법은, 객체 속성으로 해당 변수를 추가하는 것이다.

```
self.mask = self.weight.data.clone()
```

그러나 이것은 state_dict의 일부가 아니며 디스크에 저장되지 않는다. register_buffer를 사용한다면, 우리가 만든 텐서가 state_dict의 일부분이 되는지 꼭 확인해봐야 한다. 그런 다음 인플레이스(in-place) fill_ 연산을 사용하여 마스크 텐서에 1을 채운 다음, 그림 6.6과 같이 텐서를 얻기 위해 0을 추가한다. 그림에는 2차원 텐서처럼 표시되지만, 실제 가중치 텐서는 3차원이다. forward 함수는 마스크 텐서를 곱하여 가중치 텐서를 마스킹하기 위한 것이다. 곱셈은 마스크 값이 1인 인덱스에 해당하는 모든 값을 유지하면서, 마스크 값이 0인 인덱스에 해당하는 모든 값을 삭제한다. 그런 다음 상위 Conv2d 레이어에 대한 일반 호출은 가중치 텐서를 사용하고, 2차원 합성곱을 수행한다.

네트워크의 마지막 레이어는 softmax 레이어로 픽셀에서의 256개의 가능한 값을 예측하여 네트워크의 출력 생성을 이산화한다. 반면 이전에 사용했던 최첨단 자기 회귀 모델은 마지막 레이어의 연속 값을 생성한다.

```
optimizer = optim.Adam(net.parameters())
for epoch in range(25):
    net.train(True)
    for input, _ in tr:
        target = (input[:,0] * 255).long()
        out = net(input)
```

```
    loss = F.cross_entropy(out, target)
    optimizer.zero_grad()
    loss.backward()
    optimizer.step()
```

학습은 모멘텀(momentum) 비율을 기본값으로 한 Adam 옵티마이저를 사용한다. 또한 손실 함수는 파이토치의 `functional` 모듈에서 생성된다. `target` 변수 생성 이외의 모든 것은 일반적인 학습 연산과 같게 유지된다.

지금까지는 라벨이 명시적으로 제공되는 지도학습을 통해 작업하였다. 특히 우리의 경우에는 같은 출력을 생성해야 하므로 목푯값은 입력과 같게 설정된다. `torchvision` 패키지는 변환 및 정규화를 픽셀에 적용하고 0부터 255의 픽셀값을 −1부터 1 사이로 변환한다. 최종 레이어에서 `softmax`를 사용하기 때문에 0에서 255 범위로 다시 변환해야 한다. 결국, 우리는 0에서 255까지의 확률 분포를 갖게 된다.

Gated PixelCNN

Gated PixelCNN은 PixelCNN과 관련된 논문 중에서 딥마인드(DeepMind)에 의해 성공적으로 사용되었다. sigmoid와 tanh 함수로 만들어진 게이트로 ReLU 활성화 함수를 대체했다. PixelCNN에 대한 소개 논문 [1]에는 같은 세대의 생성 네트워크(generation network)를 해결하는 데 사용되는 세 가지 접근 방식이 있으며, 그중 RNN 모델이 다른 두 모델보다 성능이 뛰어나다. DeepMind는 여전히 PixelRNN와 비교해서 속도 향상이 있음을 보여주는 CNN 기반 모델을 소개한다. 그러나, PixelCNN에서 게이트 활성화가 도입됨에 따라, 저자들은 변형 RNN만큼 성능을 끌어올릴 수 있었다. 같은 논문에서 사각지대를 피하고 생성 시 전역 및 로컬 조건화를 추가하는 메커니즘을 소개했다. 하지만 이 방법은 웨이브넷(WaveNet) 모델에는 필요하지 않으므로 이 책에서는 다루지 않는다.

웨이브넷

딥마인드는 또 다른 논문 [2]에서 PixelCNN을 포함한 웨이브넷(WaveNet)의 자기 회귀 생성 네트워크를 소개했다. 실제로 웨이브넷 아키텍처는 PixelCNN을 기반으로 구축되어 네트워크가 PixelRNN보다 상대적으로 빠른 방식으로 출력을 생성할 수 있다. 소리 신호에 대한 신경망의 구현을 웨이브넷과 함께 이 책에서 처음으로 살펴보려 한다. PixelCNN의 2차원 합성곱과는 다르게 우리는 소리 신호에 대한 1차원 합성곱을 사용하는데, 이는 초보자에게는 상당히 복잡하다.

웨이브넷은 오디오 신호에서 푸리에 변환을 사용하는 기존 방식을 대체한다. 이는 신경망이 변환을 어떻게 할지 알아내게 함으로써 이루어진다. 따라서 변환은 역전파가 가능해지고 미가공된 오디오 데이터는 확장된 합성곱(dilated convolution)과 8비트 양자화 등의 기술로 처리할 수 있게 된다. 하지만 사람들은 웨이브넷 접근법을 전통적인 모델과 혼합하는 연구를 해왔다. 그러기 위해선 웨이브넷이 사용하는 분류에 대한 손실 함수 대신 다변량 회귀 분석으로 변환해 사용해야 함에도 불구하고 말이다.

파이토치는 역전파를 제공하는 전통적인 방법들을 위한 API를 제공한다. 다음은 실제 입력을 다시 얻기 위한 푸리에 변환의 결과로 빠른 푸리에 변환과 역푸리에 변환을 수행하는 예이다. 두 연산 모두 2차원이 마지막인 2차원 텐서에 있으며, 복소수의 실수와 허수를 나타낸다.

파이토치는 빠른 푸리에 변환(`torch.fft`), 역푸리에 변환(`torch.ifft`), 복소수 푸리에 변환(`torch.irfft`), 단시간 푸리에 변환(`torch.stft`) 등을 위한 API들을 제공하며, 한 윈도우(Hann window)와 해밍 윈도우(Hamming window), 바트릿트 윈도우(Bartlett window)와 같은 여러 윈도우 함수(window functions)들을 제공한다.

```
>>> x = torch.ones(3,2)
>>> x

1  1
1  1
1  1
[torch.FloatTensor of size (3,2)]

>>> torch.fft(x, 1)

3  3
0  0
0  0
[torch.FloatTensor of size (3,2)]
```

```
>>> fft_x = torch.fft(x, 1)
>>> torch.ifft(fft_x, 1)

1  1
1  1
1  1
[torch.FloatTensor of size (3,2)]
```

웨이브넷은 연산 속도를 높이기 위해 순차 데이터의 합성곱 네트워크 또는 확장된 합성곱 네트워크를 도입한 최초의 아키텍처는 아니다. 하지만 웨이브넷은 이 두 가지를 이용하여 성능이 높은 오디오를 생성하는 최적점을 찾는 데 성공하였다. 최초의 웨이브넷의 저자는 기존 웨이브넷을 발전시킨 병렬 웨이브넷을 소개하는 또 다른 논문을 발표하였다. 그러나 이번 챕터에서 우리는 일반적인 웨이브넷에 중점을 둘 것이다.

웨이브넷의 기본 빌딩 블록은 확장된 합성곱이고, 이는 컨텍스트 정보를 얻기 위해 RNN의 기능을 대체한다.

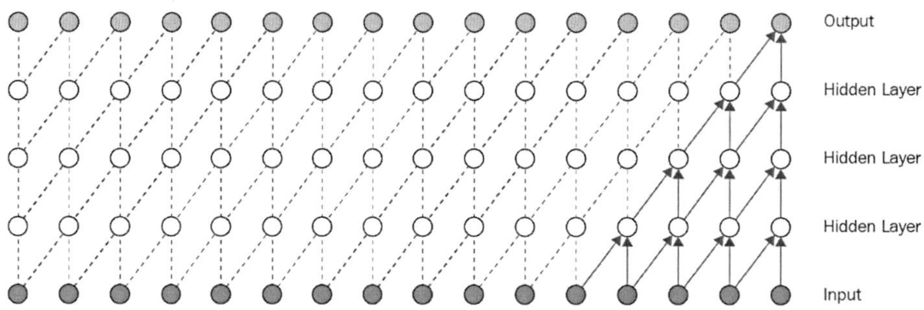

그림 6.8 확장된 합성곱을 사용하지 않은 웨이브넷 아키텍처

출처 : WaveNet: A Generative Model for Raw Audio, Aaron van den Oord and others

그림 6.8은 웨이브넷이 새로운 값 예측을 수행하면서 컨텍스트에 대한 정보를 가져오는 방법을 보여준다. 입력은 원시 오디오 샘플인 파란색(그림의 맨 아래 레이어)으로 제공된다. 예를 들어, 16 kHz의 오디오 샘플은 1초의 오디오에 대해 16,000개의 데이터 포인트를 가지며, 한 단어가 하나의 데이터 포인트가 될 수 있는 자연어의 시퀀스 길이에 비교하면 매우 길다. 이러한 긴 시퀀스는 RNN이 미가공 오디오 샘플에 효과적이지 않은 이유 중 하나이다.

LSTM 네트워크가 컨텍스트 정보를 기억할 수 있는 실제 시퀀스 길이는 50에서 100이다. 위 그림에는 이전 레이어의 정보를 사용하는 세 개의 숨겨진 레이어가 있다. 첫 번째 레이어의 입력은 1차원 합성곱 레이어를 통과하여 두 번째 레이어에 대한 데이터를 생성한다. 합성곱은 RNN의 경우와 다르게 병렬적으로 수행할 수 있고, 각 데이터 포인트가 순차적으로 전달하기 위해 이전 입력이 필요하다.

더 많은 컨텍스트를 수집하기 위해서는 레이어 수를 늘려주면 된다. 그림 6.8에서 4 번째 레이어에 있는 출력은 입력 레이어의 5개 노드로부터 컨텍스트 정보를 가져온다. 따라서 각 레이어는 컨텍스트에 하나 이상의 입력 노드를 추가한다. 즉, 숨겨진 레이어가 10개인 경우, 최종 레이어는 총 12개의 입력 노드에서 컨텍스트 정보를 얻게 된다.

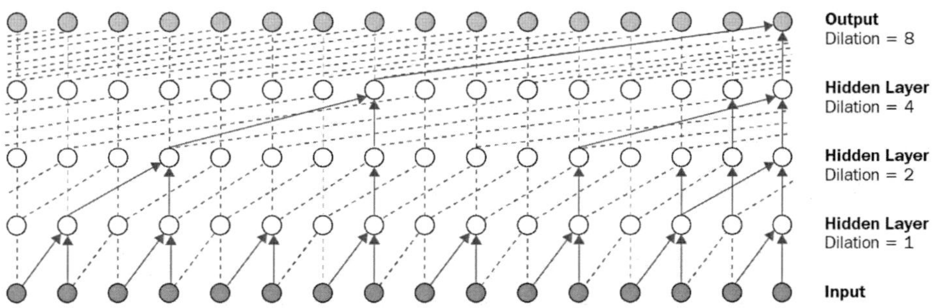

그림 6.9 확장된 합성곱

출처 : WaveNet: A Generative Model for Raw Audio, Aaron van den Oord and others

지금까지 LSTM 네트워크의 컨텍스트 저장 용량을 50에서 100으로 제한하려면 네트워크에 98개의 레이어가 필요하며, 계산 비용이 많이 든다. 여기서 확장된 합성곱(dilated convolution)을 사용한다. 확장된 합성곱에서는 각 레이어 마다 확장 계수(dilated factor)가 있으며, 이를 증가시키면 특정 컨텍스트 윈도우의 너비를 로그 단위로 줄일 수 있다.

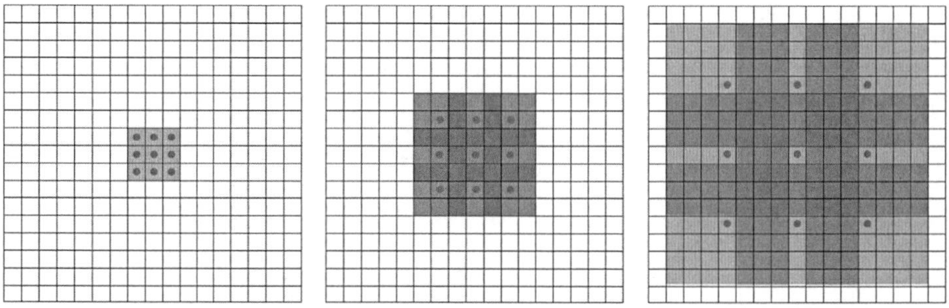

그림 6.10 확장 계수가 0, 2 및 4인 합성곱

출처 : Multi-scale Context Aggregation By Dilated Convolutions, Fisher Yu and Vladlen Koltun

그림 6.9는 웨이브넷에 사용된 확장 합성곱 과정을 보여준다(확장 합성곱을 보다 잘 이해하기 위해 2차원 그림을 사용했다. 웨이브넷은 1차원 합성곱을 사용한다). 구현 시 사이에 있는 파라미터의 로그가 생략되지만, 최종 노드는 컨텍스트의 모든 노드에서 정보를 얻는다. 확장된 합성곱이 없는 이전 구현들은 5개의 입력 노드를 커버하는 반면 확장된 합성곱과 3개의 은닉층을 사용한 이전 구현은 16개의 입력 노드를 커버한다.

```
dilatedcausalconv = torch.nn.Conv1d(
                                    res_channels,
                                    res_channels,
                                    kernel_size=2,
                                    dilation=dilation,
                                    padding=0,
                                    bias=False)
```

확장된 합성곱의 구현은 그림 6.10과 같은 2차원 그림으로 설명할 수 있다. 세 가지 예는 모두 3×3 크기의 커널을 사용하는데, 가장 왼쪽 블록은 확장 계수가 0인 일반 합성곱 또는 확장된 합성곱을 보여준다. 가운데 블록은 같은 커널이지만 확장 계수는 2이고, 마지막 블록은 확장 계수가 4이다. 확장된 합성곱의 구현 요령은 커널 사이에 0을 추가하여 커널의 크기를 확장하는 것이다(그림 6.11 참조).

1	0	1	0	1
0	0	0	0	0
1	0	1	0	1
0	0	0	0	0
1	0	1	0	1

그림 6.11 커널 확장을 통한 확장된 컨볼루션

파이토치를 사용하면 이전 코드 블록의 dilatedcausalconv1d 노드에 지정된 대로 사용자가 확장을 키워드 파라미터로 전달함으로써 확장된 컨볼루션을 쉽게 수행할 수 있다. 앞에서 서술한 바와 같이, 각 레이어는 서로 다른 확장 계수를 가지며, 이는 각 레이어에 대한 확장된 합성곱 노드 생성을 위해 전달될 수 있다. 스트라이트 값은 1이고, 업 샘플링 또는 다운 샘플링하는게 목표가 아니므로 패딩은 0으로 유지된다. init_weights_for_test는 가중치 행렬을 1로 채우면서 테스트하도록 만들어진 편리한 함수이다.

파이토치가 제공하는 유연성 덕분에 사용자는 온라인으로 파라미터를 조정할 수 있으며, 이는 네트워크 디버깅에 매우 유용하다.

forward 패스는 파이토치 Conv1d 객체를 호출한다. 이 객체는 호출 가능하며 self.conv 변수에 저장된다.

```
causalconv = torch.nn.Conv1d(
                                in_channels,
                                res_channels,
                                kernel_size=2,
                                padding=1,
                                bias=False)
```

웨이브넷의 완전한 아키텍처는 확장된 합성곱 네트워크의 기초와 합성곱 이후의 게이트된 활성화 위에 구축된다. 웨이브넷의 데이터 흐름은 일반적인 1차원 합성곱인 인과 합성곱(casual convolution) 연산으로 시작하며, 확장된 합성곱 노드로 전달된다. 웨이브넷 그림 6.9의 흰색 원은 확장된 합성곱 노드이다. 합성곱 과정을 거친 데이터 포인트는 확장된 합성곱 노드로 전달되고, 그 후 이 노드는 sigmoid 게이트와 tanh 활성화를 독립적으로 통과한다. 두 연산의 출력은 점별 곱셈 연산자(pointwise multiplication operator)와 1×1 합성곱을 거친다. 웨이브넷은 residual connection과 skip connection을 사용하여 데이터 흐름을 부드럽게 한다. 메인 흐름과 평행하게 진행되는 residual 스레드는 더하기 연산을 통해 1×1 합성곱의 출력과 병합된다.

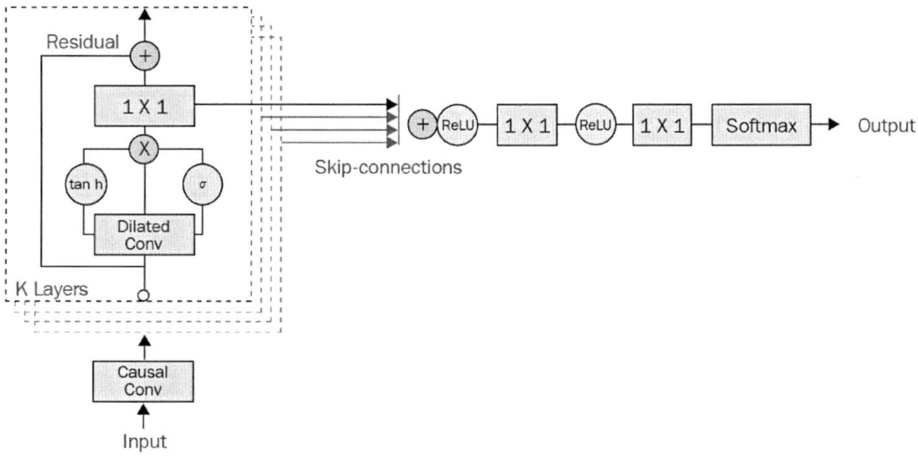

그림 6.12 웨이브넷 구조

출처 : WaveNet: A Generative Model for Raw Audio, Aaron van den Oord and others

그림 6.12에 제시된 웨이브넷의 구조에 대한 다이어그램은 이러한 모든 작은 컴포넌트들이 어떻게 연결되어 있는지 보여준다. skip connection 이후의 부분은 프로그램 안에서 덴스 레이어(dense layer)라고 부르지만, 이전 챕터에서 소개된 덴스 레이어는 아니다.

일반적으로 덴스 레이어는 네트워크에 비선형성을 도입하고 모든 데이터의 정보를 얻기 위해 완전 연결 레이어로 표현된다. 그러나 웨이브넷의 저자는 일반 덴스 레이어가 ReLU의 체인으로 대체될 수 있으며, 1×1 합성곱이 256개의 유닛(오디오 주파수의 거대한 fanout의 8비트 뮤 법칙 양자화)을 펼쳐주는 마지막의 softmax 레이어와 함께 더 높은 정확도를 달성할 수 있다는 것을 발견하였다.

```
class WaveNet(torch.nn.Module):
    def __init__(self, layer_size, stack_size, in_channels, res_ channels):
        super(). init  ()
        self.rf_size = sum([2 ** i for i in range(layer_size)] * stack_size)
        self.causalconv = torch.nn.Conv1d(
            in_channels, res_channels, kernel_size=2, padding=1, bias=False)
        self.res_stack = ResidualStack(
            layer_size, stack_size, res_channels, in_channels)
        self.final_conv = FinalConv(in_channels)

    def forward(self, x):
        x = x.transpose(1, 2)
        sample_size = x.size(2)
        out_size = sample_size - self.rf_size
        if out_size < 1:
            print('Sample size has to be more than receptive field size')
        else:
            x = self.causalconv(x)[:, :, :-1]
            skip_connections = self.res_stack(x, out_size)
            x = torch.sum(skip_connections, dim=0)
            x = self.final_conv(x)
            return x.transpose(1, 2).contiguous()
```

위 코드의 프로그램은 모든 상위 컴포넌트를 사용하여 그래프를 작성하는 기본 상위 웨이브넷 모듈이다. `Init`는 세 가지 주요 구성요소, 즉 일반 합성곱, 모든 확장된 합성곱으로 구성되는 residual connection 블록인 `res_stack`, 마지막으로 sigmoid-tanh 게이트를 정의한다. 그런 다음 `final_conv`는 1×1 합성곱 위에 만들어진다. `forward`는 하나의 합산 노드가 도입되면서 이러한 모듈을 순차적으로 실행한다. `final_conv`에 의해 생성된 결과는 `contiguous()`를 사용하여 메모리의 단일 블록으로 이동된다. 이것은 나머지 네트워크에 필요하다.

자세한 설명이 필요한 모듈 중 하나는 웨이브넷 아키텍처의 핵심인 `ResidualStack`이다. `ResidualStack`은 `ResidualBlock`의 레이어를 쌓아올린 것이다. 웨이브넷 그림 안의 각각의 작은 원은 하나의 `ResidualBlock`이다. 일반 합성곱 이후 데이터는 앞에서 설명한 대로 ResidualBlock으로 전달된다.

ResidualBlock은 확장된 합성곱으로 시작하며 확장된 값을 받기를 예상한다. 따라서 ResidualBlock은 아키텍처에서 해당 작은 원 노드 각각의 확장 계수를 결정한다. 앞에서 설명한 것처럼 확장된 합성곱의 출력은 PixelCNN에서 본 게이트와 유사한 게이트를 통과한다.

그 후, skip connection과 residual connection을 위해 두 개의 별도 합성곱을 거쳐야 한다.

```
class ResidualBlock(torch.nn.Module):
    def __init__(self, res_channels, skip_channels, dilation=1):
        super().__init__()
        self.dilatedcausalconv = torch.nn.Conv1d(
            res_channels, res_channels, kernel_size=2, dilation=dilation,
            padding=0, bias=False)
        self.conv_res = torch.nn.Conv1d(res_channels, res_channels, 1)
        self.conv_skip = torch.nn.Conv1d(res_channels, skip_channels, 1)
        self.gate_tanh = torch.nn.Tanh()
        self.gate_sigmoid = torch.nn.Sigmoid()

    def forward(self, x, skip_size):
        x = self.dilatedcausalconv(x)

        # PixelCNN Gate
        # ---------------------------
        gated_tanh = self.gate_tanh(x)
        gated_sigmoid = self.gate_sigmoid(x)
        gated = gated_tanh * gated_sigmoid
        # ---------------------------

        x = self.conv_res(gated)
        x += x[:, :, -x.size(2):]
        skip = self.conv_skip(gated)[:, :, -skip_size:]
        return x, skip
```

ResidualStack은 다수의 레이어와 다수의 스택을 사용하여 확장 계수를 만든다. 일반적으로, 각 레이어는 확장 계수로서 2^*l*을 가지며, 여기서 *l*은 레이어의 개수이다. 각 스택은 1에서부터 2^*l*로 시작하는 같은 수의 레이어와 같은 패턴의 확장 계수 리스트를 갖는다.

stack_res_block 메소드는 이전에 설명한 ResidualBlock을 사용하여 각 스택 및 각 레이어의 각 노드에 대한 ResidualBlock을 만든다. 여러 GPU를 사용할 수 있는 경우 병렬 처리를 위해 새로운 파이토치 API인 nn.DataParellel을 사용할 수 있다.

모델을 데이터 병렬 모델로 만듦으로써 파이토치에게 사용자가 더 많은 GPU를 사용할 수 있다는 것을 알리며, 파이토치는 사용자에게 더 이상의 불편함을 주지 않고 모델을 가져올 수 있다. 파이토치는 데이터를 사용 가능한 GPU의 개수로 나누고 각 GPU에서 병렬적으로 모델을 실행한다.

또한, 각 GPU에서 결과를 다시 수집하고, 진행하기 전에 이를 병합한다.

```
class ResidualStack(torch.nn.Module):
    def __init__(self, layer_size, stack_size, res_channels,
    skip_channels):
        super().__init__()
        self.res_blocks = torch.nn.ModuleList()
        for s in range(stack_size):
            for l in range(layer_size):
                dilation = 2 ** l
                block = ResidualBlock(res_channels, skip_channels, dilation)
                self.res_blocks.append(block)

    def forward(self, x, skip_size):
        skip_connections = []
        for res_block in self.res_blocks:
            x, skip = res_block(x, skip_size)
            skip_connections.append(skip)
        return torch.stack(skip_connections)
```

6.3 생성적 적대 신경망(GAN)

GAN은 근 10년간 많은 딥러닝 연구자들이 인정하는 주요한 발명 중 하나이다. 그것들은 본질에서 다른 생성 네트워크와는 다르며, 특히 학습 방식이 다르다. 데이터 생성을 위한 적대적 네트워크에 관한 첫 논문은 Ian Goodfellow에 의해서 2014년에 발표되었다. 지도학습 알고리즘은 라벨값이 포함된 데이터 *y를 가지고* 함수 $y' = f(x)$를 추론하도록 학습하지만, GAN은 비지도 학습 알고리즘이다.

이 유형의 학습 알고리즘은 본질적으로 차별적이며, 이는 어떤 상태가 주어졌을 때의 무언가의 확률을 나타내는 조건부 확률 분포 함수를 모델링하는 것을 배우는 것을 의미한다. 예를 들어, 주택 구입 가격이 $100,000인 경우, 주택의 위치에 대한 확률은 어떻게 될까? GAN은 랜덤 분포에서 출력을 생성하고, 랜덤 입력의 변경으로 인해 출력이 달라진다.

GAN은 랜덤 분포에서 표본을 얻은 다음 네트워크에서 출력으로 변환한다. GAN은 입력 분포의 패턴을 학습하는 데 지도받지 않으며, 다른 생성 네트워크와 달리 GAN은 밀도 분포를 명시적으로 학습하지 않는다. 대신, 그들은 게임 이론 접근법을 사용하여 두 플레이어 사이의 내쉬 균형(Nash equilibrium)을 찾는다. GAN 구현에는 항상 생성 네트워크와 적대적 네트워크가 있으며, 이 둘의 사이는 서로를 이기려고 하는 두 명의 플레이어로 생각할 수 있다. GAN의 핵심 아이디어는 균일 또는 가우시안(Gaussian)과 같은 데이터 분포에서 샘플링하여 네트워크가 샘플을 실제 데이터 분포와 같은 샘플로 변환할 수 있도록 하는 것이다. 간단한 GAN(Simple GAN)을 구현하여 GAN의 작동 원리를 이해한 다음 CycleGAN이라는 고급 GAN 구현으로 넘어간다.

간단한 GAN

GAN을 이해하기 위한 직관적인 접근 방식은 게임 이론 관점으로 GAN을 이해하는 것이다. 간단히 설명하자면 GAN은 생성자(generator)와 판별자(discriminator)라는 경쟁 관계의 두 명의 플레이어로 구성된다. 생성자는 분포에서 임의의 노이즈를 가져오고, 이것으로부터 출력 분포를 생성하려고 한다. 생성자는 항상 실제 분포(distribution)와 유사한 분포를 만들려고 한다. 즉, 가짜 출력은 실제 이미지처럼 보여야 한다.

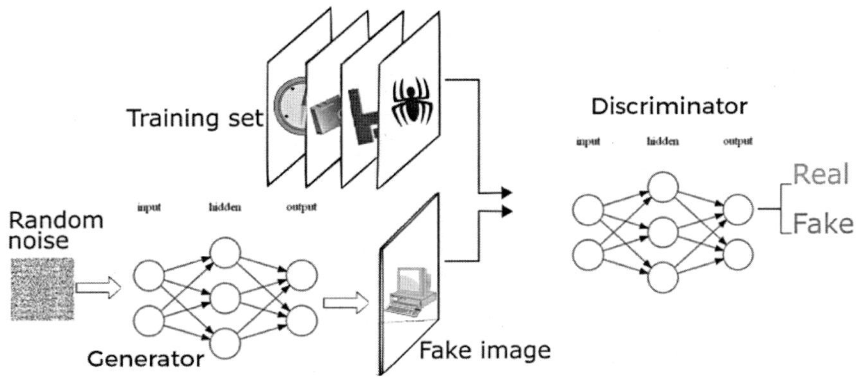

그림 6.13 GAN의 구조

하지만 명시적인 학습이나 라벨이 없으면 생성자는 실제 이미지가 어떤 모양인지 파악할 수 없으며, 임의의 소수점 숫자의 텐서만을 가지게 된다. 그다음 GAN에서 소개할 두 번째 플레이어는 바로 판별자이다. 판별자는 생성된 출력이 실제 이미지처럼 보이지 않는다는 점을 생성자에게 알릴 책임이 있다. 그래서 생성자는 이미지를 생성하는 방식을 변경해 이를 통해 판별자가 실제 이미지라고 생각하게 해서 속이려 한다.

그러나 판별자는 항상 생성자가 생성한 이미지라는 것을 알기에 이미지가 실제가 아니라고 생성자에게 알릴 수 있다. 여기가 매우 흥미로운 일이 시작되는 지점이다. GAN은 실제 이미지를 게임에 가져오고 판별자와 생성자를 서로 분리한다. 판별자는 실제 이미지 셋으로부터 실제 이미지와 생성자로부터 생성된 가짜 이미지를 입력받으며, 진짜/가짜 이미지를 구별해야 한다.

처음에, 판별자는 아무것도 알지 못하므로 임의의 결과를 예측한다.

```
class DiscriminatorNet(torch.nn.Module):
    """
    A three hidden-layer discriminative neural network
    """
    def __init__(self):
        super().__init__()
        n_features = 784
```

```
        n_out = 1

        self.hidden0 = nn.Sequential(
            nn.Linear(n_features, 1024),
            nn.LeakyReLU(0.2),
            nn.Dropout(0.3)
        )
        self.hidden1 = nn.Sequential(
            nn.Linear(1024, 512),
            nn.LeakyReLU(0.2),
            nn.Dropout(0.3)
        )
        self.hidden2 = nn.Sequential(
            nn.Linear(512, 256),
            nn.LeakyReLU(0.2),
            nn.Dropout(0.3)
        )
        self.out = nn.Sequential(
            torch.nn.Linear(256, n_out),
            torch.nn.Sigmoid()
        )

    def forward(self, x):
        x = self.hidden0(x)
        x = self.hidden1(x)
        x = self.hidden2(x)
        x = self.out(x)
        return x
```

그러나 판별자의 작업은 분류 작업으로 변경될 수 있다. 판별자는 입력 이미지를 이진 분류를 통해 원본 또는 생성된 것으로 분류할 수 있다. 또한, 우리는 판별자 네트워크가 이미지를 정확하게 분류하기 위해 학습시키고, 판별자는 결국 역전파를 통해 실제 이미지와 생성된 이미지를 구별하는 법을 배운다.

이 세션에서 사용된 예제는 MNIST와 유사한 출력을 생성한다. 앞의 코드는 MNIST의 판별자 플레이어를 보여준다. 판별자는 실제 데이터 또는 생성자로부터 하나의 이미지를 받게 된다. GAN은 불안전한 것으로 악명이 높으므로 LeakyReLU를 사용하는 것이 일반 ReLU를 사용하는 것보다 더 좋다. 이제 LeakyReLU는 0 아래의 모든 값을 전부 0의 값으로 정하는 대신 음수값을 가지도록 한다. 이는 0보다 작은 값에 대해

0의 기울기를 갖는 일반 ReLU보다 기울기를 네트워크에서 더 잘 흐르게 한다.

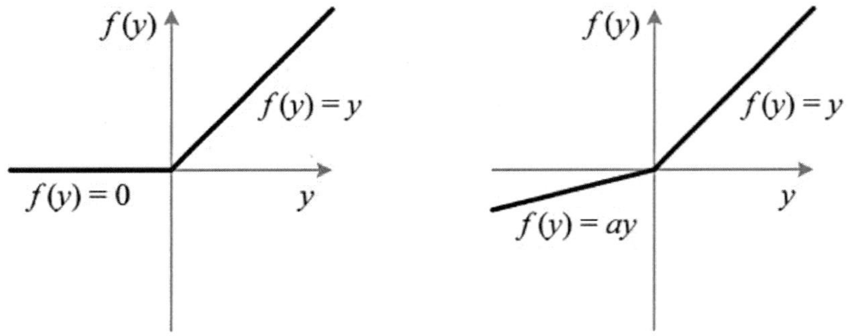

그림 6.14 ReLU 및 leaky ReLU

우리가 개발하는 간단한 판별자는 세 개의 순차 레이어를 갖는다. 각각은 선형레이어, LeakyReLU 및 드롭 아웃 레이어의 순서대로 연결되어 있으며, 그 후에 선형 레이어와 sigmoid 게이트를 통과한다. 일반적으로 확률 예측 네트워크는 마지막 레이어로 softmax 레이어를 사용한다. 이와 같은 간단한 GAN은 sigmoid 레이어에서 가장 잘 작동한다.

```
def train_discriminator(optimizer, real_data, fake_data):
    optimizer.zero_grad()

    # 1.1 Train on Real Data
    prediction_real = discriminator(real_data)
    # Calculate error and backpropagate
    error_real = loss(prediction_real,
                      real_data_target(real_data.size(0)))
    error_real.backward()

    # 1.2 Train on Fake Data
    prediction_fake = discriminator(fake_data)
    # Calculate error and backpropagate
    error_fake = loss(prediction_fake,
                          fake_data_target(real_data.size(0)))
    error_fake.backward()

    # 1.3 Update weights with gradients
    optimizer.step()
```

```
    # Return error
    return error_real + error_fake, prediction_real,
    prediction_fake
```

위 코드에서 정의된 train_generator 함수는 판별자를 통과한 optimizer 객체와 가짜 데이터, 그리고 실제 데이터를 받아들인다. 뒤에 나올 코드에서 살펴볼 fake_data_target 함수는, 판별자에게서 나온 예측값의 크기와 같은 크기의 제로(zero) 텐서를 만든다. 여기서 예측은 판별자의 반환 값이다. 판별자의 학습 전략은 실제 데이터가 실제(true) 분포에 속한 것으로 분류될 확률을 최대화하고 가짜 데이터가 실제 분포에 속한 것으로 분류될 확률을 최소화하는 것이다. 실제로 판별자 또는 생성자의 결과에 로그값이 사용되는데 이는 부정확한 분류를 초래한 신경망에 큰 패널티 값을 주기 위해서이다. optimizer를 적용하기 전에 오류가 역전파 된다. step 함수는 구해진 기울기 값으로 가중치를 학습률만큼 업데이트한다.

실제 데이터 및 가짜 데이터를 얻는 함수는 다음에 제공되며, 이는 본질적으로 전에 언급했던 확률을 최소화하거나 최대화하는 개념과 일치한다. 실제 데이터 생성자는 우리가 입력으로 전달한 형태를 가지며 전부 1의 값을 가진 텐서를 반환한다. 생성자가 학습하는 과정에서 생성된 이미지가 실제 데이터 분포에서 가져온 것처럼 보이게 확률을 최대화하려고 한다. 이것은 판별자가 신뢰 점수(confidence score)로서 1을 예측해야 함을 의미하고, 이는 이미지가 실제 분포에서 가져왔다는 것을 의미한다.

```
def real_data_target(size):
    '''
    Tensor containing ones, with shape = size
    '''
    data = torch.ones(size, 1)
    if torch.cuda.is_available(): return data.cuda()
    return data

def fake_data_target(size):
    '''
    Tensor containing zeros, with shape = size
    '''
    data = torch.zeros(size, 1)
    if torch.cuda.is_available(): return data.cuda()
    return data
```

따라서 판별자는 단순한 분류 작업을 하므로 쉽게 구현된다. 생성자 네트워크는 모든 합성곱 업 샘플링과 다운 샘플링을 사용하므로 약간 복잡하다. 그러나 현재 예제에서는 가능한 한 간단하게 하려고, 합성곱 네트워크가 아닌 완전 연결 네트워크에서 작업하고 있다.

```
def noise(size):
    n = torch.randn(size, 100)
    if torch.cuda.is_available(): return n.cuda()
    return n
```

랜덤 샘플을 생성할 수 있는 노이즈 생성 함수를 정의할 수 있다(이 샘플링은 랜덤 분포를 사용하는 것 보다 가우시안(Gaussian)을 사용하는 게 더 효율이 좋다고 입증되었지만 우리는 단순화하기 위해 랜덤 분포를 사용한다). CUDA를 사용할 수 있는 경우, 랜덤으로 생성된 노이즈를 CPU 메모리에서 GPU 메모리로 전송하고 출력 크기가 100인 텐서를 반환한다. 따라서 생성 네트워크는 입력 노이즈가 특징들의 개수인 100개를 가질 것으로 예상하며 우리는 MNIST 데이터셋이 784개의 데이터 포인트(28×28)를 가지고 있음을 알고 있다.

생성자의 경우 판별자와 유사한 구조로 되어 있지만, 마지막 레이어에 sigmoid 대신 tanh 레이어를 사용한다. 그 이유는 우리가 MNIST 데이터에서 수행하였던 정규화가 −1에서 1의 범위를 가지기에 분별자로 하여금 같은 범위의 데이터 포인트를 전달하도록 이를 맞추어주기 위함이다. 생성자에 있는 각각 세 개의 레이어는 우리가 분류를 위해 판별자에서 다운 샘플링한 것처럼 입력 노이즈를 출력의 크기인 784로 업 샘플링한다.

```
class GeneratorNet(torch.nn.Module):
    """
    A three hidden-layer generative neural network
    """
    def __init__(self):
        super().__init__()
        n_features = 100
        n_out = 784

        self.hidden0 = nn.Sequential(
```

```
            nn.Linear(n_features, 256),
            nn.LeakyReLU(0.2)
        )
        self.hidden1 = nn.Sequential(
            nn.Linear(256, 512),
            nn.LeakyReLU(0.2)
        )
        self.hidden2 = nn.Sequential(
            nn.Linear(512, 1024),
            nn.LeakyReLU(0.2)
        )

        self.out = nn.Sequential(
            nn.Linear(1024, n_out),
            nn.Tanh()
        )

    def forward(self, x):
        x = self.hidden0(x)
        x = self.hidden1(x)
        x = self.hidden2(x)
        x = self.out(x)
        return x
```

생성자 훈련자(trainer) 함수는 판별자 훈련자 함수보다 훨씬 간단하며, 이는 두 소스에서 입력을 받지 않고 서로 다른 목적으로 학습하지 않아도 되기 때문이다. 반면, 판별자는 실제 이미지를 실제 이미지로 분류할 확률을 극대화해야 하고 노이즈 이미지를 실제 이미지로 분류할 확률을 최소화해야 한다. 이 함수는 생성자로부터 생성된 가짜 이미지 데이터와 옵티마이저만을 입력받는다. 생성자 학습자 함수의 코드는 GitHub 레파지토리에서 찾을 수 있다.

우리는 판별자 또는 생성자 네트워크의 인스턴스를 개별적으로 작성했다. 지금까지 모든 네트워크 구현에는 단일 모델 또는 단일 신경망이 있었지만, 처음으로 같은 데이터셋에서 최적화 목표가 다른 두 개의 개별 네트워크를 가진다. 두 개의 개별 네트워크를 사용하면, 두 개의 개별 옵티마이저 역시 작성해야 한다. 역사적으로 보면 학습 속도가 매우 느린 Adam 옵티마이저가 GAN에 가장 적합했다.

두 네트워크 모두 판별자의 출력으로 학습된다. 유일한 차이점은 판별자를 학습시키는 동안 우리는 가짜 이미지가 실제 이미지로 분류될 가능성을 최소화하려고 하고, 생성자를 훈련하는 동안 우리는 가짜 이미지가 실제 이미지로 분류될 확률을 최대화한다는 점이다. 항상 0과 1을 예측하려는 이진 분류기이므로 `torch.nn`의 `BCELoss`를 사용하여 0 또는 1을 예측한다.

```
discriminator = DiscriminatorNet()
generator = GeneratorNet()
d_optimizer = optim.Adam(discriminator.parameters(), lr=0.0002)
g_optimizer = optim.Adam(generator.parameters(), lr=0.0002)
loss = nn.BCELoss()
```

다음은 서로 다른 epoch에서 간단한 GAN에 의해 생성된 출력으로, 네트워크가 입력 랜덤 분포를 출력 실제 분포로 어떻게 매핑하는지 보여준다.

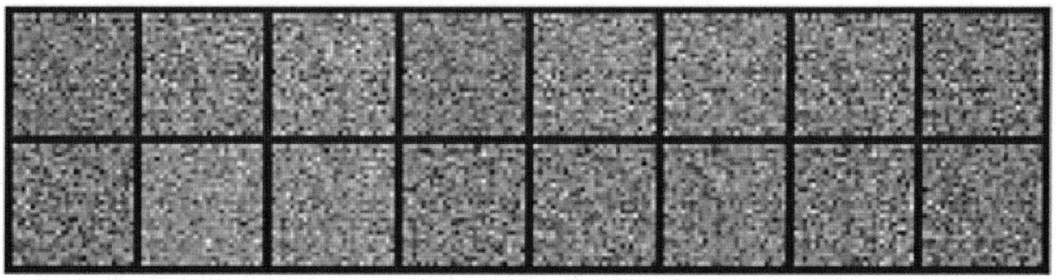

그림 6.15 100 epoch 후 출력 결과

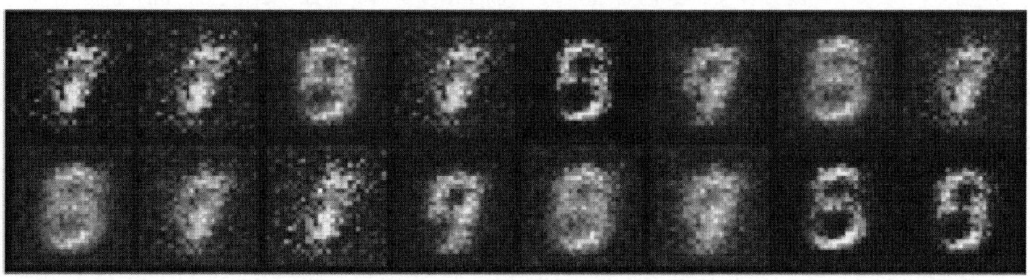

그림 6.16 200 epoch 후 출력 결과

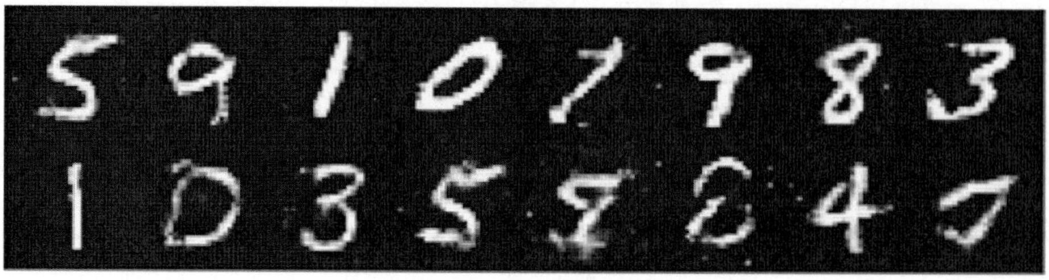

그림 6.17 300 epoch 후 출력 결과

CycleGAN

그림 6.18 실생활에 CycleGAN 적용 예시

출처 : Unpaired Image-to-Image Translationusing Cycle-Consistent Adversarial Networks, Jun-Yan Zhu and others

CycleGAN은 GAN 분야의 스마트한 변형 중 하나이다. 같은 아키텍처에서 두 GAN 사이의 영리하게 설계된 순환 흐름은 서로 다른 두 분포 사이의 매핑을 알려준다. 이전의 접근법은 네트워크가 매핑을 배우기 위해 서로 다른 배포된 이미지 쌍이 필요했다. 예를 들어, 흑백 이미지를 컬러로 변환할 수 있는 네트워크를 구축하는 것이 목표인 경우, 데이터셋에는 학습 셋의 한 쌍과 같은 이미지의 흑백 버전과 컬러 버전이 필요하다. 어렵지만 이것은 어느 정도 가능하긴 하다. 그러나 겨울에 촬영한 이미지를 여름에 촬영한 것처럼 보이게 하려면 학습 셋의 이미지 쌍이 같은 물체를 같은 프레임에서 겨울과 여름에 촬영된 것 같은 이미지여야 한다. 하지만 이것은 거의 불가능하다. 이를 CycleGAN이 도와줄 것이다.

CycleGAN은 각 분포의 패턴을 파악하고 한 분포에서 다른 분포로 이미지를 매핑하려 시도한다. CycleGAN의 간단한 아키텍처 다이어그램이 그림 6.19에 나와 있다. 상단의 다이어그램은 한 GAN을 학습시키는 방법을 보여주고, 하단의 다이어그램은 CycleGAN의 표준 예인 말과 얼룩말을 사용하여 다른 GAN을 학습시키는 방법을 보여준다.

CycleGAN에서는 분포에서 무작위로 샘플링된 데이터로 시작하는 대신, 세트 A의 실제 이미지, 여기서는 말(horse) 세트를 사용한다. A에서 B로의 생성자(즉, A2B)는 말과 변환된 얼룩말의 쌍의 이미지 없이 같은 말을 얼룩말로 변환하도록 학습한다. 학습이 시작되면 A2B는 의미 없는 이미지를 생성한다.

판별자 B는 A2B에서 생성된 이미지 또는 얼룩말 B 세트로부터의 실제 이미지를 얻는다. 다른 판별자와 마찬가지로 이미지가 생성된 것인지 진짜인지 예측한다. 이 과정은 정상적인 GAN과 같으며 같은 말을 얼룩말로 변환하는 것을 보장하지 않는다. 오히려, 그것은 이미지가 세트 A를 고려하지 않고 세트 B의 분포처럼 보이게 손실 값(loss)이 설정되므로 말의 이미지를 임의의 얼룩말 이미지로 변환한다. 세트 A와의 상관관계를 부과하기 위해 CycleGAN은 순환(cycle)을 도입한다.

A2B에서 생성된 이미지는 Cyclic_A를 얻기 위해 다른 생성자 B2A를 통과한다. Cyclic_A에 적용되는 손실은 CycleGAN의 중요한 부분이다. 여기서 Cyclic_A와 Input_A 사이의 거리를 줄이려고 한다. 이 두 번째 손실 이면의 아이디어는 우리가 시작한 분포가 말이기 때문에 두 번째 생성자가 말을 다시 생성할 수 있어야 한다는 것이다. A2B가 그림의 다른 것을 변경하지 않고 말을 얼룩말에 매핑하는 방법을 알고 있고, B2A가 그림의 다른 것을 변경하지 않고 말을 얼룩말에 매핑하는 방법을 알고 있다면 손실에 대한 우리의 가정은 정확해야 한다.

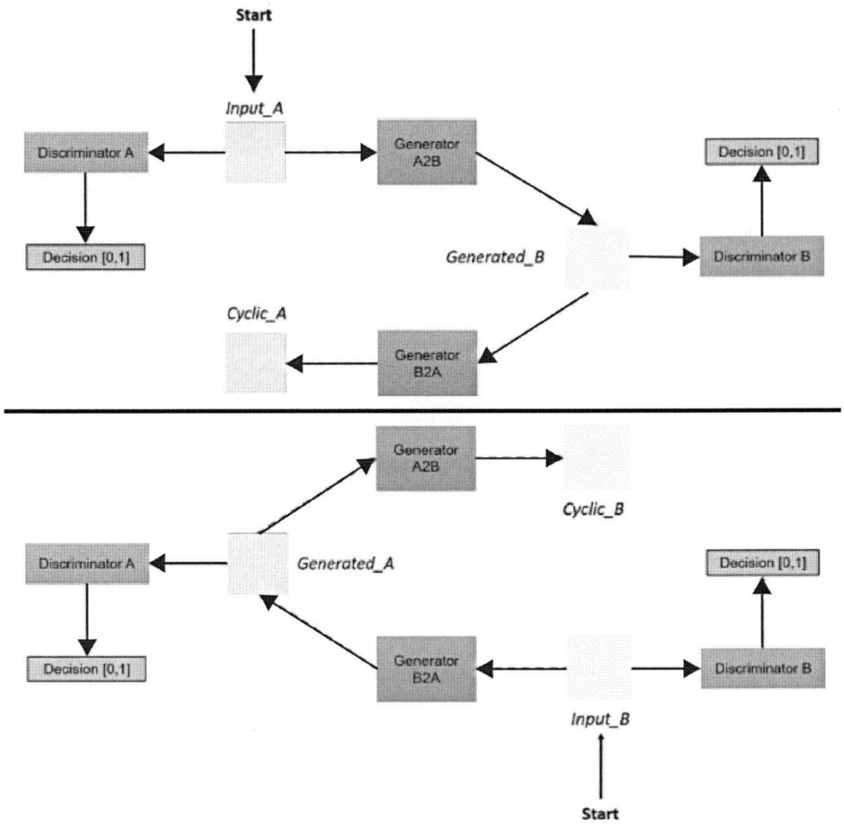

그림 6.19 CycleGAN 아키텍처

판별자 A가 말의 실제 이미지를 얻을 때, 판별자 B는 A2B에서 얼룩말의 생성된 이미지를 가져온다. 판별자 B가 얼룩말의 실제 이미지를 얻을 때, 판별자 A는 B2A에서 생성된 말의 이미지를 가져온다. 여기서 주목할 점은 판별자 A가 항상 이미지가 말 세트에서 나온 것인지 아닌지를 예측하고, 판별자 B는 이미지가 얼룩말 세트에서 나온 것인지 아닌지를 예측한다는 것이다. 또한 A2B는 항상 말 이미지 세트를 얼룩말 분포에 매핑하고, B2A는 항상 얼룩말 이미지 세트를 말 분포에 매핑한다.

두 생성자와 두 판별자의 순환적인 학습은 네트워크가 이미지를 다른 패턴을 가지는 것으로 매핑하지만 다른 모든 특징은 그대로 유지하는 것을 보장해준다.

```
Generator(
    (model): Sequential(
        (0): ReflectionPad2d((3, 3, 3, 3))
        (1): Conv2d(3, 64, kernel_size=(7, 7), stride=(1, 1))
        (2): InstanceNorm2d(64, eps=1e-05, momentum=0.1, affine=False,
             track_running_stats=False)
        (3): ReLU(inplace)
        (4): Conv2d(64, 128, kernel_size=(3, 3), stride=(2, 2),
             padding=(1, 1))
        (5): InstanceNorm2d(128, eps=1e-05, momentum=0.1, affine=False,
             track_running_stats=False)
        (6): ReLU(inplace)
        (7): Conv2d(128, 256, kernel_size=(3, 3), stride=(2, 2),
             padding=(1, 1))
        (8): InstanceNorm2d(256, eps=1e-05, momentum=0.1, affine=False,
             track_running_stats=False)
        (9): ReLU(inplace)
        (10): ResidualBlock()
        (11): ResidualBlock()
        (12): ResidualBlock()
        (13): ResidualBlock()
        (14): ResidualBlock()
        (15): ResidualBlock()
        (16): ResidualBlock()
        (17): ResidualBlock()
        (18): ResidualBlock()
        (19): ConvTranspose2d(256, 128, kernel_size=(3, 3), stride=(2,
              2), padding=(1, 1), output_padding=(1, 1))
        (20): InstanceNorm2d(128, eps=1e-05, momentum=0.1, affine=False,
              track_running_stats=False)
        (21): ReLU(inplace)
        (22): ConvTranspose2d(128, 64, kernel_size=(3, 3), stride=(2, 2),
              padding=(1, 1), output_padding=(1, 1))
        (23): InstanceNorm2d(64, eps=1e-05, momentum=0.1, affine=False,
              track_running_stats=False)
        (24): ReLU(inplace)
        (25): ReflectionPad2d((3, 3, 3, 3))
        (26): Conv2d(64, 3, kernel_size=(7, 7), stride=(1, 1))
        (27): Tanh()
    )
)
```

파이토치는 사용자가 네트워크 내부로 접근해 조작할 수 있는 완전한 유연성을 제공한다. 이 중 일부는 모델을 터미널에 출력하여 모든 모듈이 포함된 지형적으로(topographically) 정렬된 그래프를 표시한다.

앞에서 우리는 CycleGAN에서의 생성자 그래프를 보았다. A2B와 B2A는 우리가 살펴본 첫 번째 간단한 GAN과 달리 합성곱을 내재한 내부적으로는 같은 아키텍처를 가지고 있다. 전체 생성자는 `ReflectionPad2D`로 시작하는 단일 시퀀스 모듈 안에 싸여 있다.

반사 패딩에는 입력의 경계를 채우고 배치 차원과 채널 차원을 건너뛰는 과정이 포함된다. 패딩 다음에는 2차원 합성곱이 사용된다.

인스턴스 정규화는 배치 정규화와 같이 전체 셋을 함께 정규화하지 않고 모든 출력 배치를 개별적으로 정규화한다. 2차원 인스턴스 정규화는 배치 차원 및 채널 차원을 1차원 및 2차원으로 하여 4D 입력에 대한 인스턴스 정규화를 수행한다. 파이토치를 사용하면 `affine=True`를 전달하여 인스턴스 정규화 레이어를 학습할 수 있다. `track_running_stats` 파라미터는 인스턴스 정규화를 위한 평가 모드에서 사용하기 위해 학습 루프에서 실행 평균 및 분산을 저장할지를 결정한다. 기본적으로 `False`로 설정되어 있다. 즉, 학습 및 평가 모드의 입력에서 수집한 통계를 사용한다.

배치 정규화와 인스턴스 정규화의 시각적 비교는 아래 그림에 나와 있다. 이미지에서 데이터는 3차원 텐서로 표시되며 여기서 C는 채널이고, N은 배치, D는 한 차원으로

그림 6.20

출처 : 그룹 정규화(Normalization), Yuxin Wu 및 Kaiming He

단순화된 다른 차원이다. 이미지에서 주어진 바와 같이, 배치 정규화는 배치 전반에 걸쳐 데이터를 정규화하지만, 인스턴스 정규화는 두 차원에서 하나의 데이터 인스턴스를 정규화하여 배치 간의 편차를 그대로 유지한다.

기존 CycleGAN의 생성자는 3개의 합성곱 블록 뒤에 9개의 Residual 블록을 사용한다. 여기서 각 합성곱 블록은 합성곱, 정규화 및 활성화 레이어로 구성된다. Residual 블록 다음에는 여러 개의 전치 합성곱이 이어지며, 그다음에는 마지막 레이어에서 tanh 함수가 있는 하나의 합성곱 레이어가 이어진다. 간단한 GAN에서 설명했듯이 tanh의 출력 범위는 −1에서 1까지이며 모든 이미지의 정규화된 값의 범위이다.

Residual 블록의 내부는 또 다른 패딩의 세트, 합성곱, 정규화 그리고 활성화 유닛 순으로 나열되어 있다. 그러나 forward 메소드는 `residueNet`과 같이 합산 연산으로 residual 연결을 만든다. 모든 내부 블록의 순차 wrapper는 다음 예제에서 변수 `conv_block`에 저장된다. 이 블록을 통해 전달된 데이터는 네트워크에 대한 입력인 x와 함께 합산 연산자를 거쳐 반환된다. 이 residual 연결은 정보가 양방향으로 훨씬 더 수월하게 흐를 수 있도록 하여 네트워크가 안정되도록 도와준다.

```
class ResidualBlock(nn.Module):
    def __init__(self, in_features):
    super().__init__()

    self.conv_block = nn.Sequential(
                            nn.ReflectionPad2d(1),
                            nn.Conv2d(in_features, in_features, 3),
                            nn.InstanceNorm2d(in_features),
                            nn.ReLU(inplace=True),
                            nn.ReflectionPad2d(1),
                            nn.Conv2d(in_features, in_features, 3),
                            nn.InstanceNorm2d(in_features))
    def forward(self, x):
        return x + self.conv_block(x)
```

6.4 요약

이 챕터에서는 인공지능 세계를 뒤집어 놓은 완전히 새로운 신경망에 대해 배웠다. 생성 네트워크는 항상 우리에게 중요했지만, 최근까지 인간과 견줄만한 정확도에 도달하지 못했다. 몇 가지 성공적인 생성 네트워크 아키텍처가 있지만, 이 챕터에서는 가장 널리 사용되는 두 가지 네트워크에 관해서만 설명했다.

생성 네트워크는 CNN 또는 RNN과 같은 기본 아키텍처를 전체 네트워크의 빌딩 블록으로 사용하지만, 네트워크가 몇몇 출력값을 생성하는 것을 잘 학습하도록 하기 위해 몇 가지 멋진 기술을 사용한다. 지금까지 생성 네트워크는 예술에서 널리 사용되며 또한 모델이 출력을 생성하기 위해 데이터 분포를 배워야 하므로, 우리는 생성 네트워크가 많은 정교한 네트워크의 기초가 될 것이라는 점을 예측할 수 있다. 아마도 생성 네트워크의 가장 유망한 사용법은 생성이 아니라 생성을 통해 데이터 분포를 배우고 다른 목적으로 해당 정보를 사용하는 것이다.

다음 챕터에서는 대중으로부터 가장 주목을 받는 네트워크인 강화 학습 알고리즘에 대해 살펴보겠다.

참고문헌

1. *Conditional Image Generation with PixelCNN Decoders*, Oord, Aäron van den, Nal Kalchbrenner, Oriol Vinyals, Lasse Espeholt, Alex Graves and Koray Kavukcuoglu, NIPS, 2016, `https://arxiv.org/pdf/1606.05328.pdf`

2. *Parallel WaveNet: Fast High-Fidelity Speech Synthesis*, Oord, Aäron van den, Yazhe Li, Igor Babuschkin, Karen Simonyan, Oriol Vinyals, Koray Kavukcuoglu, George van den Driessche, Edward Lockhart, Luis C. Cobo, Florian Stimberg, Norman Casagrande, Dominik Grewe, Seb Noury, Sander Dieleman, Erich Elsen, Nal Kalchbrenner, Heiga Zen, Alex Graves, Helen King, Tom Walters, Dan Belov and Demis

Hassabis, ICML, 2018, https://DeepMind.com/documents/131/Distilling_WaveNet.pdf

3. golbin's WaveNet repository, https://github.com/golbin/WaveNet

제 7 장

강화 학습

학습의 본질에 관해 이야기해 보자. 우리는 모든 것을 아는 상태로 이 세상에 태어나지 않았다. 우리는 세상과의 상호작용을 통해 행동의 영향에 대해 배운다. 일단 세상이 어떻게 돌아가는지 이해하고 나면, 그 지식을 사용해 특정한 목표로 이끌 수 있는 결정을 내릴 수 있다.

이 챕터에서 우리는 강화 학습이라는 방법을 사용해 계산 방식으로 학습하는 법을 공식화할 것이다. 그것은 이 책에서 다루는 다른 유형의 딥러닝 알고리즘과는 매우 다르며 그 자체로 방대한 분야이다.

강화 학습의 적용 범위는 디지털 환경에서 게임을 하는 것에서부터 실제 환경에서의 로봇의 행동 통제에까지 이른다. 또한, 개와 다른 동물들을 훈련하는 데 사용하는 기술이기도 하다. 요즘의 강화 학습은 자율주행 자동차의 운전에 활용되고 있으며 매우 인기 있는 분야이다.

최근의 주요 혁신 중 하나는 컴퓨터(AlphaGo : 알파고)가 세계 바둑 챔피언인 이세돌(Sedol Lee)을 이길 수 있었을 때 일어났다[1]. 바둑은 아주 오랫동안 컴퓨터가 마스터해야 할 게임의 성배로 여겨져 왔기 때문에 획기적인 일이었다. 왜냐하면 바둑의 구성 수가 우주의 원자 수보다 많기 때문이다.

세계 챔피언이 알파고에 패한 후, 그는 '컴퓨터에서 몇 가지를 배웠다'라고 말하였다. 말도 안 되는 소리 같지만 사실이다. 더욱 말도 안 되는 소리는, 알고리즘에 대한 입력은 보드게임의 현재 상태 이미지뿐이고, 알파고는 자신과의 대결을 반복함으로써 스스로 훈련했다는 것이다. 하지만 그렇게 하기 전에, 몇 시간 동안 세계 챔피언들의 비디오를 보면서 학습했다.

요즘의 강화 학습은 로봇이 걷는 방법을 배울 수 있게 하는 데 사용되고 있다. 이 경우, 로봇이 관절에 가하는 힘과 로봇이 걸어갈 지상의 상태가 입력이다. 또한, 강화 학습은 주가를 예측하는 데에도 활용되고 있으며, 그 분야에 많은 관심을 받고 있다.

이러한 현실의 문제들은 매우 복잡해 보일 수 있다. 우리는 컴퓨터가 문제들을 해결할 수 있도록 수학적으로 모든 것을 공식화할 필요가 있다. 그러기 위해서는 환경과 의사결정 과정을 단순화하여 구체적인 목표에 도달해야 한다.

강화 학습의 전체 패러다임에서 우리는 상호작용을 통한 학습에만 관심이 있으며, 학습자 혹은 의사결정자는 에이전트로 간주한다. 자율주행차의 경우 에이전트가 자동차가 되고, 탁구의 경우 에이전트가 라켓이 될 것이다. 에이전트가 세상에 처음 나왔을 때는 세상에 대해 아무것도 알지 못할 것이다. 에이전트는 관찰해야 한다. 환경과 의사결정 또는 보상을 기반으로 행동을 한다. 환경 내부에서 어떠한 행동들을 취했을 때 결과적으로 돌아오는 반응을 보상이라고 하는데 그것은 긍정적이거나 부정적일 수 있다. 처음에 에이전트는 긍정적인 보상을 받을 때까지 무작위로 행동을 취하게 되며, 이러한 결정이 자신에게 이득이 될 수 있다고 말해준다.

에이전트가 해야 할 일은 환경의 현재 상태를 고려하여 결정을 내리는 것이므로 매우 간단해 보이지만 우리는 더 많은 것을 원한다. 일반적으로 에이전트의 목표는 누적이라는 단어를 강조하여 평생 누적된 보상을 최대화하는 것이다. 에이전트는 다음 단계에서 얻는 보상뿐만 아니라 앞으로 받을 보상에도 관심이 있다. 이를 위해서는 선견지명이 필요하며 에이전트가 더 잘 배우도록 할 것이다.

이 요소는 우리가 탐험과 착취라는 두 요소의 균형을 맞춰야 하므로 문제를 조금 더 복잡하게 만든다. 탐험은 무작위 결정을 내리고 테스트하는 것을 의미하지만, 착취는 에이전트에서 이미 알고 있는 결정을 하는 것이 긍정적인 결과를 준다는 것을 의미한다. 에이전트는 이 두 요인의 균형을 유지함으로써 최대 누적 결과를 얻을 수 있는 방법을 찾아야 한다. 이것은 강화 학습에서 매우 중요한 개념이다. 이 개념은 이 두 요소의 균형을 맞추기 위한 다양한 알고리즘을 낳았으며 광범위한 연구 분야이다.

이 챕터에서는 OpenAI의 Gym이라는 라이브러리를 사용한다. 강화 학습 알고리즘 학습과 벤치마킹에서 표준을 정한 오픈 소스 라이브러리이다. Gym은 연구원들이 사용해 온 많은 환경을 제공하고, 강화 학습 알고리즘을 학습시킨다. 거기에는 많은 Atari 게임, 물건을 줍기 위한 로봇 시뮬레이션, 걷기와 달리기를 위한 다양한 로봇 시뮬레이션, 운전 시뮬레이션을 포함하고 있다. 라이브러리는 에이전트와 상호작용을 하는 데 필요한 환경을 위한 파라미터를 제공한다.

7.1 문제 설정

이제 강화 학습 문제를 수학적으로 공식화할 준비가 되었다.

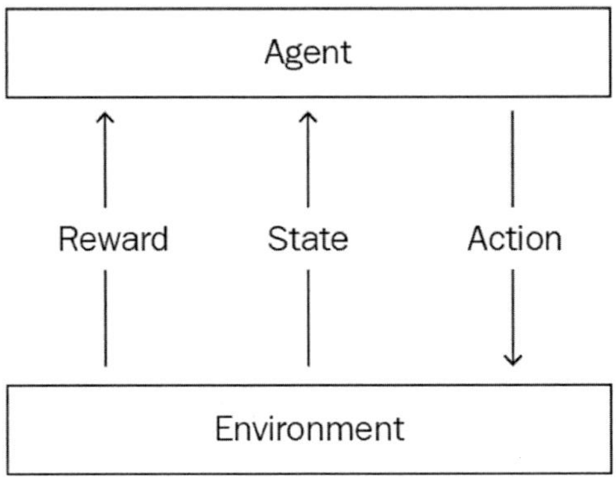

그림 7.1 강화학습 프레임워크

위의 다이어그램은 강화 학습의 문제 설정을 볼 수 있다. 일반적으로 강화 학습 문제는 앞에서 설명한 것처럼 환경에 대해 배우려고 하는 에이전트가 특징이다.

이산적인 시간 단계로 0부터 시간이 진행된다고 했을 때, 에이전트는 그 환경을 살펴보게 된다. 이 관찰은 환경이 에이전트에 제공하는 상황이라고 생각할 수 있으며 환경의 상태를 관찰하는 것으로도 알려져 있다. 그런 다음 에이전트는 해당 특정 상태에 대한 적절한 행동을 취해야 한다. 다음으로, 환경은 에이전트에 의해 취해진 행동에 응답해 새로운 상황을 제시한다. 같은 시간 단계에서 환경은 에이전트에게 보상을 제공하며, 이는 에이전트가 적절하게 응답했는지를 나타내며 이러한 과정이 계속된다. 환경은 에이전트에게 상태와 보상을 제공하고 에이전트는 행동을 취한다.

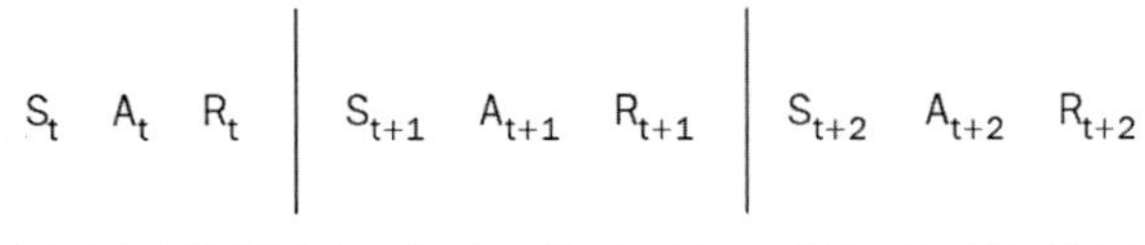

그림 7.2 각 시간 단계는 상태, 행동, 보상을 가진다.

일련의 상태, 행동, 보상이 시간을 통해 흐르며, 이 과정에서 에이전트에게 가장 중요한 것은 보상이다. 즉, 에이전트의 목표는 누적된 보상을 최대화하는 것이다. 따라서 에이전트는 누적된 보상을 최대화하는 데 도움이 되는 전략을 수립할 필요가 있고, 이것은 환경과 상호작용을 해야만 가능하다.

각각의 행동에 대해 에이전트에게 얼마만큼의 보상을 주는지 결정하는 것이 환경이기 때문이다. 이것을 수학적으로 공식화하려면 우리는 상태, 행동, 보상, 환경의 규칙을 지정해야 할 것이다.

7.2 에피소드적 과제 vs 연속적 과제

현실 세계의 많은 과제는 잘 정의된 종료 지점을 가지고 있다. 예를 들어, 에이전트가 게임을 하는 경우 에이전트가 이기거나 죽으면 에피소드나 과제가 종료된다.

자율주행 자동차의 상황에서는 차량이 목적지에 도착하거나 충돌할 때 과제가 끝난다. 이러한 종료 지점이 잘 정의된 과제를 에피소드적(episdogic) 과제라고 한다. 각 에피소드가 끝날 때마다 에이전트는 보상이 주어지며, 이때 에이전트가 환경에서 얼마나 잘 행동했는지 결정되는 시점이다. 그 이후 에이전트는 다음 에피소드로 넘어가는데, 이때는 처음부터 시작하지만, 마지막 에피소드에 대한 사전정보를 가지고 더 나은 성과를 낼 수 있다.

시간이 흐를수록 에이전트는 게임을 하거나 특정 목적지까지 차를 운전하는 법을 배우게 될 것이고, 따라서 에이전트는 훈련될 것이다. 기억하겠지만, 이 에이전트의 목표는 에피소드 마지막에 누적된 보상을 극대화하는 것이다.

그러나 영원히 진행되는 과제가 있을 수 있다. 예를 들어 주식시장에서 주식을 거래하는 봇(bot)은 잘 정의된 종료 지점을 갖고 있지 않으며, 매 단계 배우고 개선해야 한다. 이러한 과제를 연속적인 과제라고 한다. 그래서 그 시나리오에서 보상은 특정 시간 간격으로 에이전트에 제시되지만, 업무는 끝이 없으므로 에이전트는 환경으로부터 배우고 동시에 예측해야 한다.

이 챕터에서 우리는 에피소드적 과제에만 초점을 맞출 것이지만, 연속적인 과제에 대한 문제 정의를 표현하는 것도 크게 다르지 않다.

7.3 누적 감가 보상

에이전트가 누적 보상을 최대화하는 한 가지 방법은 각 시간 단계에서 보상을 최대화하는 것이다. 초기 단계에서 보상을 최대화하면 향후 에이전트 장애가 상당히 빠르게 발생할 수 있어서 이 작업은 부정적인 영향을 미칠 수 있다. 걸어 다니는 로봇을 예로 들어보자. 로봇의 속도가 보상이라고 가정할 때, 로봇이 매 단계 속도를 최대화하면 로봇이 불안정해지고 더 빨리 넘어질 수 있다.

앞의 예에서 에이전트가 불안정하게 만들 수 있는 특정 한계보다 빠르게 이동할 수 없다는 것을 알게 되면, 장기적으로 떨어지는 효과를 얻게 된다. 이러한 과정을 통해 로봇은 자신의 한계속도를 배우게 된다. 따라서 에이전트의 각 시간 단계에서의 보상은 낮아지지만, 미래에 넘어지는 것을 피할 수 있으므로 이는 누적 보상을 최대화한다.

미래의 모든 타임 스탬프에서의 보상은 R_t, R_{t+1}, R_{t+2} 등으로 표현된다고 하자.

$$\text{Goal} = \text{maximize} \ \underbrace{(R_{t+1} + R_{t+2} + R_{t+3} \ ...)}_{\text{Return}}$$

이러한 시간 단계는 미래에 있으므로 에이전트는 미래에 어떤 보상이 있을지 확실하게 알지 못한다. 그것을 단지 추정하거나 예측할 수 있을 뿐이다. 미래의 보상 합계를 리턴(return)이라고도 한다. 우리는 에이전트의 목표가 기대 수익률을 최대화하는 것임을 더 명확하게 명시할 수 있다.

또한 앞으로의 수익에 있어서 모든 보상이 서로에게 중요하지 않다는 것도 고려하자. 예를 들어, 개를 훈련하는 경우, 명령을 내리고 올바르게 따른다면 보상을 줄 것이다. 당신은 그 개가 내일 받을 수 있는 보상과 지금으로부터 몇 년 후에 받을 수 있는 보상을 저울질할 것이라고 기대할 수 있는가? 이것은 실현 가능성이 없어 보인다.

개가 지금 어떤 행동을 취해야 하는지 결정하기 위해서는 더 빨리 얻을 수 있는 보상에 훨씬 더 많은 중요성을 부여해야 하고, 앞으로 몇 년 후에 받을 보상에는 중요성을 덜 부여해야 한다. 이것은 또한 개의 미래에 어떤 일이 일어날지 확신하지 못하기 때문에 논리적으로 여겨질 것이다, 특히 개가 여전히 환경에 대해 배우고 있을 때, 그리고 환경으로부터 가장 큰 보상을 얻기 위한 전략을 바꾸고 있을 때 더욱 그렇다. 앞으로 두어 번의 시간 단계에 놓여 있는 보상이, 앞으로 수천 번의 시간 단계에 놓여 있는 보상보다 더 예측 가능하므로 감가 리턴의 개념이 등장하게 된다.

$$\text{Goal} = \text{maximize } (R_{t+1} + \gamma R_{t+2} + \gamma 2R_{t+3} + \gamma 3R_{t+4} \ldots)$$
$$\text{where } \gamma \in (0,1)$$

우리의 Goal 방정식에 감마 변수를 도입했음을 알 수 있다. 1에 가까운 감마는 여러분이 미래에 대한 각각의 보상을 똑같이 소중하게 여긴다는 것을 의미한다. 0에 가까운 감마는 가장 최근의 보상만이 매우 높은 가중치를 가진다는 것을 의미한다.

에이전트가 미래를 충분히 멀리 바라볼 수 있지만, 무한히 멀지 않게 하려면 Gamma = 0.9를 유지하는 것이 좋다. 학습 시간에 감마를 설정하면 실험이 끝날 때까지 고정 상태로 유지된다. 이러한 감가 과정은 끝이 없으므로 연속적 과제에 있어 매우 유용할 수 있다. 그러나 연속적 과제는 이 챕터에서 다루지 않는다.

7.4 마르코브 의사결정 프로세스

마르코브 의사결정 프로세스(Markov decision processes, MDP)라고 하는 수학적 프레임워크에 대해 배워봄으로써 강화 학습 문제의 정의를 완성해 보자.

5가지 MDP 정의 :

- 유한한 상태
- 유한한 행동
- 유한한 보상 세트

- 감가율
- 환경의 원스텝 동적 요소

우리는 상태, 행동, 보상 및 감가율을 지정하는 방법에 대해 배웠다. 환경의 원스텝 역학을 지정하는 방법을 알아보자.

다음 이미지는 쓰레기 수거 로봇의 MDP를 묘사하고 있다. 이 로봇의 목표는 쓰레기통을 모으는 것이다. 로봇은 배터리가 다 될 때까지 쓰레기통을 뒤져서 계속 수거한 다음 다시 도킹 스테이션으로 와서 배터리를 충전할 것이다. 로봇의 상태는 배터리 수준을 나타내는 high및 low로 정의될 수 있다. 로봇이 할 수 있는 일련의 행동은 쓰레기통을 뒤져서 자신의 위치에서 기다렸다가 배터리를 충전하기 위해 도킹 스테이션으로 돌아가는 것이다.

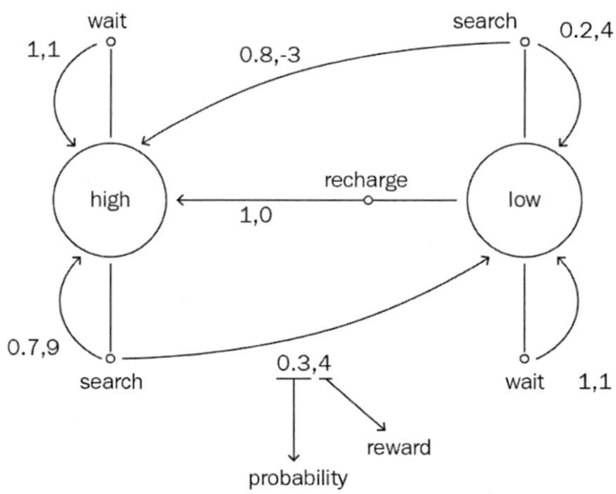

그림 7.3 쓰레기 수거 로봇을 위한 MDP

로봇의 배터리 상태가 높다고 가정했을 때, 휴지통의 수거를 결정하면 상태가 high로 계속 유지될 확률은 70%이고 상태가 low로 될 확률은 30%이며 각각에 대한 보상은 4이다.

마찬가지로 배터리 충전이 높은 상태에서 현재 위치에서의 대기를 결정하면 배터리 용량이 큰 상태가 될 확률은 100%이지만 받는 보상도 낮다.

모든 행동과 상태를 더 잘 이해하기 위해 잠시 시간을 내보도록 하자. 에이전트가 있을 수 있는 모든 상태와 모든 상태에서 수행할 수 있는 모든 행동을 자세히 설명하고, 각 행동의 확률을 결정하여 환경을 지정할 수 있다. 이 모든 것이 지정되면 환경의 원스탭 동적 요소를 명시한 것이다.

모든 MDP에서 에이전트는 상태, 행동 및 감가율을 알고 있지만, 환경의 보상 및 원스탭 동적 요소는 알 수 없다. 이제 여러분은 강화 학습으로 해결해야 할 실제 문제를 공식화하는 것에 관한 모든 것을 알고 있다.

7.5 해결책

이제 MDP를 사용하여 문제를 설정하는 방법을 배웠으므로 에이전트는 이를 해결하기 위한 전략을 수립해야 한다. 이 전략을 정책(policy)이라고도 한다.

정책과 가치 함수(Policies and value functions)

정책은 주어진 시간에 학습 에이전트의 행동 방식을 규정한다. 정책은 그리스 문자 Pi로 표시된다. 그 정책은 공식으로 정의될 수 없다. 그것은 더 직관적인 개념이다.

예를 들어보자. 방에서 나갈 수 있는 방법을 찾아야 하는 로봇의 경우 다음과 같은 정책이 있을 수 있다.

- 임의로 이동
- 벽을 따라 이동
- 문으로 가는 최단 경로 찾기

특정한 상태에서 어떤 행동을 취할 것인지를 수학적으로 예측하려면 우리는 함수가 필요하다. 현재 상태를 취하고 그 상태가 얼마나 가치 있는가를 나타내는 숫자를 출력하는 함수를 정의해 보자. 예를 들어 강을 건너고 싶다면, 다리 근처의 위치가 멀리 있는 상태보다 더 가치가 있을 것이다. 이 함수를 가치 함수(value function)라고 하며, V로도 표시된다.

가치를 측정하는 데 도움이 되는 또 다른 함수가 있고 그것은 우리가 취할 수 있는 모든 행동으로 파생되는 모든 미래 상태의 가치를 우리에게 주는 함수이다.

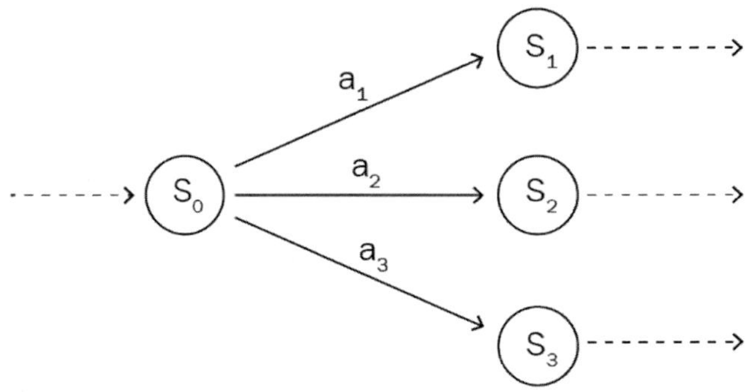

그림 7.4 MDP 에서의 상태와 행동

예를 들어보자. 일반적인 상태 $\mathbf{S_0}$을 생각해 보자. 이제 최대 리턴(누적 감가 보상)을 얻기 위해 $\mathbf{a_1}$, $\mathbf{a_2}$ 및 $\mathbf{a_3}$ 간에 수행할 행동을 예측해야 한다. 이 함수의 이름을 Q라고 하자. 이 함수 Q는 각 행동에 대한 예상 리턴(값(V))을 예측한다. 이 Q 함수는 상태 및 행동을 고려하여 각각의 조합에 대한 예상 리턴을 예측하므로 행동 가치 함수(action value function)라고도 한다.

우리는 대부분 최댓값을 선택한다. 따라서 이 최댓값은 에이전트를 끝까지 안내할 것이며 이것이 우리의 정책이다. 우리는 일반적으로 최대가 아닌 행동-가치의 쌍을 선택하는 작은 무작위의 가능성을 유지한다. 모델의 탐구성을 향상하기 위해 이 작업을 수행한다. 이 무작위적인 탐험 기회 비율을 epsilon이라고 하며, 이 정책을 epsilon-greedy 정책이라고 한다. 그것은 강화 학습 문제를 해결하기 위해 사람들이 사용하는 가장 흔한 정책이다. 만약 우리가 어떤 탐험도 하지 않고 항상 최대만을 선택한다면 그 정책은 단순히 greedy 정책이라고 불린다. 우리는 두 가지 정책을 우리의 구현에 있어서 사용할 것이다.

그러나 우리는 처음에는 최적의 행동-가치 함수를 알지 못할 수도 있다. 따라서 그것에서 비롯되는 정책도 최적의 정책은 아닐 것이다. 우리는 행동 가치 함수에 대해 반복해서 가장 좋은 보상을 줄 수 있는 것을 찾아야 한다. 일단 찾으면 최적의 Q를 얻을 수 있을 것이다. 최적 Q는 Q*라고도 한다. 따라서 우리는 Pi*라고도 불리는 최적의 Pi를 찾을 수 있을 것이다.

이 Q 함수는 에이전트가 배워야 할 함수이다. 우리는 신경망을 사용하여 이 함수를 배울 것이다. 신경망은 또한 보편적인 함수 근사치이기 때문이다. 일단 우리가 액션-가치 함수를 갖게 되면, 에이전트는 그 문제에 대한 최적의 정책을 배울 수 있고 우리는 목표에 도달할 것이다.

벨만 방정식(Bellman Equation)

최근 정의된 Q 함수로 목표 방정식을 재정의하면 다음과 같이 쓸 수 있다.

$$Q^{\pi}_{(s,a)} = r_{t+1} + \gamma r_{t+2} + \gamma^{2} r_{t+3} \cdots$$

이제 같은 방정식을 반복해서 정의해 보자. 우리는 벨만 방정식이라고 불리는 것을 생각해냈다.

$$Q^{\pi}_{(s,\ a)} = r + \gamma Q^{\pi}_{(s',\ \pi(s'))}$$

간단히 말해서, 벨만 방정식의 각 지점에서의 리턴은 다음 단계에서의 추정되는 보상과 그 이후의 상태들에 대한 감가 보상과 같다고 기술하고 있다. 어떤 정책에 대한 가치 함수도 벨만 방정식에 따른다고 해도 무방하다.

최적의 Q-함수 찾기

최적의 Q 함수를 찾으면 가장 높은 리턴을 주는 행동을 선택함으로써 최적의 정책을 찾아낼 수 있다는 것을 우리는 이제 알고 있다.

딥 Q-러닝(Deep Q-learning)

딥 Q-러닝 알고리즘은 신경망을 사용하여 Q-러닝 문제를 해결한다. 딥 Q-러닝 알고리즘은 연속적인 공간에서의 강화 학습 문제에도 잘 적용된다.

앞에서 우리는 가치 함수(V)와 행동 가치 함수(Q)에 관해 이야기했다. 신경망은 보편적인 함수 근사자(universal function approximators)로 정의될 수 있으므로 학습 가능한 가중치가 있는 어떠한 것이든 신경망이라고 가정할 수 있다.

따라서 가치 함수는 이제 네트워크의 상태와 가중치를 취하여 현재 상태에 대한 값을 출력한다. 우리는 에러 값을 계산하고 네트워크로 역전파를 해야 하고 네트워크는 경사 하강법을 사용하여 학습한다. 우리는 네트워크(가치 함수)의 출력을 최적이라 여겨지는 가치와 비교해야 한다.

벨만 방정식에 따르면 다음과 같이 방정식을 정의할 수 있다.

$$Q^{\pi}_{(s,\ a)} = r + \gamma Q^{\pi}_{(s',\ \pi(s'))}$$

다음 상태의 가치를 고려하여 예상 Q를 계산할 수 있다. 우리는 지금까지 누적된 보상을 고려함으로써 현재의 Q를 계산할 수 있다. 이러한 Q 함수 간의 차이에 대한 **평균 제곱 오차**(mean square error, MSE)를 우리의 손실값(loss)으로써 사용할 수 있다. 연구자들이 제안한 개선사항 중 하나는 오류가 클 때 MSE 대신 평균 절대 오차(mean absolute error)를 사용하는 것이다. 이것은 Q 함수의 추정치가 평균치와 너무 동떨어져 있을 때 해당하는 특잇값에 대해 덜 민감하게 만든다. 이런 유형의 손실을 후버 손실(Huber loss)이라고 한다.

Error (Loss) = R + γmax(Q) − actual Q

R + γmax(Q) → target using greedy policy

actual Q → current Q using ∈ greedy policy

우리 코드의 학습 루프는 다음과 같다.

- 랜덤하게 w를 초기화
- $\pi \leftarrow \in -$ greedy
- For 모든 에피소드 개수:
    - S 관찰

- While S != 각 시간 단계에서 마지막 요소:
- π, Q를 사용하여 S에서 A 선택
- R과 S'를 관찰
- Q 업데이트
- $s \leftarrow s'$

여기서 주목해야 할 것은 6번째 단계에서 행동을 선택하기 위해 같은 epsilon-greedy 정책을 사용하고 8번째 단계에서 같은 정책을 업데이트한다는 것이다. 이러한 알고리즘을 on-policy 알고리즘이라고 한다. 이는 같은 정책에 대해 관찰하고 업데이트하기 때문에 정책을 더 빨리 학습할 수 있다는 점에서 좋다. 그것은 매우 빠르게 수렴한다. 하지만 배우고 있는 정책과 의사결정을 위한 정책이 서로 밀접하게 연관되어 있다는 단점도 있다. 6번째 단계에서 관측값을 선택하고 8단계에 더 최적의 정책을 업데이트하기 위한 탐색적 정책을 원한다면 어떻게 해야 할까? 이러한 알고리즘을 off-policy 알고리즘이라고 한다.

Q-러닝은 off-policy 알고리즘이기 때문에 두 가지 정책이 있다. 우리가 행동을 추론하기 위해 사용하는 정책은 epsilon-greedy 정책이며 정책 네트워크라고 부르는 네트워크이다. 업데이트 단계를 사용하여 업데이트할 네트워크가 우리의 대상 네트워크가 된다. 그것은 greedy 정책에 의해 좌우될 것이며, 이는 우리가 항상 epsilon이 0인 최대 가치를 선택할 것임을 의미한다. 우리는 이 정책에 대해 임의의 행동을 취하지 않는다. 우리는 더 높은 가치를 향해 더 빠르게 나아가기 위해 그렇게 한다. 우리는 정책 네트워크의 가중치를 모든 다른 에피소드마다 한 번씩 복사하여 목표 네트워크의 가중치를 업데이트한다.

이러한 것들의 이면의 아이디어는 움직이는 대상을 쫓지 않는 것이다. 예를 들어 당나귀가 걸을 수 있도록 학습하고 싶다고 상상해보자. 당나귀 위에 앉아 당근을 입 앞에 매달면 당나귀가 앞으로 나올 수 있지만, 당근은 여전히 당나귀와 같은 거리를 유지한다. 하지만, 일반적인 믿음과는 달리 이것은 그렇게 잘되지 않는다. 당근은 무작위의 방향으로 흔들릴 수 있고 결국 당나귀가 원래 가고자 했던 궤도를 벗어날 수 있다. 그 대신 당나귀에서 내려와 당나귀와 당근을 분리하고 당나귀가 오기를 원하는 곳에 서 있는 것이 더 나은 선택이며 그것은 더 안정적인 학습환경을 만든다.

경험 리플레이(Experience replay)

알고리즘을 개선할 수 있는 또 하나의 방법은 우리의 경험 및 저장된 트랜잭션에 대한 제한된 메모리 뱅크를 추가하는 것이다. 트랜잭션은 무언가를 배우는 데 필요한 튜플 형태의 관련 정보를 의미하며, [상태(state), 취하는 행동(action), 다음에 오는 상태(next_state), 행동에 대한 보상(reward)]로 구성된다.

```
Transition = namedtuple('Transition',
                        ('state', 'action', 'next_state', 'reward'))
```

우리는 모델을 최적화할 때 무작위로 일부 경험이나 트랜잭션을 샘플링하고 그것들로부터 배울 것이다.

```
class ReplayMemory(object):
    def __init__(self, capacity):
        self.capacity = capacity
        self.memory = []
        self.position = 0

    def push(self, *args):
        if len(self.memory) < self.capacity:
        self.memory.append(None)
        self.memory[self.position] = Transition(*args)
        self.position = (self.position + 1) % self.capacity

    def sample(self, batch_size):
        return random.sample(self.memory, batch_size)

    def __len__(self):
        return len(self.memory)

memory = ReplayMemory(10000)
```

위와 같이 트랜잭션을 위한 메모리 뱅크를 정의했고 거기에는 트랜잭션을 메모리로 밀어 넣는 push라는 함수가 있다. 또한 메모리에서 무작위로 샘플을 추출하는 또 다른 함수가 있다.

Gym

우리는 환경으로부터 파라미터를 얻기 위해 OpenAI의 Gym을 사용할 것이고 거기에는 에이전트 속도 및 위치와 같은 많은 환경 변수가 있다. 우리는 cartpole이 균형을 잘 잡도록 학습시킬 것이다.

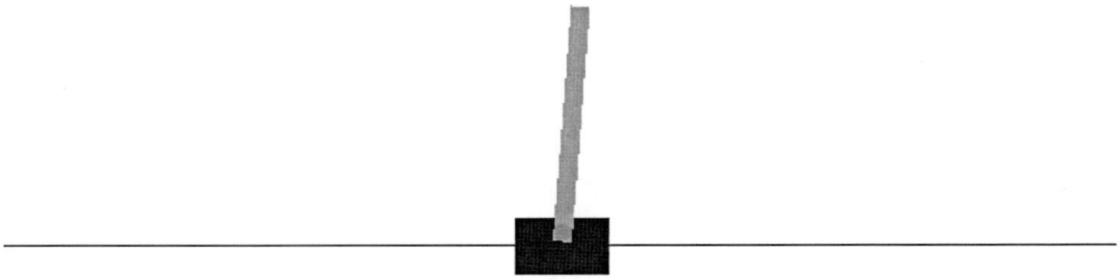

그림 7.5 Cartpole 균형 잡기에 대한 환경

```
class CartPoleEnv(gym.Env):
    """
    Description:
        A pole is attached by an un-actuated joint to a cart, which moves along a frictionless track. The pendulum star

    Source:
        This environment corresponds to the version of the cart-pole problem described by Barto, Sutton, and Anderson

    Observation:
        Type: Box(4)
        Num     Observation                 Min         Max
        0       Cart Position              -4.8         4.8
        1       Cart Velocity              -Inf         Inf
        2       Pole Angle                  -24°        24°
        3       Pole Velocity At Tip       -Inf         Inf

    Actions:
        Type: Discrete(2)
        Num     Action
        0       Push cart to the left
        1       Push cart to the right
```

그림 7.6 Gym에서 보여지는 환경 변수

환경의 모든 관찰이나 상태는 cartpole 환경(env)에서 4가지 값을 가진다. 앞의 스크린샷은 cartpole 환경의 Gym 코드에서 나온 것이다. 모든 관찰은 위치, 속도, 막대기 각도, 막대기 속도를 가지고 있다. 여러분이 취할 수 있는 행동은 왼쪽이나 오른쪽으로 움직이는 것이다.

```
env = gym.make('CartPole-v0').unwrapped
device = torch.device("cuda" if torch.cuda.is_available() else "cpu")
screen_width = 600


def get_screen():
    screen = env.render(mode='rgb_array').transpose((2, 0, 1))
# transpose into torch order (CHW)
    screen = screen[:, 160:320]
# Strip off the top and bottom of the screen

    # Get cart location
    world_width = env.x_threshold * 2
    scale = screen_width / world_width
    cart_location = int(env.state[0] * scale + screen_width / 2.0)
    # MIDDLE OF CART

    # Decide how much to strip
    view_width = 320
    if cart_location < view_width // 2:
        slice_range = slice(view_width)
    elif cart_location > (screen_width - view_width // 2):
        slice_range = slice(-view_width, None)
    else:
        slice_range = slice(cart_location - view_width // 2,
                             cart_location + view_width // 2)

    # Strip off the edges, so that we have a square image centered on a cart
    screen = screen[:, :, slice_range]

    screen = np.ascontiguousarray(screen, dtype=np.float32) / 255
    screen = torch.from_numpy(screen)
    resize = T.Compose([T.ToPILImage(),
                        T.Resize(40, interpolation=Image.CUBIC),
                        T.ToTensor()])

    return resize(screen).unsqueeze(0).to(device)
# Resize, and add a batch dimension (BCHW)
```

우리는 여기에서 get_screen 함수를 정의했다. Cartpole 환경은 화면(3D 픽셀 배열)을 렌더링하고 반환한다. 우리는 Cartpole을 통해 중앙에 있는 정사각형 이미지를 잘라 내기를 원한다. env.state[0]에서 Cartpole 위치를 얻는다. 설명서에 따르면 첫 번째 파라미터는 cart 위치다. 그리고 상단, 하단, 왼쪽, 오른쪽을 제거하여 Cartpole을 중앙에 놓는다. 다음으로 우리는 그것을 텐서로 변환하고 몇몇 변형(transformation)을 적용하고 또 다른 차원을 추가하고 이미지를 반환한다.

```
class DQN(nn.Module):
    def __init__(self):
        super(DQN, self).__init__()
        self.conv1 = nn.Conv2d(3, 16, kernel_size=5, stride=2)
        self.bn1 = nn.BatchNorm2d(16)
        self.conv2 = nn.Conv2d(16, 32, kernel_size=5, stride=2)
        self.bn2 = nn.BatchNorm2d(32)
        self.conv3 = nn.Conv2d(32, 32, kernel_size=5, stride=2)
        self.bn3 = nn.BatchNorm2d(32)
        self.head = nn.Linear(448, 2)

    def forward(self, x):
        x = F.relu(self.bn1(self.conv1(x)))
        x = F.relu(self.bn2(self.conv2(x)))
        x = F.relu(self.bn3(self.conv3(x)))
        return self.head(x.view(x.size(0), -1))


policy_net = DQN().to(device)
target_net = DQN().to(device)
target_net.load_state_dict(policy_net.state_dict())
target_net.eval()
```

다음으로, 네트워크를 정의한다. 네트워크는 현재 상태를 가져와서 그 상태에 몇몇 합성곱을 적용하고 마지막에 선형 레이어를 거쳐 현재 상태의 가치에 대한 출력값과 그 상태에 머무르는 것이 얼마나 많은 장점이 있는지를 나타내는 값을 출력한다.

우리는 policy_net과 target_net이라는 두 개의 네트워크를 정의했다. 그 둘을 같게 만들어주기 위해 policy_net의 가중치를 target_net에 복사한다. 역전파하는 동안 네트워크의 가중치를 업데이트하지 않도록 target_net을 평가 모드로 유지한다. 우리는 모든 단계에서 policy_net을 추론할 것이지만 가끔 target_net을 업데이트할 것이다.

```
EPS_START = 0.9
EPS_END = 0.05
EPS_DECAY = 200
steps_done = 0


def select_action(state):
    global steps_done
    eps_threshold = EPS_END + (EPS_START - EPS_END) * \
        math.exp(-1. * steps_done / EPS_DECAY)
    steps_done += 1

    sample = random.random()
    if sample > eps_threshold:

        # freeze the network and get predictions
        with torch.no_grad():
            return policy_net(state).max(1)[1].view(1, 1)

    else:

        # select random action
        return torch.tensor([[random.randrange(2)]], device=device,
                            dtype=torch.long)
```

다음으로, epsilon-greedy 정책을 사용하여 우리를 위해 행동을 취하는 방법을 정의한다. 우리는 정책 네트워크에서 일정 비율로 유추할 수 있지만, 행동을 임의로 선택한 것을 의미하는 eps_threshold의 가능성일 수도 있다.

```
num_episodes = 20
TARGET_UPDATE = 5

for i_episode in range(num_episodes):
    env.reset()
    last_screen = get_screen()
    current_screen = get_screen()
    state = current_screen - last_screen

    for t in count():        # for each timestep in an episode
        # Select action for the given state and get rewards
```

```
        action = select_action(state)
        _, reward, done, _ = env.step(action.item())
        reward = torch.tensor([reward], device=device)

        # Observe new state
        last_screen = current_screen
        current_screen = get_screen()
        if not done:
            next_state = current_screen - last_screen
        else:
            next_state = None

        # Store the transition in memory
        memory.push(state, action, next_state, reward)

        # Move to the next state
        state = next_state

        # Perform one step of the optimization (on the target network)
        optimize_model()
        if done:
            break

    # Update the target network every TARGET_UPDATE episodes
    if i_episode % TARGET_UPDATE == 0:
        target_net.load_state_dict(policy_net.state_dict())

env.close()
```

우리의 학습 루프를 보자. 각 에피소드마다 환경을 초기화(reset)한다. 환경에서 두 개의 화면을 가져와서 두 화면의 차이로 현재 상태를 정의한다. 그런 다음 에피소드의 각 시간 단계에 대해 select_action 함수를 사용하여 행동을 선택한다. 우리는 환경이 선택된 행동을 취하고 보상과 done 플래그를 돌려줄 것을 요청한다. 여기서 done 플래그는 에피소드가 끝났는지, 다시 말해, cartpole이 떨어졌는지 아닌지를 말해준다. 우리는 제시된 새로운 상태를 관찰한다. 그런 다음 방금 경험한 트랜젝션을 메모리 뱅크로 밀어 넣고 다음 상태로 이동한다. 다음 단계는 모델을 최적화하는 것이다. 우리는 그러한 함수를 곧 다루어볼 것이다.

또한, 5번의 에피소드마다 policy_net의 가중치 사본으로 target_net을 업데이트한다.

```
BATCH_SIZE = 64
GAMMA = 0.999
optimizer = optim.RMSprop(policy_net.parameters())


def optimize_model():

    # Dont optimize till atleast BATCH_SIZE memories are filled
    if len(memory) < BATCH_SIZE:
        return

    transitions = memory.sample(BATCH_SIZE)
    batch = Transition(*zip(*transitions))

    # Get the actual Q
    state_batch = torch.cat(batch.state)
    action_batch = torch.cat(batch.action)
    state_values = policy_net(state_batch)
    # Values of States for all actions

    # Values of states for the selected action
    state_action_values = state_values.gather(1, action_batch)

    # Get the expected Q
    # # Mask to identify if next state is final
    non_final_mask = torch.tensor(tuple(map
                                        (lambda s: s is not None,
                                        batch.next_state)),
                                        device=device,
                                        dtype=torch.uint8)
    non_final_next_states = torch.cat([s for s in batch.next_state if s
                                       is not None])
    next_state_values = torch.zeros(BATCH_SIZE, device=device)
    # init to zeros
    # predict next non final state values from target_net using next states
    next_state_values[non_final_mask] = target_net(non_final_
                                        next_states).max(1)[0].detach()
    reward_batch = torch.cat(batch.reward)
```

```
# calculate the predicted values of states for actions
expected_state_action_values = (next_state_values * GAMMA) + reward_batch

# Compute Huber loss
loss = F.smooth_l1_loss(state_action_values, expected_state_
                        action_values.unsqueeze(1))

# Optimize the model
optimizer.zero_grad()
loss.backward()
for param in policy_net.parameters():
    param.grad.data.clamp_(-1, 1)
optimizer.step()
```

여기가 주요 파트인 최적화 단계이다. 여기서 RMSProp을 사용하여 손실과 역전파를 찾는다. 우리는 메모리 뱅크에서 몇 가지 경험을 샘플링한다. 그런 다음 모든 상태, 행동, 보상을 배치(batch)로 변환한다. 우리는 `policy_net`을 통해 상태를 전달하고 해당 가치를 얻는다.

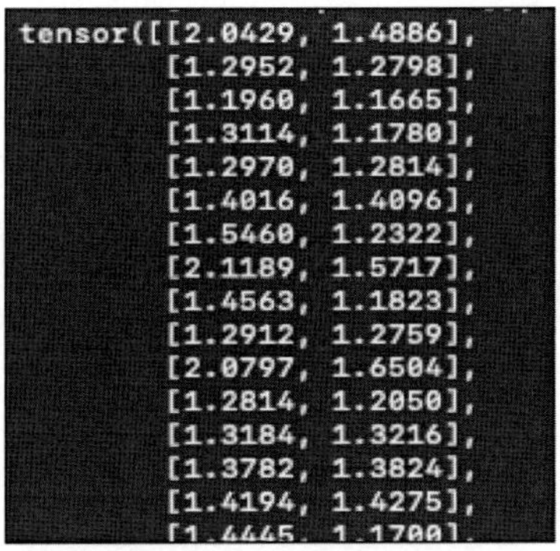

그런 다음 행동 배치에 해당하는 값을 수집한다.

```
tensor([[0.9818],
        [0.8832],
        [1.2682],
        [0.9230],
        [0.9572],
        [0.8275],
        [1.0659],
        [1.1392],
        [1.2381],
        [1.1048],
        [0.9397],
        [0.8558],
        [1.0015],
        [1.0669],
        [1.0863],
        [1.1538],
        [1.0786],
        [0.9248],
        [0.9540],
        [0.9916]
```

이제 우리는 상태-행동 쌍과 그것과 연관된 값을 가진다. 이는 실제 Q 함수에 해당한다.

다음 단계는 예상되는 Q 함수를 찾아야 한다. 0이 아닌 상태를 1로, 0인 상태(마지막 상태)를 0으로 매핑하는 0과 1로 구성된 마스크를 만든다. 우리는 알고리즘의 설계로 마지막 상태가 항상 0의 값을 갖는다는 것을 안다. 다른 모든 상태는 양의 값을 가지지만, 마지막 상태는 0이다. 마스크는 다음과 같다.

```
tensor([1, 1, 1, 1, 1, 1, 1, 1, 1, 0, 1, 1, 1, 1, 1, 1, 1, 1, 1, 1, 1, 1, 1, 1,
        1, 1, 1, 1, 1, 1, 1, 1, 0, 1, 1, 1, 1, 1, 1, 1, 1, 1, 1, 1, 1, 1, 1, 1,
        1, 1, 1, 1, 1, 1, 1, 1, 1, 1, 1, 1, 1, 1, 1, 1], dtype=torch.uint8)
```

상태에 대한 위 배치에서, 0에 놓인 1의 값들은 마지막 상태이다. 다른 모든 값들은 최종 상태가 아니다. 우리는 모든 최종이 아닌 다음 상태를 non_final_next_state로 연결한다. 그 후 next_state_values를 모두 0로 초기화한다. 그런 다음 target_next_state를 target_network를 통해 전달하고, 최댓값을 얻을 수 있는 행동의 값을 구하여 next_state_values[non_final_mask]에 적용한다. 우리는 최종이 아닌 상태에서 예측한 모든 값을 최종이 아닌 next_state_value 배열에 넣었다. 다음은 next_ state_values의 모습이다.

```
tensor([-0.0286, -0.0289, -0.0286, -0.0287, -0.0287, -0.0287, -0.0281, -0.0285,
        -0.0285, -0.0285, -0.0285, -0.0284, -0.0285, -0.0281, -0.0288, -0.0280,
        -0.0281, -0.0286, -0.0283, -0.0285, -0.0281, -0.0289, -0.0282, -0.0285,
        -0.0286, -0.0281, -0.0288, -0.0284, -0.0284, -0.0281, -0.0288, -0.0280,
        -0.0282, -0.0291, -0.0285, -0.0282, -0.0287, -0.0288, -0.0287, -0.0286,
         0.0000, -0.0284, -0.0285, -0.0283, -0.0289, -0.0282, -0.0286, -0.0285,
        -0.0283, -0.0286, -0.0285, -0.0284, -0.0288, -0.0287, -0.0283, -0.0280,
```

마지막으로 우리는 예상되는 Q 함수를 계산한다. 이전 논의에 따르면 그것은 R + 감마(다음 상태 값)이다. 그 후, 실제 Q 함수와 예상 Q 함수의 손실을 계산하고 오류를 정책 네트워크에 역전파한다(`target_net`이 평가 모드에 있음을 기억하자). 또한 기울기가 작으면서 다른 방향으로 발산하지 않기 위해 기울기 클램핑(gradient clamping) 기법을 사용한다.

프로세스가 각 프레임을 렌더링하고 그에 대한 오류를 계산하기 때문에 신경망을 학습하는 데는 시간이 걸린다. 손실 함수를 공식화하기 위해 속도와 위치를 직접 가져옴으로써 훨씬 간단한 접근 방식을 사용할 수 있으며, 이는 각 프레임을 렌더링하지 않기에 학습하는 데 시간이 덜 걸리고, `env.state`에서 입력을 직접 받을 것이다.

이 알고리즘은 에이전트에 상상력을 추가함으로써 좀 더 잘 탐색하고 머릿속의 행동을 상상하여 더 나은 예측을 할 수 있도록 하는 등의 많은 개선점이 있다.

7.6 요약

이 챕터에서는 완전히 새로운 비지도 학습 분야인 강화 학습에 대해 배웠다. 우리는 강화 학습에 대한 문제를 표현하는 방법을 배운 다음, 환경에서 제공하는 몇 가지 측정을 보고 Cartpole의 균형을 잡는 방법을 배울 수 있는 모델을 학습시켰다. 같은 지식을 적용하여 로봇에게 걷기, 자동차 운전 및 게임에 대해 가르칠 수 있다. 이것은 딥러닝보다 물리적인 응용 프로그램 중 하나이다.

마지막 챕터에서는 파이토치 모델을 제작하여 모든 프레임워크 또는 언어에서 실행하고 딥러닝 응용 프로그램을 확장할 수 있도록 할 것이다.

참고문헌

1. Google DeepMind Challenge Match: Lee Sedol versus AlphaGo, `https://www.youtube.com/watch?v=vFr3K2DORc8`

이 챕터는 Sudhanshu Passi가 기고함.

제 **8** 장

파이토치의 활용

2017년에 파이토치의 새로운 버전이 출시되었고 연구자들을 위한 최고의 파이썬 프레임워크가 될 것이란 믿음이 있었다. 파이토치 커뮤니티는 1년 동안 최고의 파이썬 프레임워크가 되기 위해 엄격하게 관리했지만, 그동안 많은 제품 개발의 요구 사항 때문에 파이토치의 안정적인 1.0 버전과 제품 개발을 위한 기능을 통합하기로 하였고, 이로 인해 파이토치의 사용성 및 유연성이 저하되지 않게 유지했다.

파이토치는 순수 파이썬기반 프레임워크로 알려졌고, 따라서 제품 개발을 위한 기능과 연구에 필요한 유연성을 동시에 달성하는 것은 어려운 과제였다. 제품 개발을 지원하는 기능을 파이토치의 코어에 포함하는 데에 주된 장애물은 파이썬의 영역을 벗어나 멀티 스레딩 기능과 빠르고 안전한 언어의 역할을 하는 모델로 파이토치를 변경하는 것이었다.

이 문제를 해결하기 위한 첫 번째 방법으로는 **ONNX**(Open Neural Network Exchange) 형식을 안정적이고 널리 사용되는 모든 프레임워크(적어도 좋은 모듈을 제공하는 프레임워크)와 호환할 수 있게 만드는 것이다. ONNX는 딥러닝 그래프에 필요한 기본 연산자 및 표준 데이터 유형을 정의한다. 이러한 기능들 때문에 ONNX가 파이토치의 핵심이 되었으며, ONNX 컨버터와 마찬가지로 CNTK, MXNet, 텐서플로우 등과 같이 인기 있는 딥러닝 프레임워크들이 구축되었다.

모든 사람이 ONNX를 좋아했지만 ONNX의 주요 단점 중 하나는 그것의 스크립팅(scripting) 모드이다. 즉, ONNX는 그래프를 한 번 실행하여 그래프에 대한 정보를 가져온 다음 ONNX 형식으로 변환된다. 따라서 ONNX는 모델의 제어 흐름을 바꿀 수 없기에 RNN 모델의 서로 다른 시퀀스에 대한 for 루프문 같은 경우 적용하기 힘들다.

파이토치의 제품 개발화를 달성하기 위한 두 번째 방법은 파이토치 자체에서 고성능 백엔드를 구축하는 것이다. 맨 처음부터 코어 같은 것을 만드는 대신 Caffe2 코어와 파이토치 코어를 합쳤고, 파이썬 API를 유지했다. 하지만 그렇다고 해서 파이썬 언어가 가지고 있던 문제는 해결되지는 않았다.

다음으로는 TorchScript의 도입으로, 순수 파이썬 모델을 고성능의 C++ 스레드처럼 불러올 수 있는 직렬화된 형태로 변환한다. TorchScript는 파이토치의 백엔드인 LibTorch에 의해서 읽기 가능해져서 파이토치를 효율적으로 만든다. 이를 통해 개발자는 모델을 프로토 타입으로 제작할 수 있으며, 파이썬 자체에서 학습할 수도 있다. 학습 후,

모델을 **중간 표현**(intermediate representation, IR)으로 변환할 수 있다. 현재는 C++ 백엔드만 개발되어 있으므로 IR을 C++ 객체로 불러올 수 있으며, 이는 파이토치의 C++ API에서 읽을 수 있다. TorchScript는 파이썬 프로그램의 제어 흐름도 변환할 수 있으므로 운영 지원 시 ONNX 접근 방식보다 우수하다. TorchScript는 파이썬 언어에서 사용 가능한 연산의 하위 집합이므로 파이썬 연산으로 TorchScript를 작성할 수 없다. 공식 문서에서 매우 자세하게 다루어지며, 수많은 예시와 함께 가능한 것과 불가능한 것에 관해 설명되어 있다.[1]

이 챕터에서는 Flask(대중적인 파이썬 웹 프레임워크)를 사용하여 일반적인 파이썬 파이토치 모델을 제공하는 것부터 살펴보겠다. 개인 용도로 사용하거나 간단한 예제 웹 어플리케이션을 만들거나 유사한 상황에서 충분히 사용할 수 있다. 그런 다음 ONNX를 분석한 후에 파이토치 모델을 MXNet으로 변환한 후 MXNet 모델 서버를 이용하여 제공한다. 여기서 우리는 파이토치의 영역에 새로 온 TorchScript를 활용한다. TorchScript를 사용하여 C++ 실행 파일을 만든다. 이 실행 파일은 LibTorch의 도움을 받아 C++ 환경에서 실행할 수 있다. 그런 다음 매우 효율적인 C++ 실행 파일은 안정적인 성능의 C++ 서버 또는 cgo를 사용하는 Go 서버로부터 제공될 수 있다. 본 챕터에서는 설명을 위하여 챕터 2 "간단한 신경망"에서 구축한 fizbuz 네트워크를 사용할 것이다.

8.1 Flask로 제공하기

파이썬에서 파이토치 모델을 제공하는 것은 제품 개발에 있어 모델을 제공하는 가장 쉬운 방법이다. 어떻게 제공할 수 있는지 설명하기 전에, Flask가 무엇인지 간단히 살펴보겠다. Flask를 완전히 설명하는 것은 이 챕터의 범위를 벗어나지만, Flask의 가장 기본적인 개념만 살펴보겠다.

Flask 소개

플라스크(Flask)는 파이썬에서 여러 대기업이 실제 사용해 온 마이크로 프레임워크이다.

Flask는 UI를 클라이언트로 제공하는 데 사용할 수 있는 템플릿 엔진을 제공하지만, 우리는 이를 사용하지 않을 것이다. 대신 API를 제공하는 RESTful 백엔드를 만들 것이다.

Flask는 다른 파이썬 패키지를 설치하는 것처럼, pip를 사용해서 설치할 수 있다:

```
pip install Flask
```

그러면 추가적으로 Werkzeug(응용프로그램과 서버 사이의 파이썬 인터페이스), Jinga (템플릿 엔진), itsdangerous(데이터를 안전하게 서명하기 위한 패키지) 및 Click(CLI 빌더)이 설치된다.

설치 후 사용자는 CLI에 액세스할 수 있으며, flask run을 통해 스크립트를 호출하면 서버가 호출된다:

```
from flask import Flask
app = Flask(  name  )

@app.route("/")
def hello():
    return "Hello World!"
```

이 예제에는 네 가지 구성 요소가 포함되어 있다:

- 첫 번째 줄은 Flask package를 import한다.
- 우리는 Flask 서버에서 서버를 실행하는 데 사용할 웹 애플리케이션 객체를 만든다.
- 애플리케이션 객체가 있으면 객체가 수행할 URL에 대한 정보를 저장해야 한다. 이를 위해 애플리케이션 객체에는 원하는 URL을 수락하고 데코레이터(decorator)를 반환하는 route 메소드가 제공된다. 이것은 우리가 지금 애플리케이션을 제공하기를 원하는 URL이다.
- 애플리케이션 객체가 반환한 장식자는 함수를 장식하며 URL에 도달하면 이 함수가 실행된다. 이 함수의 이름을 hello로 지정한다. 여기서 함수의 이름은 그다지 중요하지 않다. 앞의 예에서는 입력만 확인하고 그에 따라 응답한다.

그러나 모델 서버의 경우 입력을 받아들이고 구축한 모델에 그 입력을 전달할 수 있도록 이 기능을 약간 복잡하게 만든다. 그러면 모델의 반환 값이 HTTP 응답으로 사용자에게 다시 전달된다.

`flask_trial` 경로를 만드는 것으로 구현을 시작하고, 이 파일을 해당 디렉토리에 `app.py`로 저장한다:

```
mkdir flask_trial
cd flask_trial
```

그런 다음 Flask와 함께 제공되는 CLI 명령을 실행하여 서버를 실행한다. 사용자가 파라미터를 별도로 지정하지 않으면 `http://127.0.0.1:5000`로 서버가 실행되는 것을 볼 수 있다.

```
flask run
```

서버 위치에 HTTP 요청을 하면 간단한 Flask 애플리케이션을 테스트할 수 있다. 만약 모든 것이 잘 동작하면, 우리는 서버로부터 "Hello, World!"라는 메시지를 받을 것이다.

```
-> curl "http://127.0.0.1:5000"
-> Hello World!
```

우리는 간단한 Flask 어플리케이션을 실행해봤다. 이제 fizbuz 모델을 애플리케이션에 적용하겠다. 아래의 정보는 챕터 2 "간단한 신경망"과 같은 모델을 참조했음을 보여준다. 이 모델은 `route` 함수에서 호출된다. 챕터 2 "간단한 신경망"에서 모델을 학습시켰기 때문에, 다시 학습을 시키는 대신 학습된 모델을 불러올 것이다.

```
import torch.nn as nn
import torch


class FizBuzNet(nn.Module):
    """
```

```
    2 layer network for predicting fiz or buz
    param: input_size -> int
    param: output_size -> int
    """

    def __init__(self, input_size, hidden_size, output_size):
        super(FizBuzNet, self).__init__()
        self.hidden = nn.Linear(input_size, hidden_size)
        self.out = nn.Linear(hidden_size, output_size)

    def forward(self, batch):
        hidden = self.hidden(batch)
        activated = torch.sigmoid(hidden)
        out = self.out(activated)
        return out
```

Flask로 모델 제공하기

애플리케이션의 디렉토리 구조는 다음 스크린샷에 나와 있다. "assets" 폴더에는 학습된 모델이 있고, controller.py 파일에서 모델을 불러올 때 사용된다. root 위치에 있는 app.py은 Flask 애플리케이션의 시작점이다. Flask는 시작점 파일의 기본 이름으로 app.py를 지정하는 것을 선호한다.

Flask run을 실행하면 Flask는 현재 디렉토리에서 app.py 파일을 찾아 실행한다. controller.py 파일은 model.py 파일로부터 모델을 불러온다. 불러온 모델은 HTTP endpoint를 통해 사용자로부터의 입력을 기다린다. app.py는 사용자 입력을 컨트롤러로 리디렉션한 다음 Torch 텐서로 변환한다.

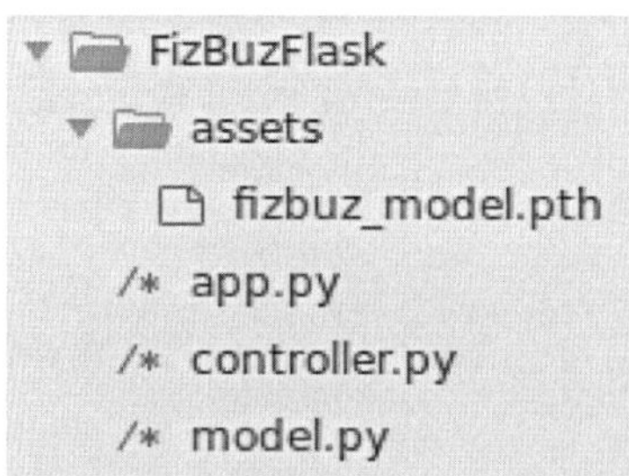

그림 8.1 현재 디렉토리

텐서 객체가 신경망을 통과하고 컨트롤러가 후처리 작업을 통해 전달된 후 신경망의 결과를 반환한다.

디렉토리에는 Flask 앱을 만들기 위한 4개의 컴포넌트가 있다. "assets" 폴더는 모델을 저장하는 곳이다. 나머지 3개 파일은 코드가 있는 위치이다. 하나하나 살펴보도록 하겠다. 시작 파일인 app.py부터 살펴보겠다. 아래의 코드는 이전에 제공된 간단한 Flask 애플리케이션의 확장 버전이다. 이 파일은 URL endpoint를 정의하는 방법과 URL endpoint를 파이썬 함수에 매핑하는 방법을 알려준다. 확장된 app.py 파일의 코드는 아래와 같다:

```
import json

from flask import Flask
from flask import request

import controller

app = Flask('FizBuzAPI')


@app.route('/predictions/fizbuz_package', methods=['POST'])
def predict():
    which = request.get_json().get('input.1')
    if not which:
        return "InvalidData"
    try:
        number = int(which) + 1
        prediction = controller.run(number)
        out = json.dumps({'NextNumber': prediction}) except ValueError:
        out = json.dumps({'NextNumber': 'WooHooo!!!'}) return out
```

Flask는 전역 변수인 request 유틸리티를 제공하지만, 요청에 대한 현재 스레드에 제한된 정보를 저장한다. request 객체의 get_json 함수를 사용하여 request 객체로부터 본문 POST 파라미터를 가져온다. 그런 다음 HTTP를 통해 제공된 문자열 데이터는 정수로 변환된다. 이 정수는 프론트엔드에서 전달해주는 숫자이다. 애플리케이션의 작업은 다음 숫자의 상태를 예측하는 것이다. 다음 숫자 자체가 다음 숫자일까, 아니면 'fizz' 혹은 'buzz'일까 아니면 'fizz buzz'일까? 앞의 내용을 기억한다면,

우리가 학습시킨 네트워크는 우리가 전달한 숫자의 상태를 예측한다. 하지만 우리가 원하는 것은 다음 숫자의 상태이다. 그래서 현재 가지고 있는 숫자에 1개를 더해서 그 결과를 모델에게 전달한다.

다음 import는 모델 파일을 불러오는 controller이다. run 함수를 호출하여 모델에게 번호를 전달한다. 그런 다음 controller에서 예측한 값이 딕셔너리로 사용자에게 전달된다. Flask는 이를 response body로 변환한 후 사용자에게 다시 보낸다.

앞으로 나아가기 전에, 이전 간단한 Flask 앱의 확장된 버전에서 확인할 수 있는 두 가지 주요 차이점을 보겠다. 그중 하나는 URL 라우팅이다:/predictions/fizbuz_package. 앞서 살펴본 바와 같이 Flask를 사용하면 원하는 함수에 모든 URL endpoint를 매핑할 수 있다.

두 번째로, 우리는 장식자의 또 다른 키워드인 methods를 사용했다. 이를 통해 우리는 Flask에게 URL 규칙뿐만 아니라 해당 URL의 POST 메소드 호출에서만 이 함수를 호출해야 한다고 말한다. 따라서 이전과 같이 Flask run으로 애플리케이션을 실행하고 curl 명령으로 테스트한다.

```
-> curl -X POST http://127.0.0.1:5000/predictions/fizbuz_package \
        -H "Content-Type: application/json" \
        -d '{"input.1": 14}'

-> {"NextNumber": "FizBuz"}
```

HTTP POST 요청에서 우리는 입력 숫자가 14인 JSON 객체를 전달하고, 서버는 다음 번호를 FizBuz로 반환한다. 이 모든 마법과 같은 일은 app.py에서 호출하는 controller.run() 함수에서 발생한다. 이제 그 함수가 어떻게 작동하는지 알아보겠다.

다음은 run() 함수를 사용하는 controller 파일이다. 여기서는 입력 번호를 10자리 이진수로 변환하고(챕터 2 “간단한 신경망”에서 fizbuz 네트워크에 입력으로 전달한 것을 기억하라) Torch 텐서로 만든다. 그런 다음 이진수 텐서가 모델의 forward 함수로 전달되어 예측이 가능한 1×4 텐서를 얻게 된다.

저장된 .pth 파일에서 불러온 모델 파일에서 FizBuz 클래스를 호출하여 모델을 만든다. Torch의 load_state_dict 함수를 사용하여 초기화된 모델에 파라미터를 불러온다. 그런 다음 모델을 eval() 모드로 변환하며, 이는 모델을 평가 모드로 설정한다(평가 모드에서는 배치 정규화 및 드롭아웃 레이어가 적용 안 된다). 모델의 출력은 우리가 max를 실행하여 확인한 최댓값을 가지는 인덱스에 대한 확률 분포이며 이를 읽을 수 있는 출력값으로 변환한다.

제품 개발 적합(Production-ready) 서버

이것은 Flask를 사용하여 파이토치 모델을 서버에 배포하는 방법에 대한 매우 기본적인 연습이다. 그러나 Flask의 내장 서버는 제품 개발에 적합하지 않으므로 개발 목적으로만 사용해야 한다. 한번 개발이 완료되면, 제품 개발 환경에서 Flask 응용 프로그램을 제공하기 위해 다른 서버 패키지를 이용해야 한다.

Gunicorn은 파이썬 개발자가 가장 많이 사용하는 서버 패키지 중 하나이며 Flask 애플리케이션과 쉽게 바인딩할 수 있다. Flask 설치 방법처럼 pip를 사용하여 Gunicorn을 설치할 수 있다.

```
pip install gunicorn
```

Gunicorn은 모듈을 선택하고 서버를 실행하기 위해 모듈 이름을 전달해야 한다. 하지만 Gunicorn은 애플리케이션 객체가 이름을 "application"이라고 예상하는데, 반면 우리의 프로젝트에서는 그렇지 않다. 따라서 애플리케이션 객체 이름과 모듈 이름을 명시적으로 전달해야 한다. Gunicorn의 command-line tool은 여러 가지 옵션이 있지만, 우리는 최대한 단순화하려고 시도하는 중이다.

```
gunicorn app:app


import torch
from model import FizBuzNet

input_size = 10
output_size = 4
```

```
hidden_size = 100


def binary_encoder():
    def wrapper(num):
        ret = [int(i) for i in '{0:b}'.format(num)]
        return [0] * (input_size - len(ret)) + ret
    return wrapper

net = FizBuzNet(input_size, hidden_size, output_size)
net.load_state_dict(torch.load('assets/fizbuz_model.pth'))
net.eval()
encoder = binary_encoder()


def run(number):
    with torch.no_grad():
        binary = torch.Tensor([encoder(number)])
        out = net(binary)[0].max(0)[1].item()
    return get_readable_output(number, out)
```

8.2 ONNX

ONNX 프로토콜은 서로 다른 프레임워크 간의 상호 운용성을 위해서 설계되었다. AI 개발자와 기관들이 AI 모델을 개발할 때 올바른 프레임워크를 선택하는 데 시간 대부분을 보내는데, 이를 통해 선택하는 것을 도울 수 있다. 개발 및 학습 단계가 끝나면, 원하는 프레임워크로 모델을 이동시켜서 제품 개발하는 데 사용할 수 있다.

다양한 프레임워크는 모바일 구축, 가독성 및 유연성, 제품 구축 등과 같은 다양한 목적에 맞게 최적화될 수 있다. 모델을 다른 프레임워크로 변환하는 것은 때때로 불가피하고, 수동 변환은 시간이 오래 걸린다. 이것은 ONNX가 상호 운용성을 통해 해결하려는 또 다른 사례이다.

ONNX가 어디에 적합한지 살펴보기 위해 프레임워크 예제를 보자. 프레임워크에는 개발자가 사용하는 언어(language) API가 있을 것이고, 그다음 개발자가 개발한 모델을 그래프로 표현한다. 그런 다음 IR은 매우 최적화된 런타임으로 이동한다. ONNX는 IR에 대한 통합 표준을 제공하며, 모든 프레임워크가 ONNX의 IR을 이해하도록 한다. ONNX를 사용하면 개발자가 API를 사용하여 모델을 만든 다음, 프레임워크의 IR로 변환할 수 있다. ONNX 변환기는 해당 IR을 ONNX의 표준 IR로 변환한 다음 다른 프레임워크의 IR로 변환할 수 있다.

아래는 fizbuz net에서 파이토치의 IR을 읽을 수 있도록 표현한 것이다:

```
graph(%input.1 : Float(1, 10)
      %weight.1 : Float(100, 10)
      %bias.1 : Float(100)
      %weight : Float(4, 100)
      %bias : Float(4)) {
   %5 : Float(10!, 100!) = aten::t(%weight.1),
        scope: FizBuzNet/Linear[hidden]
   %6 : int = prim::Constant[value=1](),
        scope: FizBuzNet/Linear[hidden]
   %7 : int = prim::Constant[value=1](),
        scope: FizBuzNet/Linear[hidden]
   %hidden : Float(1, 100) = aten::addmm(%bias.1, %input.1, %5, %6,
             %7), scope: FizBuzNet/Linear [hidden]
   %input : Float(1, 100) = aten::sigmoid(%hidden),
            scope: FizBuzNet
   %10 : Float(100!, 4!) = aten::t(%weight),
         scope: FizBuzNet/Linear[out]
   %11 : int = prim::Constant[value=1](),
         scope: FizBuzNet/Linear[out]
   %12 : int = prim::Constant[value=1](),
         scope: FizBuzNet/Linear[out]
   %13 : Float(1, 4) = aten::addmm(%bias, %input, %10, %11, %12),
         scope: FizBuzNet/Linear[out]
   return (%13);
}
```

위 표현은 전체 네트워크의 구조가 무엇인지 명확하게 나타낸다. 처음 다섯 줄은 파라미터와 입력 텐서를 표시하고 각각에 대한 이름을 표시한다. 예를 들어, 전체 네트워크는 입력 텐서를 `input.i`로 표시한다. 이것은 input x로 모양이 1×10인 float 텐서이다. 그런 다음 첫 레이어와 두 번째 레이어의 weight와 bias 텐서를 보여준다.

여섯 번째 줄부터는 그래프의 구조가 표시된다. 각 선의 첫 번째 부분(% 기호로 시작하는 전체 콜론 앞의 문자)은 각 라인의 식별자이며, 이 줄을 참조하기 위해 다른 줄에서 사용된다. 예를 들어, 식별자가 % 5인 선은 `aten :: t(% weight.i)`로 표시되는 첫 번째 레이어의 가중치를 변환하여 10×100 형태의 부동 텐서를 출력으로 제공한다.

그림 8.2 한 IR이 ONNX's IR로 변환되고 다시 다른 IR로 변환되는 과정

파이토치에는 ONNX 내보내기(exporter) 기능이 내장되어 있어, 파이토치의 이점을 그대로 유지하면서 ONNX IR을 생성할 수 있다. 예제에서는 FizBuzNet을 ONNX로 내보내고 있으며, ONNX는 MXNet 모델 서버에서 제공된다. 다음의 코드에서는 파이토치의 내장형 내보내기 모듈을 사용하여 Fizbuz net을 ONNX의 IR로 변환한다:

```
>>> import torch
>>> dummy_input = torch.Tensor([[0, 0, 0, 0, 0, 0, 0, 0, 1, 0]])
>>> dummy_input
    tensor([[0., 0., 0., 0., 0., 0., 0., 0., 1., 0.]])
>>> net = FizBuzNet(input_size, hidden_size, output_size)
>>> net.load_state_dict(torch.load('assets/fizbuz_model.pth'))
>>> dummy_input = torch.Tensor([[0, 0, 0, 0, 0, 0, 0, 0, 1, 0]])
>>> torch.onnx.export(net, dummy_input, "fizbuz.onnx", verbose=True)
```

마지막 줄에서는 `export` 모듈을 호출하고 파이토치의 네트워크, 더미 입력, 출력 파일 이름을 전달한다. ONNX는 그래프를 추적하여 변환을 수행한다. 즉, 더미 입력을 사용하여 그래프를 한 번 실행한다.

그래프를 실행하는 동안 우리가 실행하는 파이토치 연산을 추적한 다음, 각 연산을 ONNX 형식으로 변환한다. 키-값(key-value) 파라미터 `"verbose=True"`는 내보내는 동안 출력을 터미널 화면에 기록한다. 이 그래프는 ONNX에서 같은 그래프의 IR 표현

을 제공한다:

```
graph(%input.1 : Float(1, 10)
      %1 : Float(100, 10)
      %2 : Float(100)
      %3 : Float(4, 100)
      %4 : Float(4)) {
  %5 : Float(1, 100) = onnx::Gemm[alpha=1, beta=1,
      transB=1](%input.1, %1, %2),
      scope: FizBuzNet/Linear[hidden]
  %6 : Float(1, 100) = onnx::Sigmoid(%5), scope: FizBuzNet
  %7 : Float(1, 4) = onnx::Gemm[alpha=1, beta=1,
      transB=1](%6, %3, %4),
      scope: FizBuzNet/Linear[out]
  return (%7);
}
```

또한 그래프 실행에 필요한 모든 연산을 파이토치의 그래프 표현보다 작은 규모로 표시한다. 파이토치는 각 연산(transpose 연산 포함)을 보여주지만, ONNX는 onnx : Gemm과 같은 고급 함수 아래의 세부 정보를 추상화하고 다른 프레임워크의 import 모듈이 이러한 추상화를 통해 읽을 수 있다고 가정한다.

파이토치의 export 모듈은 ONNX 모델을 "fizbuz.onnx" 파일에 저장한다. 이것은 ONNX 자체로부터 불러올 수 있거나 다른 프레임워크에 내장된 ONNX importers로부터 불러올 수 있다. 여기서는 ONNX 모델을 ONNX 자체에서 불러오고 모델 검사를 수행한다. 또한 ONNX는 Microsoft에서 관리하는 고성능 런타임을 가지고 있다. 이 런타임을 이 책에서는 설명하지 않지만 https://github.com/Microsoft/onnxruntime에서 사용할 수 있다.

ONNX는 프레임워크 간의 상호 운용성의 표준이 되었으므로, 이 프레임워크를 중심으로 다른 툴이 구축되었다. 가장 많이 사용되거나 유용한 것은 아마도 ONNX 모델의 시각화 장치인 Netron일 것이다. Netron은 TensorBoard만큼 대화형은 아니지만, 기본적인 시각화에 적합하다.

.onnx 파일이 있으면 Netron command-line tool에 인수로 파일 위치를 전달할 수 있다. Netron command-line tool은 서버를 구축하고 브라우저에 그래프를 표시한다.

```
pip install netron
netron -b fizbuz.onnx
```

앞의 명령은 다음 다이어그램에 나와 있는 FizBuzNet의 그래프 시각화와 함께 Netron 서버를 불러온다. 확대/축소 가능한 그래프 외에도 Netron은 버전, 생산자, 그래프 생성 방법 등과 같은 다른 기본 정보도 시각화할 수 있다. 또한, 각 노드를 클릭할 수 있으며 특정 노드에 대한 정보가 표시된다. 물론 이는 시각화에서 필요한 모든 요구사항을 충족할 만큼 복잡하지는 않지만, 전체 네트워크에 대한 아이디어를 제공할 수 있을 만큼 좋다.

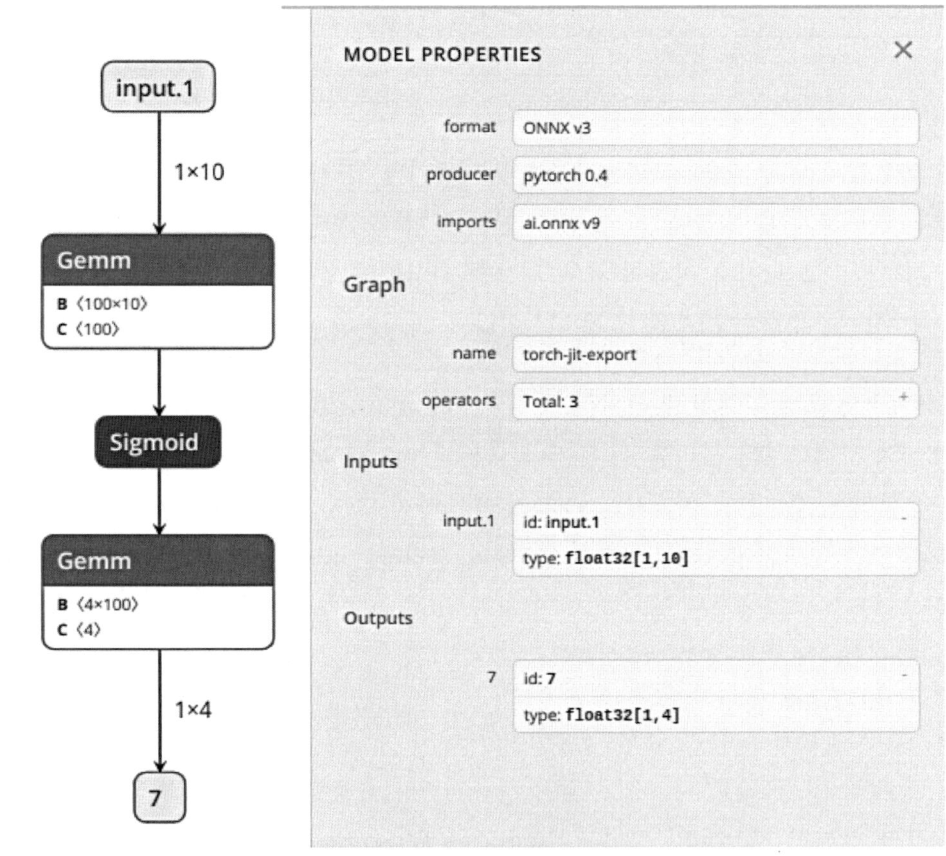

그림 8.3 fizbuz 네트워크에 대한 Netron 시각화

Netron은 ONNX 시각화에서부터 시작하여 모든 프레임워크에서 내보낸 모델들을 수용할 수 있게 발전하였다. 현재 공식 문서에 따르면 Netron은 ONNX, Keras, CoreML,

Caffe2, MXNet, TensorFlow Lite, TensorFlow.js, TensorFlow, Cafe, PyTorch, Torch, CNTK, PaddlePaddle, Darknet 및 Scikit-nlearer 모델을 허용한다.

MXNet 모델 서버

이제 우리는 파이토치 세계를 떠났다. 현재 다양한 모델 서버를 사용할 수 있지만 MXNet 모델 서버를 선택했다. MXNet 모델 서버는 커뮤니티에서 관리하고 Amazon 팀이 주도하며 MMS라고도 한다. 앞으로 MMS와 MXNet 모델 서버를 혼용하여 사용할 것이다.

MXNet은 다른 서빙 모듈보다 잘 작동한다. 글을 작성하는 시점에는, 텐서플로우는 파이썬 3.7과 호환되지 않는 반면 MXNet의 서빙 모듈은 기본 제공 ONNX 모델과 통합 되어 있어서 개발자는 분산되거나 확장성이 뛰어난 배포의 복잡성을 배우지 않고도 매우 짧은 명령 줄로 모델을 쉽게 서비스할 수 있다.

TensorRT 및 Clipper와 같은 다른 모델 서버는 MXNet 서버만큼 설치와 관리가 쉽지 않다. MXNet에는 MXNet Archiver라는 또 다른 유틸리티가 함께 제공된다. 이 유틸리티는 다른 종속성에 대해 걱정할 필요 없이 독립적으로 배포할 수 있는 모든 필수 파일을 포함하는 단일 번들 패키지를 만든다. MXNet 모델 서버가 제공하는 이러한 멋진 기능 외에도, 가장 큰 이점은 전처리 및 후처리 단계를 사용자가 지정할 수 있다는 것이다. 이후 섹션에서 이 모든 작업을 어떻게 수행할 수 있는지 알아보겠다.

전체 프로세스의 흐름은 모델 아카이버(archiver)를 사용하여 `.mar` 형식의 단일 아카이브 파일을 생성하려고 시도하는 것에서 시작된다. 단일 번들 파일에는 입력 크기, 이름 등에 대한 정보를 제공하는 ONNX 모델 파일 `signature.json`이 필요하다. 언제든지 변경할 수 있는 환경설정 파일이라고 간주한다. 환경설정에서 읽는 대신 모든 값을 코드로 하드 코딩하기를 결정하면 아카이브의 일부가 될 필요도 없다. 그런 다음 전처리, 추론 함수, 후처리 함수 및 기타 유틸리티 기능을 정의하는 서비스 파일이 필요하다.

모델 아카이브가 만들어지면 모델 서버를 호출하여 해당 위치를 입력으로 모델 아카이브에 전달할 수 있다. 이제 고성능 모델 서버에서 모델을 제공할 수 있다.

MXNet 모델 아카이버

MXNet 모델 아카이버를 설치하는 것으로 시작하겠다. MXNet 모델 서버와 함께 제공되는 기본 모델 아카이버는 ONNX를 지원하지 않으므로 별도로 설치해야 한다. ONNX용 모델 아카이버는 프로토콜 버퍼와 MXNet 패키지 자체에 종속되어 있다. 각 운영체제에 대한 protobuf 컴파일러 설치에 대한 가이드는 공식 설명서에서 확인할 수 있다. MXNet 패키지는 다른 패키지를 설치한 것처럼 pip를 통해 설치할 수 있다(GPU의 경우 MXNet에는 다른 패키지가 있지만 여기서는 MXNet의 기본 버전을 설치한다).

```
pip install mxnet
pip install model-archiver[onnx]
```

이제 MXNet 모델 서버를 설치할 수 있다. **JVM**(Java Virtual Machine)을 기반으로 하므로 모델 인스턴스로 실행되는 여러 스레드가 JVM에서 호출된다. 복잡성을 지원하는 JVM을 사용하면 MXNet 서버를 수천 개의 요청을 처리하는 여러 프로세스로 확장할 수 있다.

MXNet 서버는 HTTP를 통해 제공되는 관리 API와 함께 제공된다. 이를 통해 제품 개발팀은 필요에 따라 리소스를 늘리거나 줄일 수 있다. 관리 API에는 작업자의 규모를 처리하는 것과는 별도로 다른 옵션이 있다. 하지만 우리는 여기에 대해 깊이 파고들지는 않을 것이다. 모델 서버가 JVM에서 실행 중이므로 Java 8을 설치해야 한다. 또한 MXNet 모델 서버는 윈도우에서는 여전히 실험 모드이지만 리눅스와 맥에서는 안정적이다.

```
pip install mxnet-model-server
```

이제 모든 필수 구성요소가 설치되면 준비된 MXNet 모델 서버를 사용하여 파이토치 모델을 코딩할 수 있다. 먼저, 모델 아카이버가 번들 파일을 만드는 데 필요한 모든 파일을 저장하는 새로운 디렉토리를 만든다. 그런 다음 마지막 단계에서 만든 `.onnx` 파일을 이동한다.

MMS의 필수 요구 사항 중 하나는 서비스 클래스가 포함된 서비스 파일이다. MMS는 서비스 파일에서 사용할 수 있는 유일한 클래스의 initialize() 및 handle() 함수를 실행한다. 다음 섹션에서 각 항목을 살펴보겠지만, 서비스 파일을 만드는 데 사용할 수 있는 구조는 아래와 같다.

그림 8.4 fizbuz_package 의 디렉토리 구조

```
class MXNetModelService(object):

    def __init__(self):
        ...
    def initialize(self, context):
        ...
    def preprocess(self, batch):
        ...
    def inference(self, model_input):
        ...
    def postprocess(self, inference_output):
        ...
    def handle(self, data, context):
        ...
```

그런 다음 signature 파일이 필요하다. 앞서 살펴본 것처럼 signature 파일은 환경설정 파일일 뿐이다. 값을 스크립트 자체에 하드 코딩하면 이러한 문제를 피할 수 있고, MMS 담당자도 권장하는 방법이다. 아래와 같이 FizBuzNet에 대한 최소한의 signature 파일을 만들었다:

```
{
    "inputs": [
        {
            "data_name": "input.1",
            "data_shape": [
                1,
```

```
            10
          ]
        }
    ],
    "input_type": "application/json"
}
```

signature 파일에서는 데이터 이름, 입력 형태 및 입력 유형을 설명하고 있다. HTTP를 통해 데이터 스트림을 읽는 동안 서버가 데이터 정보가 이렇게 될 것이라고 가정하는 것이다. 일반적으로 우리는 signature 파일에 그것을 설정하여 API가 모든 유형의 데이터를 허용하도록 할 수 있다. 그러면 우리 스크립트도 모든 유형을 다룰 수 있을 것이다. 서비스 파일을 완성한 다음 MMS와 함께 번들로 파일을 묶을 수 있다.

앞서 살펴본 것처럼 MMS는 서비스 파일에서 사용할 수 있는 유일한 단일 클래스의 `initialize()` 메소드를 호출한다. 여러분이 서비스 파일에 더 많은 클래스를 가지고 있다면, 그것은 완전 다른 이야기이며 우리가 이해하기 쉽게 간단히 할 것이다. 이름에서 알 수 있듯이 `initialize()` 파일은 필요한 속성 및 메소드를 초기화한다.

```
def initialize(self, context):
    properties = context.system_properties
    model_dir = properties.get("model_dir")
    gpu_id = properties.get("gpu_id")
    self._batch_size = properties.get('batch_size')
    signature_file_path = os.path.join(
        model_dir, "signature.json")
    if not os.path.isfile(signature_file_path):
        raise RuntimeError("Missing signature.json file.")
    with open(signature_file_path) as f:
        self.signature = json.load(f) data_names = []
    data_shapes = []
    input_data = self.signature["inputs"][0]
    data_name = input_data["data_name"]
    data_shape = input_data["data_shape"]
    data_shape[0] = self._batch_size
    data_names.append(data_name)
    data_shapes.append((data_name, tuple(data_shape)))
    self.mxnet_ctx = mx.cpu() if gpu_id is None else
        mx.gpu(gpu_id)
```

```
sym, arg_params, aux_params = mx.model.load_checkpoint(
    checkpoint_prefix, self.epoch)
self.mx_model = mx.mod.Module(
    symbol=sym, context=self.mxnet_ctx,
    data_names=data_names, label_names=None)
self.mx_model.bind(
    for_training=False, data_shapes=data_shapes)
self.mx_model.set_params(
    arg_params, aux_params,
    allow_missing=True, allow_extra=True)
self.has_initialized = True
```

MMS는 `initialize()`를 호출하는 동안 context 파라미터를 전달한다. 이 파라미터는 아카이브 파일의 압축을 푸는 동안 얻은 정보를 포함한다. 아카이브 파일 경로를 인수로 사용하여 MMS를 먼저 호출할 때, 서비스 파일을 호출하기 전에 MMS는 아카이브 압축을 풀고 모델을 설치하고 모델이 저장되는 위치, MMS가 사용할 수 있는 코어 수, GPU 유무 등에 대한 정보를 수집한다. 이 모든 정보가 context 인수로 `initialize()`에 전달된다.

`Initialize()`의 첫 번째 부분은 signature JSON 파일의 정보를 수집하는 것이다. 함수의 두 번째 부분은 첫 번째 부분에서 수집된 정보로부터 입력 관련 데이터를 가져온다. 그런 다음 이 함수의 세 번째 부분은 MXNet 모델을 생성하고 학습된 파라미터를 모델에 불러오는 것이다. 그리고 마지막에 `self.has_initialized` 변수를 `True`로 설정하며, 이는 서비스 파일의 다른 부분에서 초기화 상태를 확인하는 데 사용된다:

```
def handle(self, data, context):
    try:
        if not self.has_initialized:
            self.initialize()
        preprocess_start = time.time()
        data = self.preprocess(data)
        inference_start = time.time()
        data = self.inference(data)
        postprocess_start = time.time()
        data = self.postprocess(data)
        end_time = time.time()
```

```
        metrics = context.metrics
        metrics.add_time(self.add_first())
        metrics.add_time(self.add_second())
        metrics.add_time(self.add_third())
        return data

    except Exception as e:
        request_processor = context.request_processor
        request_processor.report_status(
            500, "Unknown inference error")
        return [str(e)] * self._batch_size
```

MMS는 각 요청에 대해 같은 클래스의 handle() 메소드를 호출하도록 프로그래밍되며, 여기서 흐름을 제어한다. 스레드를 시작하는 동안 initialize() 함수가 한 번만 호출되고, 각 사용자 요청에 대해 handle() 함수가 호출된다. context 정보와 함께 각 사용자 요청에 대해 handle() 함수가 호출되므로 인수에서 현재 데이터도 가져온다. 그러나 프로그램을 모듈화하기 위해, 우리는 handle()에서 어떤 연산도 하지 않는다. 대신에, 우리는 오직 한 가지만 하도록 지정된 다른 함수들을 호출한다. 그 한 가지는 그 함수가 수행하기로 되어 있는 것이다.

전체 흐름을 전처리, 추론, 후처리, matrix 로깅의 4가지로 나눴다. handle()의 첫 번째 줄에서는 context 및 데이터 정보로 스레드가 초기화되고 있는지 확인한다. 일단 그 작업이 끝나면 우리는 전체 흐름을 진행할 수 있게 될 것이다. 이제 차근차근 흐름을 이어가겠다.

먼저 데이터를 파라미터로 사용하여 self.preprocess() 함수를 호출한다. 여기서 데이터는 HTTP 요청의 POST body 내용이 된다. 전처리 함수는 signature.json 파일에 구성된 것과 같은 이름으로 전달된 데이터를 가져온다. 확보된 데이터는 다음 숫자를 예측하기 위해 시스템이 필요로 하는 정수 데이터이다. 모델에서 현재 숫자의 fizz buzz 상태를 예측하도록 학습시켰기 때문에, 데이터의 수에 1을 추가한 다음 새로운 번호의 이진 파일에 MXNet 배열을 만든다:

```
def preprocess(self, batch):
    param_name = self.signature['inputs'][0]['data_name']
    data = batch[0].get('body').get(param_name)
```

```
    if data:
        self.input = data + 1
        tensor = mx.nd.array(
            [self.binary_encoder(self.input, input_size=10)])
        return tensor
    self.error = 'InvalidData'
```

handle() 함수는 처리된 데이터를 가져와서 이를 inference() 함수에 전달한다. inference() 함수는 처리된 데이터와 함께 initialize() 함수에 저장된 MXNet 모델을 호출한다. inference() 함수는 1×4 크기의 출력 텐서를 반환한 후 handle() 함수로 반환된다.

```
def inference(self, model_input):
    if self.error is not None:
        return None
    self.mx_model.forward(DataBatch([model_input]))
    model_output = self.mx_model.get_outputs()
    return model_output
```

그런 다음 텐서가 postprocess() 함수로 전달되어 사람이 읽을 수 있는 출력으로 변환된다. self.get_readable_output() 함수를 통해 모델의 출력을 fizz, buzz, fizz buzz 또는 필요에 따라 다음 숫자로 변환한다.

그런 다음 후처리된 데이터는 handle() 함수로 돌아가 행렬을 생성한다. 그 후, 데이터는 MMS의 일부인 handle() 함수의 피호출자에게 반환된다. MMS는 해당 데이터를 HTTP 응답으로 변환하여 사용자에게 반환한다. 또한, MMS는 행렬의 출력을 기록하여 작업이 행렬을 실시간으로 조사하고 그에 따라 결정을 내릴 수 있도록 한다:

```
def postprocess(self, inference_output):
    if self.error is not None:
        return [self.error] * self._batch_size
    prediction = self.get_readable_output(
        self.input,
        int(inference_output[0].argmax(1).asscalar()))
    out = [{'next_number': prediction}]
    return out
```

이전에 지정한 대로 디렉토리에 모든 파일이 있으면 .mar 아카이브 파일을 생성할 수 있다:

```
model-archiver \
        --model-name fizbuz_package \
        --model-path fizbuz_package \
        --handler fizbuz_service -f
```

그러면 현재 디렉토리에 fizbuz_package.mar 파일이 생성된다. 그런 다음 CLI 인수로 MMS에 전달할 수 있다:

```
mxnet-model-server \
        --start \
        --model-store FizBuz_with_ONNX \
        --models fizbuz_package.mar
```

이제 모델 서버가 포트 8080에서 실행되고 있다(포트를 변경하지 않은 경우). Flask 애플리케이션에서 사용한 것과 같은 curl 명령(포트 번호를 변경해야 함)을 실행하고 모델을 확인할 수 있다. Flask 애플리케이션과 정확히 같은 결과를 얻어야 하지만, 이제 필요에 따라 동적으로 작업자 수를 늘리거나 줄일 수 있다. MMS는 이러한 목적을 위한 관리 API를 제공한다. 관리 API에는 몇 가지 구성 가능한 옵션이 제공되지만 여기서는 작업자 수를 늘리거나 줄이는 데만 초점을 맞추고 있다.

포트 8080에서 실행되는 서버와 함께 8081에서 실행되는 관리 API 서비스가 있으며, 이는 서비스를 호출하고 구성을 제어할 수 있다. 간단한 GET 요청으로 해당 endpoint를 치면 서버의 상태가 표시된다. 그러나 이를 조사하기 전에 작업자 수를 1로 설정한다(기본적으로 4명). API endpoint는 적절한 REST endpoint이다. 경로에 모델 이름을 지정하고 max_worker=1 인수를 전달하여 작업자 수를 1로 설정한다. 또한 Min_worker=<number>를 전달하여 작업자 수를 늘릴 수 있다. 관리 API를 통해 가능한 구성에 대한 자세한 설명은 공식 문서 [2]에 나와 있다.

```
-> curl -v -X PUT
"http://localhost:8081/models/fizbuz_package?max_worker=1"
...
```

```
{
    "status": "Processing worker updates..."
}
...
```

작업자 수를 줄이면 endpoint에 도달하여 서버의 상태를 파악할 수 있다. 샘플 출력(작업자 수를 줄인 직후)은 다음과 같다:

```
-> curl "http://localhost:8081/models/fizbuz_package"
{
    "modelName": "fizbuz_package",
    "modelUrl": "fizbuz_package.mar",
    "runtime": "python",
    "minWorkers": 1,
    "maxWorkers": 1,
    "batchSize": 1,
    "maxBatchDelay": 100,
    "workers": [
        {
            "id": "9000",
            "startTime": "2019-02-11T19:03:41.763Z",
            "status": "READY", "gpu": false, "memoryUsage": 0
        }
    ]
}
```

모델 서버를 설정했으며 이제 규모에 따라 서버를 구성하는 방법을 알게 되었다. Locust를 사용하여 서버를 불러오고 서버가 어떻게 유지되고 있는지, 그리고 필요에 따라 리소스를 얼마나 쉽게 늘리거나 줄일 수 있는지 확인해 보겠다. 제품 개발에서 AI 모델을 이용하는 것은 그렇게 쉬운 일은 아니다.

불러오기 테스트

샘플 Locust 스크립트는 다음과 같으며, 이 스크립트는 현재 디렉토리에 `locust.py`로 저장해야 한다. Locust가 설치된 경우(pip를 사용하여 설치할 수 있음), Locust를 호출하면 Locust 서버가 나타나고 UI가 열리면서 여기에 테스트할 규모를 입력할 수 있다. 규모를 점차 늘려 서버가 어느 지점에서 중단되는지 확인한 다음, 관리 API를

사용하여 작업자를 늘리고 서버가 규모를 유지할 수 있는지 확인할 수 있다:

```
import random
from locust import HttpLocust, TaskSet, task

class UserBehavior(TaskSet):
    def on_start(self):
        self.url = "/predictions/fizbuz_package"
        self.headers = {"Content-Type": "application/json"}

    @task(1)
    def success(self):
        data = {'input.1': random.randint(0, 1000)}
        self.client.post(self.url, headers=self.headers, json=data)

class WebsiteUser(HttpLocust):
    task_set = UserBehavior
    host = "http://localhost: 8080"
```

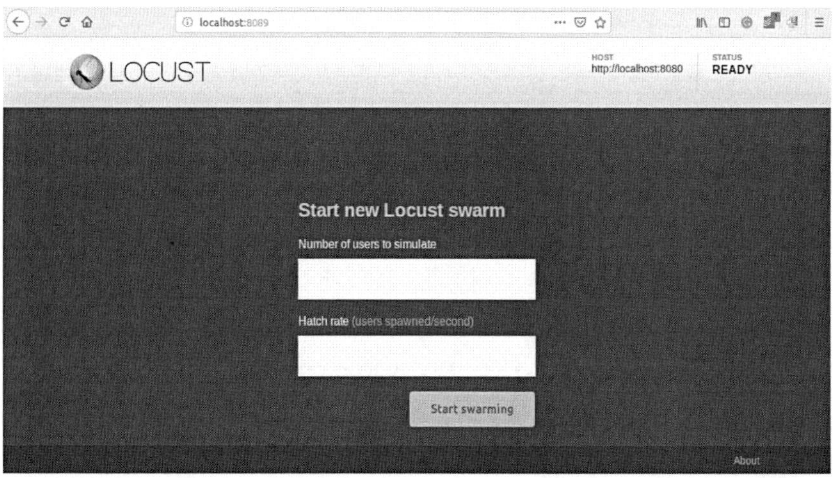

그림 8.5 Locust UI, where we can configure the number of users to simulate production load

8.3 TorchScript의 효율성

우리는 모델을 제공하기 위해 간단한 Flask 애플리케이션 서버를 설정했고 MXNet 모델 서버를 사용하여 같은 모델을 구현했지만, 파이썬 세계에서 벗어나 C++ 또는 Go 또는 기타 효율적인 언어로 매우 효율적인 서버를 만들어야 한다면, 파이토치는 C++로 읽을 수 있는 가장 효율적인 모델 양식을 생성할 수 있는 TorchScript를 고안했다.

이제 문제는 다음과 같다. ONNX에서 했던 작업, 즉 파이토치 모델에서 또 다른 IR을 생성하지 않았는가? 프로세스는 비슷하지만, 여기서 차이점은 ONNX가 추적을 사용하여 최적화된 IR을 생성한다는 것이다. 즉, 모델 전체를 통해 더미 입력을 전달하고 모델을 실행하는 동안 파이토치 연산을 기록한 다음 해당 연산을 중간 IR로 변환한다.

이 접근 방식에는 문제가 있다. 모델이 RNN의 루프처럼 데이터에 의존하거나 `if/else` 조건이 입력에 기반을 둔 경우 추적을 통해 실제로 올바른 결과를 얻을 수 없다. 추적은 특정 실행 주기에서 발생한 작업만 검색하고 다른 경우는 무시한다. 예를 들어, 만약 우리의 더미 입력이 10 단어이고 우리의 모델이 루프 기반 RNN이라면, 추적된 그래프는 RNN 셀의 10회 실행을 하드 코딩할 것이고, 우리가 10 단어보다 긴 문장 또는 더 짧은 문장을 가지고 있으면 중단될 것이다. TorchScript는 이러한 것을 염두에 두고 도입되었다.

이러한 파이썬 제어 흐름의 하위 집합은 TorchScript에서 지원되며, 기존 프로그램을 모든 제어 흐름이 TorchScript 지원 제어 흐름인 단계로 변환하기만 하면 된다. TorchScript에서 생성된 중간 단계는 LibTorch에서 읽을 수 있다. 이 세션에서는 TorchScript 출력을 생성하고 LibTorch를 사용하여 불러올 C ++ 모듈을 작성할 것이다.

TorchScript는 파이토치의 초기 버전에서 JIT 패키지로 포함되었지만 사용 가능하고 안정적인 TorchScript 버전은 파이토치 1.0에 도입되었다. TorchScript는 파이토치로 작성된 모델을 직렬화하고 최적화할 수 있다.

ONNX와 마찬가지로 TorchScript는 IR로 디스크에 저장할 수 있지만, ONNX와 달리 이 IR은 제품 개발 환경에서 실행되도록 최적화되어 있다. 저장된 TorchScript 모델은 파이썬 의존성이 없는 환경에서 불러올 수 있다. 실제 대부분 사용 사례에서 파이썬으로 충분하지만, 성능 및 멀티스레딩의 이유로 인해 제품 구축에서 병목 현상이 항상 발생했지만, 이러한 근본적인 병목 현상을 방지하는 것이 모든 제품 개발 적합 프레임워크의 주요 작업이었으며, 이것이 정적 계산 그래프가 프레임워크 세계를 지배한 이유이다. 파이토치는 개발자가 C++로 코딩하려는 경우 접근할 수 있는 고수준의 API가 포함된 C++기반 런타임을 도입하여 이 문제를 해결했다.

파이토치는 TorchScript를 핵심으로 밀어 넣어 제품 개발에 사용할 수 있도록 제작되었다. TorchScript는 파이썬으로 작성된 모델을 고도로 최적화된 IR로 변환한 다음 LibTorch에서 읽을 수 있다. 그러면 LibTorch에서 불러온 모델은 C++ 객체로 저장할 수 있고 C++ 프로그램 또는 Go와 같은 매우 효율적인 프로그래밍 언어로 실행할 수 있다.

파이토치를 사용하면 두 가지 방법으로 TorchScript IR을 만들 수 있다. 가장 쉬운 방법은 ONNX처럼 추적을 하는 것이다. 더미 입력을 사용하여 모델을 `torch.jit.trace`에 전달할 수 있다. 파이토치는 모델/함수를 통해 더미 입력을 실행하고 입력을 실행하는 동안 연산을 추적한다.

추적된 함수(파이토치 연산)는 최적화된 IR로 변환할 수 있다. 이를 정적 단일 할당 IR이라고도 한다. ONNX 그래프처럼 이 그래프의 명령어에는 A TENsor 라이브러리(ATen, 파이토치의 백엔드)가 이해할 수 있는 기본 연산자가 있다.

이것은 정말 쉽지만, 비용이 든다. ONNX의 기본적인 문제는 추적 기반 추론이다. 데이터에 따라 달라지는 모델 구조 변경, 즉 `if/else` 조건 확인 또는 루프(순차 데이터)를 처리할 수 없다. 이러한 경우를 처리하기 위해 파이토치는 스크립팅 모드를 도입했다.

스크립팅 모드는 일반적인 함수에는 `Torch.jit.script` 장식자를, 파이토치 모델에는 `torch.jit.script_method`를 사용하여 활성화할 수 있다. 이 장식자에 의해, content 안의 함수/메소드 내용을 TorchScript로 직접 변환한다. 모델 클래스에 `torch.jit.script_method`를 사용할 때 기억해야 할 또 다른 중요한 사항은 상위 클래스에 대한 것이다. 보통은 `torch.nn.Module`에서 상속받는다. 그러나 TorchScript를 만들기 위해, 우리는 `torch.jit.ScriptModule`로부터 상속받는다.

이렇게 하면 파이토치가 TorchScript로 변환할 수 없는 순수 파이썬 메소드를 사용하지 않도록 할 수 있다. 현재 TorchScript는 모든 파이썬 기능을 지원하지는 않지만, 데이터 종속 텐서 연산을 지원하는 데 필요한 모든 기능을 갖추고 있다.

ONNX 내보내기(export)에서와 마찬가지로 `ScriptModule` IR로 모델을 먼저 내보냄으로써 Fizbuz 모델의 C++ 구현을 시작할 것이다:

```
net = FizBuzNet(input_size, hidden_size, output_size)
traced = torch.jit.trace(net, dummy_input)
traced.save('fizbuz.pt')
```

저장된 모델은 `Torch.load()` 메소드로 파이썬에 다시 불러올 수 있지만, C++에 도입된 유사한 API LibTorch를 사용하여 모델을 C++에 불러온다. 로직으로 들어가기 전에 필요한 헤더를 현재 범위로 가져온다:

```
#include <torch/script.h>
#include <iostream>
#include <memory>
#include <string>
```

가장 중요한 헤더는 LibTorch에서 필요한 모든 메소드와 함수를 가져오는 `torch/script.h`이다. 모델 이름과 샘플 입력을 명령 줄 인수로 전달하기로 한다. 따라서 메인 프로그램의 첫 번째 부분은 명령줄 인수를 읽고 나머지 프로그램들을 분석하는 것이다:

```
std::string arg = argv[2];
int x = std::stoi(arg);
float array[10];
int i;
int j = 9;
for (i = 0; i < 10; ++i) {
    array[j] = (x >> i) & 1;
    j--;
}
```

프로그램은 두 번째 명령줄 인수를 읽고, 이 인수는 사용자가 예측을 얻기 위해 지정한 숫자이다. 명령줄에서 읽을 때 숫자는 문자열 유형이다. 우리는 그것을 정수형으로 바꿀 것이다. 문자열을 정수형으로 변환 후 루프는 이진수 배열로 변환해야 한다. 여기서 LibTorch 실행이 시작된다:

```
std::shared_ptr<torch::jit::script::Module> module =
torch::jit::load(argv[1]);
auto options = torch::TensorOptions().dtype(torch::kFloat32);
torch::Tensor tensor_in = torch::from_blob(array, {1, 10}, options);
std::vector<torch::jit::IValue> inputs;
inputs.push_back(tensor_in);
at::Tensor output = module->forward(inputs).toTensor();
```

첫 번째 줄에서는 첫 번째 명령줄 인수로 전달되는 경로에서 모델을 불러온다(변수를 `ScriptModule`로 선언). 세 번째 줄에서는 `from_blob` `method`를 사용하여서, 이진 배열을 2차원 LibTorch 텐서로 변환한다. 마지막 줄에서는 우리가 만든 텐서로 모델의 `forward` 메소드를 실행하고 출력을 사용자에게 반환한다. 이것은 아마도 TorchScript가 실제로 작동하는 것을 보여주기 위해 구현할 수 있는 가장 기본적인 예일 것이다. 공식 문서에는 파이썬 제어 흐름을 이해하고 모델을 C++ 세계에 집어넣는 스크립팅 모드(추적 모드와 다르게)의 힘을 보여주는 수많은 예가 있다.

8.4 RedisAI 둘러보기

우리는 TorchScript를 통해 얻을 수 있는 최적화를 살펴보았다. 하지만 최적화된 바이너리(binary)로 무엇을 할 수 있을까? 우리는 C++ 세계에 불러오고 Go 서버를 만들어 거기에 불러올 수 있지만, 그건 여전히 힘든 일이다.

Redis Labs와 Orobix는 RedisAI라고 불리는 또 다른 솔루션을 제공한다. LibTorch 위에 구축된 고도로 최적화된 런타임으로, Redis 프로토콜을 통해 서비스를 제공하기 위해 컴파일된 TorchScript 바이너리를 수용할 수 있다. Redis에 대한 경험이 없는 사람들의 경우, `http://redis.io`는 좋은 문서를 가지고 있으며, 여기에 제공된 소개

문서[3]는 좋은 출발점이 될 것이다.

RedisAI에는 파이토치, 텐서플로우 및 ONNX 런타임의 세 가지 백엔드를 구성할 수 있는 옵션이 제공되며 또한, 거기서 멈추지 않다: RedisAI는 백엔드에서 DLPack을 사용하여 텐서들이 큰 변환 비용 없이 서로 다른 프레임워크를 통과할 수 있도록 한다.

그게 무슨 뜻일까? 사람의 얼굴을 128 차원의 임베딩으로 변환하는 텐서플로우 모델이 있다고 가정해 보겠다(FaceNet의 기능). 이제 파이토치 모델이 분류 작업을 수행하기 위해 이 128 차원의 임베딩을 사용하도록 만들 수 있다. 일반적인 환경에서 텐서플로우에서 파이토치로 텐서를 전달하려면 내부에서 어떻게 동작하는지에 대한 깊은 지식이 필요하다. 그러나 RedisAI를 사용하면 몇 가지 명령으로 할 수 있다.

RedisAI는 Redis 서버의 `loadmodule`을 통해 모듈로 구축된다. RedisAI를 통한 모델 서비스의 이점은 둘 이상의 런타임과 이들 간의 상호운용성을 갖는 옵션만이 아니다. 실제로 제품 구축에 있어서는 가장 중요하지 않다. RedisAI와 함께 제공되는 가장 중요한 기능은 Redis 서버에 이미 구축된 오류 해결 및 분산 배포 옵션이다.

DevOps 또는 인프라 구축에 대한 다양한 지식 없이도 Redis Sentinel 및 Redis Cluster를 쉽게 설치 가능하므로, 다중 클러스터에서 RedisAI를 쉽게 이용할 수 있다. 또한 Redis는 널리 사용되는 모든 언어의 클라이언트를 보유하고 있으므로 RedisAI를 통해 TorchScript 모델을 배포한 후에는 기본적으로 Redis의 모든 언어 클라이언트를 사용하여 모델을 실행하고 모델에 입력을 전달하고 모델에서 출력을 가져오기 위해 서버와 통신할 수 있다.

RedisAI 사용의 다음 하이라이트는 RedisGears(파이썬 함수를 파이프라인의 일부로 실행), RedisTimeSeries, Redis Streams 등과 같은 Redis의 전체 생태계의 유용성이다.

먼저 TorchScript를 사용하여 컴파일한 Fizbuz 네트워크 모델을 Redis AI에 불러온다. 우선 Redis 서버와 RedisAI가 설치된 환경을 설정해야 한다. `installation.sh` 파일은 아래와 같이 세 부분으로 되어 있다:

```
sudo apt update
sudo apt install -y build-essential tcl libjemalloc-dev
sudo apt install -y git cmake unzip
```

```
curl -O http://download.redis.io/redis-stable.tar.gz
tar xzvf redis-stable.tar.gz
cd redis-stable
make
sudo make install
cd ~
rm redis-stable.tar.gz

git clone https://github.com/RedisAI/RedisAI.git
cd RedisAl
bash get_deps.sh cpu
mkdir build
cd build
cmake -DDEPS_PATH=../deps/install ..
make
cd ~
```

첫 번째 부분은 필요한 종속성을 설치하는 곳이다. 두 번째 부분은 Redis 서버 바이너리를 다운로드하여 설치하는 곳이다. 세 번째 부분은 RedisAI 서버를 복제하고 make를 사용하여 구축하는 것이다. 설치가 완료되면 `run_server.sh` 파일을 실행하여 RedisAI를 불러온 모듈로 사용하여 Redis 서버를 실행할 수 있다.

```
cd redis-stable
redis-server redis.conf --loadmodule ../RedisAI/build/redisai.so
```

Redis 서버는 이제 준비가 완료되었다. RedisAI 서버를 돌리는 것은 이처럼 간단하다. 이제 Sentinel 또는 Cluster로 확장하는 것도 그리 어렵지 않다. 공식 문서에는 시작하기에 충분한 정보가 있다.

여기서 우리는 RedisAI로 fizbuz 예제를 실행하기 위해 최소한의 파이썬 스크립트로 시작한다. Redis 서버와 통신하기 위해 파이썬 패키지 `Redis`를 사용하고 있다. RedisAI는 구축된 공식 클라이언트를 가지고 있지만, 지금 코드를 작성하는 이 시점에 사용할 수 있는 단계는 아니다.

```
r = redis.Redis()
MODEL_PATH = 'fizbuz_model.pt'
```

```
with open(MODEL_PATH,'rb') as f:
    model_pt = f.read()
r.execute_command('AI.MODELSET', 'model', 'TORCH', 'CPU', model_pt)
```

위의 스크립트는 먼저 로컬호스트(localhost)를 가지고 Redis 연결을 한다. 이전에 TorchScript를 사용하여 저장한 바이너리 모델을 읽고 AI.MODELSET 명령을 사용하여 RedisAI에서 torch 모델을 설정한다. 이 명령을 실행하려면 서버에서 모델에 필요한 이름을 전달해야 한다. 우리는 서버에서 사용하려는 모델의 이름, 어떤 백엔드를 사용할 것인지, CPU와 GUP중 무엇을 사용할 것인지, 마지막으로 바이너리 모델 파일을 명령 인자값으로 전달해주어야 한다. 이러한 모델 설정 명령은 okay 메시지와 함께 반환되며, 우리는 사용자 입력을 반복 처리하며 기다린다. 이전에 봤듯이 사용자 입력은 인코더로 전달되며, 이진 인코딩 형식으로 변환된다.

```
while True:
    number = int(input('Enter number, press CTRL+c to exit: ')) + 1
    inputs = encoder(number)

    r.execute_command(
        'AI. TENSORSET', 'a', 'FLOAT', *inputs.shape, 'BLOB',
        inputs.tobytes())
    r.execute_command('AI.MODELRUN', 'model', 'INPUTS', 'a',
        'OUTPUTS', 'out')
    typ, shape, buf = r.execute_command('AI.TENSORGET', 'out', 'BLOB')
    prediction = np.frombuffer(buf, dtype=np.float32).argmax()
    print(get_readable_output(number, prediction))
```

그런 다음 AI.TENSORSET를 사용하여 텐서를 설정하고 키에 매핑한다. 여러분은 입력된 Numpy 배열을 백엔드로 전달하는 방식을 보셨을 수도 있다. Numpy에는 데이터가 메모리에 어떻게 저장되는지 나타내는 문자열 형식을 전달하는 편리한 Totbytes() 함수가 있다. 우리는 모델을 BLOB로 저장해야 한다는 명령을 명시적으로 전달한다. 모델을 저장하는 또 다른 옵션은 VALUES이다. VALUES는 저장할 배열이 더 큰 경우 유용하지 않다.

또한 데이터 유형과 입력 텐서의 모양을 전달해야 한다. 텐서를 설정하는 동안 고려해야 할 사항은 데이터 유형과 모양이다. 우리는 입력을 버퍼로써 전달하고 있으므로

RedisAI는 우리가 전달한 모양 및 데이터 유형 정보를 사용하여 버퍼를 DLPack 텐서로 변환하려 한다. 그리고 그것이 우리가 전달한 byte 문자열의 길이와 일치하지 않으면 RedisAI는 오류를 발생시킨다.

텐서가 설정되면 모델은 `model`이라는 키에 저장되고 텐서는 `a`라는 키에 저장된다. 이제 모델 키 이름과 텐서 키 이름을 전달하여 `AI.MODELRUN` 명령을 실행할 수 있다.

전달할 입력이 둘 이상이면 텐서 설정을 두 번 이상 사용하고 모든 키를 INPUTS로 `MODELRUN` 명령에 전달한다. `MODELRUN` 명령은 출력을 `OUTPUTS`에 언급된 키에 저장한 후 `AI.TENSORGET`에서 읽을 수 있다.

여기에서 텐서를 `BLOB`로 저장한 것처럼 `BLOB`로 읽는다. 우리는 텐서 명령을 통해 데이터 유형, 모양, 버퍼 자체를 가져온다. 그런 다음 버퍼는 Numpy의 `frombuffer()` 함수로 전달되어 Numpy 배열을 얻는다.

RedisAI에서 데이터를 얻은 후에는 다른 챕터와 같다. RedisAI는 아마 현재 시장에서 AI 개발자가 사용할 수 있는 가장 유망한 제품 구축 시스템이다. 4월에 RedisConf 2019에서 발표되었지만, 아직 여전히 초기 단계에 있으며, 가까운 시일 내에 RedisAI이 많은 놀라운 기능을 제공하여 AI 커뮤니티에서의 사실상의 제품 구축 메커니즘이 되기를 기대한다.

8.5 요약

이 챕터에서는 파이토치를 제품 개발 단계로 가져오는 세 가지 접근 방식을 살펴보았고, 그중 첫 번째는, Flask를 사용한 가장 간단하지만, 성능이 가장 낮은 방법이다. 두 번째로 관리 API를 사용하여 관리할 수 있는 사전 구축된 최적화된 서버 구현인 MXNet 모델 서버를 다루었다. MXNet 모델 서버는 많은 복잡성이 필요하지 않지만, 필요에 따라 확장 가능한 효율적인 서버 구현이 필요한 사람들에게 매우 유용하다.

마지막으로 TorchScript를 사용하여 가장 효율적인 모델 버전을 생성하려고 시도했고 C++를 사용했다. C++, Go 또는 Rust와 같은 저수준(low-level)의 언어 서버를 구축하고 유지 관리하는 복잡성을 감수할 사람들은 스크립트 모듈을 읽고 ONNX 모델에서 MXNet가 한 것처럼 서비스를 제공할 수 있는 더 나은 런타임이 있을 때까지 이 접근 방식을 택하여 사용자 정의 서버를 구축할 수 있다.

참고문헌

1. https://pytorch.org/docs/stable/jit.html
2. https://github.com/awslabs/mxnet-model-server/blob/master/docs/ management_api.md
3. https://redis.io/topics/introduction

찾아보기

A

A2B 199
Accuracy 98
action value function 216
Adam 55, 196
adversarial network 172
agent 25
AlphaGo 208
anchor 110
apply 62
archiver 245
Aten 7
Attention 137, 160
Autograd 3, 6, 45
automatic differentiation 9
average pooling 106

B

Backpropagation 47, 52
backward convolution 120
Backward pass 7
Bartlett window 181
batch 227
Batch Normalization 124
Batched Gradient Descent 56
Bellman Equation 217
Boilerplate code 93
Bottleneck 90
BPTT 153
ByteTensor 27

C

Caffe2 7
callback 93
cartpole 221
cell counterpart 158
chain rule 47
Character n–gram 85
CharTensor 27
chunk 30
CIFAR 78
CIFAR10 108
classifier 150
Clipper 245
CNN 104
COCO 78
Compose 81
Concatenation 30
Conda 6
confidence score 194
Contradiction 138
convolutional neural network, CNN 23
convolutional neural networks, CNNs 104
coordination 164
counter 44
cpu 62
CUDA 5
cuda 62
cuDNN 5, 157
CycleGAN 198
C언어 3

D

data augmentation 80
DataLoader 74, 76
Dataset 74
deblurring 170
decorator 96, 234
Deep Blue 16
define and run 5
define by run 5
dense layer 186
density distribution 174
derivative 53
dilated convolution 181
dilation 123
dimension 33
discriminator 190
discriminator network 24
distribution 190
DNN 41
DoubleTensor 27
dynamic graph 3

E

Embedding 137
Engine 93
Entailment 138
entailment problem 138
epoch 44
epsilon 216
epsilon- greedy 정책 216
error rate 66
Events 95
Experience replay 220

F

FaceNet 17
FastText 85
feature map 105
feedforward 104
Fizz buzz 40
Flask 233
FloatTensor 27
forget gate 137, 155
Forward Pass 7
forward pass 46

G

GAN 190
gate 154
Gated PixelCNN 180
Gaussian 190, 195
generative network 172
generator 190
generator network 24
GitHub 6
GloVe 141, 142
GloVe vectors 85
Google DeepMind 173
GPU 4
gradient 9
gradient clamping 229
gradient descent 55
greedy 정책 216
GRU 136, 155
GRU(gated recurrent units) 21
Gunicorn 239
Gym 221
__getitem__ 76

H

HalfTensor 27
hidden layer 18
hidden_size 44
HTTP 237

Huber loss 218
hypo 150

I

IFFT 88
Ignite 93
Imagenet-12 78
IMDB 87
in-place 29
indexing 30
initializer 157
input layer 18
intermediate representation, IR 233
IntTensor 27
invariant 106
IoU 98

J

jittering 81
joining 30
joint probability learning technique 175
JVM(Java Virtual Machine) 246

L

LDA(Latent Dirichlet allocation) 141
LeakyReLU 192
LibTorch 255
lifting 164
Linear 레이어 61
LinkNet 118
local minimum 56
localhost 261
Locust 253
long-term dependency 136
LongTensor 27
Loss 98
loss function 66
LSA(Latent semantic analysis) 141
LSTM 136, 154
LSTM(Long short- term memory) 21
Lua 3
__len__ 76

M

Markov decision processes, MDP 213
Masked Convolution 177
Masking 178
max pooling 106
max-pooling 114
mean absolute error 218
mean square error, MSE 218
MeanAbsoluteError 98
MeanPairwiseDistance 98
MeanSquaredError 98
merger network 162
metric 93
Metrics 98
min pooling 106
mini-batch 144
mini-batch gradient descent 56
minimum viable product: MVP 73
mIoU 98
MMS 245
MNIST 78
momentum 67
MSE 52
MSE loss 66
MXNet 245

N

Nash equilibrium 190
Netron 243
Neutral 138
NLP 82

nn.Module 60

O

off-policy 219
offset 33
on-policy 219
one-hot 벡터 30
one-hot 인코딩 84
ONNX 240
ONNX(Open Neural Network Exchange) 7, 232
optimization 53
Optimizers 67
or supervised evaluation 94
or supervised training 94
outlier 41
output layer 18
overfitting 152

P

Pack sequence 147
packing 148
Pad Sequence 147
Parameter 62
parse tree 161
Pi* 217
pip 6
PixelCNN 173
pointwise multiplication operator 186
Policies 215
pooling 106
POST 237
Precision 98
prem 150
Production-ready 239
proof of concept: POC 73
pushing 170
PyPI 6
Pythonic 30

Q

Q 학습 25
Q* 217

R

rand 26
Recall 98
Recurrent Neural Network, RNN 14, 21
Recurrent neural networks, RNNs 136
Recursive Neural Networks 161
Recursive neural networks 22
RedisAI 258
Reduce 163
reduction network 163
ReLU 193
reset 225
residual connection 186
ResidualStack 187
return 212
reverse-mode automatic differentiation 9
RGB 81
RMSProp 227
RNN 셀 143
RootMeanSquaredError 98
RunningAverage 98

S

saver 100
scripting 232
segmentation 117
Semantic segmentation 122
semantic segmentation 117
seq2seq(sequence- to-sequence) 20
SFFT 88

SGD(stochastic gradient descent) 53
shift–reduce parser 161
ShortTensor 27
Sigmoid 65
Skip connections 122
Slicing 30
sliding window 105, 111
SNLI 22, 143
softmax layer 145
Sound eXchange(SoX) 88
sparse array 141
SPINN 137
split 30
squeeze 30
SST 87
SST 감정 분석 데이터셋 87
stack 연산 30
step 194
storage() 35
stride 33
striding 106
symbolic graph 3

T

tanh 195
Tape 4
tape 46
TensorRT 245
THStorage 34
THTensor 33
Time Series Data 166
TopKCategoricalAccuracy 98
Torch 2
Torch–autograd 6
torchaudio 77, 88
TorchScript 255
torchtext 77, 81
torchvision 77
Tracker 164
trailing underscore 29
trainer 196
transfer learning 80
transformation 108
transpose convolution 120
TREC(Text Retrieval Conference) 82

U

universal function approximators 218
unsqueeze 32
unsupervised learning 20
update gate 155
use case 14

V

VAE 172
value function 216
value functions 215

W

WaveNet 180
weight 47
window functions 181
Word Embedding 141
Word2vec 141
wrapper 41

X

XOR 13

ㄱ

가우시안 190, 195
가중치 47
가치 함수 215, 216

감독 평가 94
감독 훈련 94
감소 네트워크 163
강화 학습 25, 208
개념 증명 73
검증 데이터셋 43
게이트 154
결합 30
결합 확률 학습 기술 175
경사 하강법 55
경험 리플레이 220
계산 그래프 8
과적합 152
그레이 스케일링 80
기계 학습 16
기울기 9
기울기 클램핑 229

ㄴ

내쉬 균형 190
누적 보상 212

ㄷ

다운 샘플링 130
단시간 푸리에 변환 181
덤프(dump) 레이어 35
데이터 로더 76
데이터 전처리 74
데이터 증강 80
데코레이터 96, 234
덴스 레이어 186
도함수 53
동적 그래프 3, 13
뒤집기 80
드롭아웃 152
디코더 20
디코딩 20
딥 Q-러닝 217
딥마인드 173

ㄹ

래퍼 41
런타임 241
로컬 최솟값 56
로컬호스트 261
리턴 212
리프팅 164

ㅁ

마르코브 의사결정 프로세스 213
마스크 합성곱 177
마스킹 178
망각 게이트 137, 155
매트릭스 곱셈 30
메모리 최적화 11
메트릭 98
모멘텀 67
모순 138
미니 배치 144
미니배치 경사 하강법 56
밀도 분포 174

ㅂ

바트릿트 윈도우 181
배치 227
배치 경사 하강법 56
배치 정규화 124
벨만 방정식 217
변환 108
보편적인 함수 근사자 218
복소수 푸리에 변환 181
분류기 150
분별 네트워크 24
분포 190

분할 117
불변 106
블랙박스 17
비지도 학습 20

ㅅ

사용 사례 14
상용구 코드 93
상호운용성 32
색상 지터링 80
생성 네트워크 24, 170, 172
생성자 157, 190
생성적 적대 신경망 24, 190
선명화 170
셀 상태 158
소프트맥스 레이어 145
손실 함수 66
수용 필드 174
순전파 7, 46
순환 신경망 14, 21, 136
스크립팅 모드 232
스타일 전송 170
스트라이드 33
스트라이딩 106
슬라이딩 윈도우 105, 111
슬라이싱 30
시계열 데이터 166
시프트 환원 파서 161
신뢰 점수 194
심볼릭 그래프 3
심층 Q 학습 25
심층 신경망 41

ㅇ

아카이버 245
아핀 변환 80
알파고 208
앵커 110
양방향 RNN 159
어텐션 137, 160
얼굴 인식 17
업 샘플링 130
업데이트 게이트 155
에이전트 25, 209
에피소드적(episdogic) 과제 211
엡실론 124
역전파 7, 46, 52
역전파 알고리즘 47
역푸리에 변환 181
역합성곱 120
연결(wiring) 메커니즘 145
연속적인 과제 212
오류율 66
오토인코더 20
오프셋 33
옵티마이저 67
완전 연결 신경망 19
워드 임베딩 84, 141
원시 데이터 34
웨이브넷 180
윈도우 함수 181
유틸리티 패키지 77
은닉층 18, 44
의미론적 분할 117, 122
이미지 최적화 170
이벤트 95
이상점 41
인덱싱 30
인스턴스 정규화 202
인코더 20
일반화 55
임베딩 137
임의 자르기 80
입력(input) 텐서 47

입력층 18

ㅈ

자기 회귀 모델 172
자동 미분 9
자르기 80
자연어 처리 22, 82
잠재 공간 172
장기 의존성 136
재귀 신경망 22
재귀적 신경망 161
저장기 100
적대적 네트워크 172
전이 학습 80
전치 합성곱 120
점별 곱셈 연산자 186
정규화 108
정적 그래프 10
정책 215
제자리 29
제품 개발 적합 239
조인 30
조정 164
중간 표현 233
중립 138
지역적 최솟값 56

ㅊ

차원 33
착취 209
체인 룰 47
체크포인트 100
초기화 225
최대 풀링 106, 114
최소 실행 가능한 제품 73
최소 풀링 106
최적화 53

출력층 18

ㅋ

카운터 44
커널 105
콜백 93

ㅌ

탐험 209
테이프 4, 46
트랜잭션 220
트레일링 언더스코어 29
트리거 93
특징 맵 105

ㅍ

파라미터 업데이트 54
파스 트리 161
파이토닉 30
파이토치 3, 4
판별자 190
패딩 80
패킹 148
페이스북 AI Research(FAIR) 23
평균 절대 오차 218
평균 제곱 오차 52, 218
평균 풀링 106
푸리에 변환 181
푸싱 170
풀링 106
프로파일링 90
플라스크 233
피드포워드 104

ㅎ

학습률 44
함수 49

함의 138
함의 문제 138
합병 네트워크 162
합성곱 신경망 23, 104
해밍 윈도우 181
해상도 개선 170
핸들러 93
행동 가치 함수 216
행동-가치 함수 216
헬퍼 함수 163
확장 123
확장된 합성곱 181
회귀 손실 52
후버 손실 218
후진 모드 자동 미분 9
후진 합성곱 120
훈련 43
훈련자 196
희소 배열 141